A Study on the Structure of
the Relationship between Economic Sustainable
Development and Financial Legalization

经济可持续发展与金融法治化之关系结构研究

青　彤/著

法律出版社 LAW PRESS · CHINA
北京

图书在版编目(CIP)数据

经济可持续发展与金融法治化之关系结构研究 / 青彤著. -- 北京 : 法律出版社, 2023
ISBN 978-7-5197-7619-0

Ⅰ. ①经… Ⅱ. ①青… Ⅲ. ①国际金融－金融法－研究 Ⅳ. ①D996.2

中国国家版本馆 CIP 数据核字(2023)第 035465 号

经济可持续发展与金融法治化之关系结构研究 **JINGJI KECHIXU FAZHAN YU JINRONG FAZHIHUA ZHI GUANXI JIEGOU YANJIU**	青 彤 著	责任编辑 陆帅文 装帧设计 贾丹丹

出版发行 法律出版社
编辑统筹 法律教育出版分社
责任校对 李慧艳
责任印制 刘晓伟
经　　销 新华书店

开本 710 毫米×1000 毫米 1/16
印张 17.5 **字数** 297 千
版本 2023 年 3 月第 1 版
印次 2023 年 3 月第 1 次印刷
印刷 北京建宏印刷有限公司

地址:北京市丰台区莲花池西里 7 号(100073)
网址:www.lawpress.com.cn
投稿邮箱:info@lawpress.com.cn
举报盗版邮箱:jbwq@lawpress.com.cn
销售电话:010-83938349
客服电话:010-83938350
咨询电话:010-63939796

书号:ISBN 978-7-5197-7619-0　　**定价**:54.00 元

序　言

就理论视角而言,法治的定义从极简到全面,并且存在于广泛的概念连续体中,这些概念在本质上被界定为制度性的、程序性的或目的性的。然而,法治必须坚持某些一般性原则。在《法律的道德性》一书中,朗·富勒阐述了法律的八项道德性原则,这些原则抓住了法治的基本特质:(1)法律必须具有普遍适用性(规定禁止或许可某些行为的规则);(2)法律必须广为颁布或公开,以确保公民知道法律所要求的事项和内容;(3)法律应当具有前瞻性;(4)法律必须是明晰易懂的;(5)法律不应当自相矛盾;(6)法律不得规定超出受影响方的权力范围要求;(7)法律必须是不变的,不受频繁变化的影响;(8)法律必须反映所宣布的规则之间的一致性以及与它们的实际管理和执行保持一致。简言之,法律的普遍性、公开性、不溯及既往性、明确性、不相互矛盾性、一致性标准限定了立法的必要条件,即"使人类行为服从规则治理的事业"。〔1〕 约瑟夫·拉兹借用富勒的形式要素,将制度设计原则包含在内,即保证司法独立、自然公正、司法审查和诉诸司法的原则。〔2〕 布莱恩·塔马纳哈提出,法治以其最基本术语而存在,即政府官员和公民普遍受法律约束和遵守法律。〔3〕 透过这一视角,法律制度基本的、工具性的美德就是表现为法治。

随着"法治、金融稳定与经济增长之间的关系主题"在学术研究中极大地扩展,"法治"的含义已经变得极为不同——从安全和秩序到法院的运作和司法行政。当我们回顾世界各国学者和实践者的理论和实证研究时,他们都强调法治与金融稳定和经济发展的内在联系。其核心逻辑是,产权安全与合同的完整性分别支撑着投资和贸易,而投资和贸易又反过来推动经济的增长和发展。然

〔1〕 Lon L. Fuller, *The Morality of Law*, Yale University Press, 1964, p. 39.

〔2〕 See Joseph Raz, *The Rule of Law and Its Virtue*, in The Authority of Law: Essays on Law and Morality, ed. Joseph Raz, Clarendon Press, 1979, p. 214-218.

〔3〕 See Brian Z. Tamanaha, *The Primacy of Society and the Failures of Law and Development*, Legal Studies Research Paper Series No. 09-0172, St John's University, School of Law, 2009, p. 9.

而,产权和合同依赖于制度尤其是法律制度,而制度本身又依赖于利益连结。正式的制度机制固然重要,但尤其在发展中国家非正式的制度安排也发挥着极其重要的作用。当然,人们对法治与金融稳定和经济增长之间关系的兴趣倍增是学术研究内外发展汇集的结果。自冷战结束以来,在促进民主的同时,出于安全、政治和经济原因,世界各国一直在努力推进法治。国际金融机构和国际援助机构已将法治解决方案作为更广泛努力的核心组成部分,以改革治理、促进增长和减轻贫困。

目　录

第一篇　金融业与国际金融结构

第二篇　金融业与金融基础设施

第三篇　金融规制与监管

第四篇　变革金融体系与金融监管方式

第一篇

金融业与国际金融结构

第一章 金融稳定与经济发展之关系理论

20世纪90年代中期之前,金融部门在社会经济发展中的作用在很大程度上被世界各国所忽视。当下世界各国有关金融学的研究越来越多地集中于金融部门在经济增长中的核心作用。[1] 与此相同,在20世纪90年代之前,法律在经济发展中的重要性也普遍被世界各国经济学家所忽视。当下世界各国在经济发展中要避开强调法律和其他制度性结构的重要性也是极其困难,法律在金融部门中的作用被世界各国审慎而细致地加以评价与诠释。由此,市场经济的实质发展进程要求必须关注特定的重要主题,即法律、法律制度与监管体系对金融稳定和金融部门的发展起决定作用,进而对经济增长和发展也具有至关重要的影响。鉴于现代法律与金融稳定和经济增长的密切关系,必须阐述下列论题:首先,在经济增长和发展过程中法律的作用以及金融部门的演进和发展。就经济增长和社会发展理论而言,必须关注经济增长与制度(尤其是法律制度)正在呈现的一致性。其次,必须审慎分析过去五十多年以来经济增长和发展过程因一系列金融危机凸显的有关金融稳定对经济增长和发展的作用。再次,必须诠释法治视野下金融部门的一般理念以及金融部门在经济发展和金融稳定中的积极作用。最后,主要阐述法律体系对金融稳定起基础性作用,既而对经济发展和经济增长产生了实质性影响。

第一节 制约经济发展的新要素:制度与法律

从20世纪90年代以来,支撑经济增长和发展的各种因素逐渐引起了世界各国的普遍关注。一般而言,现代经济发展理论强调地理、政策和自然资源的作用。虽然地理决定论具有争议地解释了世界经济早期发展的成因,但是它不能有效地解释地理如何与经济和社会的更高级发展阶段相联系所起的基础作

---

〔1〕 See G. Meier and J. Stiglitz eds., *Frontiers of Development Economics: the Future in Perspective*, Oxford University Press, 2001, p. 126.

用。政策的经济发展理论则主导着自第二次世界大战以来的世界各国经济发展,并使市场经济和华盛顿共识政策之优势达到极点,直到20世纪90年代晚近亚洲金融危机爆发和2007~2009年美国次贷危机发生。随着20世纪90年代中期所发生的一系列金融危机,世界各国开始把注意力转移到经济发展的制度性因素对经济增长起支配性作用。

一、地理与自然资源

基于地理因素的决定论者认为,经济发展起因于现有既定区域内必不可少的自然资源,如植物区系、动物区系、气候条件和地理环境。贾雷德·戴蒙德通过把生物科学和物理科学、人类学和考古学等不同种类的学科聚合成一线以及把对它们的发现与经济发展联系起来,从而使有关研究自然资源对经济发展的影响和作用重新恢复生机和活力。[1] 现有证据表明,虽然与自然资源有关的各种因素在21世纪早期确实对经济发展的许多方面起着决定性作用,但是它对于现代经济发展而言却极少具有关联性。同时,随着全球气候的变化,这些自然因素中的某些要素可能逐渐演变为对21世纪社会进步和经济发展产生某些具有关联性的负面作用。

二、政策

第二次世界大战后,国际货币基金组织和国际复兴开发银行(或称为世界银行)在布雷顿森林建立,即所谓的"布雷顿森林体系"。1944年在新罕布什尔,发展理论中心的研究人员和专业人士主要研究如何通过援助和扶持构思和实施适当的政策支持,把所谓有关稳定化、自由化和私有化的华盛顿共识推到了更高顶点。[2] 威廉·伊斯特利采用迄今为止最容易被人理解的描述集中阐释了自第二次世界大战以来的世界各种经济政策,并勾勒出了一波又一波的经济发展理论:(1)外国援助缩短储蓄与投资之间的差距;(2)技术投资;(3)教育投资;(4)人口控制;(5)官方贷款引发政策改革;(6)债务减免支持政策改革。[3]

在伊斯特利看来,所有这些改革措施都已经失败了,因为它们未能切中主

---

[1] See J. Diamond, *Guns, Germs, and Steel: the Fates of Human Societies*, W. W. Norton, 1997, p. 312.

[2] See P. Krugman, *Dutch Tulips and Emerging Markets*, For. Affairs, Jul. /Aug. 1995, p. 28-29.

[3] See W. Easterly, *The Elusive Quest for Growth: Economists' Adventures and Misadventures in the Tropics*, MIT Press, 2001, p. 1-7.

要社会目标:调整激励措施以支持经济增长,从而减少贫困。新范式必须通过适当的政策,进而形成有效的制度,并建立和维持激励措施。他还着重强调激励措施和制度在经济增长中的作用,并使之成为现代经济发展的一般基础。在他重点研究的许多地区,他主张关注政策和激励措施的制度化:

1. 政府行为必须摆脱贫困陷阱:糟糕的政府政策必须被革除,且各种形式的知识和资本积累,尤其是技术革新和研究以及发展应当通过并非阻止知识积累的金融体系予以补救。

2. 宏观经济政策具有重要性:政府应通过消除高通胀、黑市交易、过度的财政赤字、强烈的负实际利率、限制自由贸易、文牍主义和公共服务不足等方式,避免因经济增长缓慢限制建立贫困激励措施。

3. 适当的制度架构必不可少,尤其是为了减少腐败:包括消除繁文缛节、创制在政府尊重合同、不遵守正当法律程序绝不征收和建立精英公务员制度的各种规则。[1]

4. 制度架构的适用范围同样扩及政治制度安排,尤其是支持稳定和符合公共利益的政治制度安排,即减少政治的两极分化和极端的不平等。

因此,政策具有持续的重要性,正如它们影响激励措施那样。然而,政策所实施的方式却依赖于制度架构的设计和实现。

三、制度体系

自20世纪90年代初期以来,在经济发展中制度体系的作用开始引起了人们的密切关注,它是一些新兴发展中国家和经济转型国家从计划经济体制转变为以市场为基础的市场经济体制以及结合基于政策的方法而取得重大需求的结果。

20世纪80年代,世界上一些新兴发展中国家和处于转型期国家进行了一系列经济体制改革和实践,在一定程度上影响了世界经济和金融发展走向。随着新兴发展中国家和转型期国家经济体制改革的深入,它们所面临的核心问题是如何从整体性国家所有权制度转变为由市场为导向的运行良好且完善的市场经济体制。弗里德里希·哈耶克的追随者,弥尔顿·弗里德曼和芝加哥制度经济学派着重阐述了“休克疗法”:在遵循初始货币和金融稳定的情形下,如果一切都尽可能快地自由化和私有化,那么市场经济将自然地得到发展。然

---

〔1〕 See W. Easterly, *The Elusive Quest for Growth: Economists' Adventures and Misadventures in the Tropics*, MIT Press, p. 168-169, 192, 237-239, 252.

而,令人难以接受的是,世界经济发展并未完全按照人们预定的计划运行;迅速地,改革者开始意识到,在经济转轨语境下,对于发展中国家和新兴经济体国家的经济发展影响更为普遍的是制度,包括法律制度和产权制度在市场经济体制运行和发展中显得尤为重要。正是在此种意义和时间节点上,理论与实践在“新制度经济学”中聚合起来。对于道格拉斯·诺斯而言,制度体系对经济发展具有基础性作用。产权制度被嵌入其中,进而制度体系为经济活动提供了具有激励性的结构体系。如果产权制度被嵌入制度体系中,并设计来为经济发展提供适当的激励措施,那么经济将必然发展。毋庸置疑的是,在这种简单的公式化设计中,成功仍然具有许多潜在的风险和陷阱。诺斯在 1990 年所著述的《制度体系、制度性变迁和经济绩效》中最为全面地阐述了他的理论;[1]然而,他的思想发展只停留在过去 40~50 年间。在 1973 年出版的《西方世界之兴起》一书中,诺斯与罗伯特·托马斯发生争论:[2]

> 经济组织是经济增长的关键性要素。在西欧,有效能的经济组织的发展解释了西方兴起的缘由。有效能的组织必须确立一系列制度安排,并建立与引导个体经济努力投入经济增长活动且具有激励性措施相关联的产权制度。

随着时间的流逝,1981 年在《经济历史的结构与变迁》中,诺斯分析了经济结构,并发展了有关阐释这些结构的稳定与变迁理论。他发展了制度经济学理论的三大支柱理论:[3](1)产权理论,主要描述在特定体系中对个人和群体的激励机制;(2)国家理论,正是国家通过法律规定,并实施了保护财产的权利;(3)观念形态理论,解释对现实的不同看法如何影响个体对正处于变迁过程中的“客体”的看法。1990 年在《制度体系、制度变迁和经济绩效》中,诺斯又说道:

> 提供有关制度和制度变迁理论的一种概略性阐述……确切地说,这些制度存在什么规范,它们是如何不同于其他的组织制度,并且它们是如何影响交易和生产成本,这是分析许多问题的关键之所

---

〔1〕 See D. North, *Institutions*, *Institutional Change and Economic Performance*, Cambridge University Press, 1990, p. 128.

〔2〕 D. North & R. Thomas, *The Rise of the Western World: A New Economic History*, Cambridge University Press, 1973, p. 1-2.

〔3〕 See D. North, *Structure and Change in Economic History*, W. W. Norton, 1981, p. 3, 7-8.

在……制度体系演进为经济增长和合作提供前提条件,从而为解决复杂的交易问题提供良好环境。

由此,他引出了关于制度体系的意涵。按照诺斯的观点,“制度是社会中的各种游戏规则,或更为正式地说,是人为地设计形塑人类交互行为的限制条件。因此,他们在人类交换行为中建构激励机制,无论是政治的、社会的还是经济的。制度性变迁塑造了漫长时间里社会发展方式,继而成为诠释历史变化的关键性因素”。基于这种论述,诺斯概括地总结了制度体系的作用:[1]

> 制度体系提供遍及人类历史所建立的规则,并试图努力减少交换过程中的非确定性因素,从而建构基础结构体系。随着与技术应用相关联,它们决定交易成本和成果所转化的成本,继而决定从事经济活动的可营利性和可运行性。它们如此地连接着过去、现在和未来,以至于历史基本上是一个渐进式的制度演进过程,且这种渐进式的制度演进在经济实体的历史实绩中仅仅只能作为连续叙事之一部分予以诠释。进而,它们是诠释政治组织与经济组织之间相互关系以及与经济增长相互关系的后果(或停滞或下降)的关键性因素。

在现代经济发展过程中,就制度体系与自然资源的关系而言,2002 年伊斯特利和罗斯 · 列文检视了有关自然资源、制度和政策作为交互运用于多国实践的证据。这些证据表明:首先,自然资源通过制度体系影响经济发展的方式;其次,没有证据表明自然资源不通过制度而直接影响国家岁入;最后,在可控制的制度体系内,他们发现任何政策都可能对经济发展产生间接影响。[2]

类似地,丹尼 · 洛迪克、阿文德 · 萨勃拉曼尼亚和弗朗西斯哥 · 特雷比较审视了各种制度体系、自然资源和贸易在决定各国收入水平方面所发挥的作用。[3] 他们的研究结果表明,制度体系的性质是极为重要的:可控制的制度体系、自然资源充其量在收入分配中只能产生较弱的直接影响,尽管它们通过制

---

〔1〕 D. North, *Institutions, Institutional Change and Economic Performance*, Cambridge University Press, 1990, p. vii, 3, 118.

〔2〕 See W. Easterly and R. Levine, *Tropics, Germs, and C: How Endowments Influence Economic Development*, NBER Working Paper Aug. 2002, No. 9106.

〔3〕 See D. Rodrik, A. Subramanian and F. Trebbi, *Instituions Rule; The Primacy of Institutions over Intergration and Geography in Economic Development*, IMF Working Paper Nov. 2002, WP/02/189.

度体系会产生较强的间接影响;类似地,贸易对制度体系具有积极影响。具有重要意义的是,两组作者通过实证分析后都得出了下列两种观点:其一,它们的结果尽管非常具有实质意义,但是并不能为政策制定者提供更多的指导;其二,在准确梳理究竟是什么样的制度体系最重要以及如何在特定经济体处于广泛变化的情况下实施这些制度体系仍然需要我们做很多事情。

四、法治

发展理论具有阶段性,发展的辅助条件尤其包括与此相关的法律条件,已与发展理论具有一致性。托马斯·海勒认为,在社会发展过程中,与法治的作用相关联的理论通过一系列的发展波而不断取得进展。[1] 第一波,1950~1965年,在新独立的民族国家范围内集中建构了国家法律体系。第二波,1960~1975年,"法律与发展运动"的兴起。"法律与发展运动"集中阐述技术专家治国的能力和使已建构的精英治国处于无能状态。随着法律与发展的逐渐侵蚀,第三波,1985~2000年,集中于人权和立宪主义。第四波,大约开始于20世纪90年代,至今仍在持续,集中于法律、市场和经济之间的相互作用。基于马克斯·韦伯的法律决定论思想,它的代表人物有诺斯和曼瑟尔·奥尔森。当下,这一波看起来已经在越来越多的领域中出现,包括知识产权、公司治理和竞争。

我们的研究是从对不同类型的发展理论进行分析开始。现在我们引用尼尔·弗格森和威廉·伊斯特利所得出的与此相关的共同结论。按照弗格森的观点:[2]

> 一个国家的经济财富是由自然资源(一般而言,包括地理)和人类行为(人类短期历史)的综合体所决定:这是经济史上有关自然培育论观点。而一种更有说服力的案例可以为这种"既定的"因素如平均温度、湿度、流行疾病、土壤质量、毗连大海、纬度和矿产资源等在决定经济绩效方面的重要性做出说明;似乎有一种强有力的证据表明:历史更多地起着至关重要的作用。特别地,有充分证据表明,英国式的税收制度总是能够提升国家经济发展的前景,尤其是在这些地方,土著文化由于人口稀少(或变得稀少)而显得相对地柔弱,许可英国制度体

[1] See E. Jensen and T. Heller, *Beyond Common Knowledge: Empirical Approaches to the Rule of Law*, Stanford University Press, 2004, p. 125.

[2] N. Ferguson, *Empire: the Rise and Demise of the British World Order and the Lessons for Global Power*, Basic Books, 2002, p. 360-361.

系在文明程度较低的地方占支配地位。在英国已征服的文明程度较高、城镇化程度较大的社会如西班牙居民，殖民化程度的影响在通常情形下更易遭致否定，因为殖民者想要从事掠夺而不是建构其制度体系。

伊斯特利进一步阐述道：[1]

> 我们学会了一劳永逸，对于追求经济增长而言，没有神奇的药水带给我们一种快乐的结局。当所有的玩家都在游戏开发中有正确的激励机制导向时，就会产生繁荣的结果。当政府的激励机制诱导技术作出相适应的改变、高质量的机器设备投资和通过体验获得高质量的教育时，它就会发生。当捐助者面临这样的激励机制，即促使他们助推国家良好的政策，其助推将会有高回报，而不是国家援助贫穷之人的政策继而使援助可能浪费时，它就会发生。当贫穷之人获得机会和激励，那就是要求政府制定奖励的福利计划而不是因赚取了收入而实施制裁，它就会发生。当政策不是使对立的利益集团之间矛盾激化，而是达成一个在未来进行投资的普遍共识，它就会发生。当政府对其行为负责，且积极承担投资如健康、教育和法治等集体性商业产业时，广泛而深刻的发展变革就会发生。

基于运用当下共识发展理论，戴维·兰德斯认为，“理想的增长和社会发展”具有下列属性：[2]

> 1. 理解如何运作、管理和建造生产工具，并创立、适应和掌握有关技术前沿的新技术。
>
> 2. 培养有能力传授知识和诀窍的年轻人，无论是通过正规学校教育还是学徒式的培训。
>
> 3. 通过选择能胜任和有相对优势的人从事工作，从而根据工作业绩进行升职和降级。
>
> 4. 为个人或集体企业提供机会，并鼓励具有主动性、竞争性和竞

---

〔1〕 W. Easterly, *The White Man's Burden: Why the West's Efforts to Aid the Rest Have Done So Much Ill and So Little Good*, Penguin Press, 2006, p. 58.

〔2〕 D. Landes, *The Wealth and Poverty of Nations: Why Some Are So Rich and Others So Poor*, Little, Brown, 1998, p. 217.

赛性的精神。

5. 为人们提供可享有的津贴以及利用他们的劳动和企业所生产的成果。

这样一种社会同样拥有支持某些更大发展目标的政治和社会制度,例如:[1]

1. 私有财产保障权,更好地鼓励储蓄和投资;

2. 个人自由保障权,防止滥用权力和设置人为障碍(如犯罪和腐败);

3. 合同强制执行权,明示的和暗示的;

4. 稳定的政府,不是必要的民主,而是由公开制定的普遍规则的自我治理(法治政府而非人—法共治政府);

5. 责任政府,这将对人民的诉愿举行听证,并设计救济路径;

6. 诚信政府,这样,经济行为者将不会有动机在市场内外寻求优势和特权(没有有利的租金和职位);

7. 温和的、高效率的、不贪婪的政府,缩减税收、减少政府对社会盈余的诉求和避免特权。

这些观点已经被世界银行所采纳和发展。[2] 因此,人们可能会说,当下所存在的共识就是法律和与之相关联的制度体系在经济增长和发展中起基础性作用。

第二节　金融危机对经济发展的影响

除人们逐渐意识到法律对经济发展和金融稳定的普遍作用和制度体系在经济增长和发展中的作用等这些观点外,金融部门的作用也逐渐引起普遍关注。在20世纪末期和21世纪初期所发生的两大事件改变了人们对金融业和金融部门的看法:从以计划经济为核心到以市场为基础的经济转型过程中发生的一系列全球性金融危机。

---

〔1〕 D. Landes, *The Wealth and Poverty of Nations*: *Why Some Are So Rich and Others So Poor*, Little, Brown, 1988, p. 217-218.

〔2〕 World Bank, *World Development Report* 2002: *Building Institutions for Markets*, Oxford University Press, 2002, p. 14.

全球金融危机从1994年年末开始于拉丁美洲,1997年中期在亚洲发生,使人们对全球性国际金融体系的潜在风险引起越来越多地关注。为了防止全球金融体系已卷入的经济体发生崩溃,降低潜在的传染风险,国际金融组织为墨西哥、泰国、印度尼西亚和韩国举行了空前规模的救援行动。[1] 包括多边和双边债权人捐款,这些"一揽子"金融救助包括1995年为墨西哥援助488亿美元、泰国170亿美元、印度尼西亚400亿美元,1997年为韩国援助570亿美元。在向各国提供的一揽子资助计划中,仅仅只是国际货币基金组织捐助的总数就达528亿美元,其中援助墨西哥178亿美元、泰国40亿美元、印度尼西亚100亿美元、韩国21亿美元。此外,随后的金融危机和国际援助发生于1998年的俄罗斯和巴西、2000年的土耳其和2002年的阿根廷。

这些国际金融援助计划的重要性以及它们对国际金融体系的影响着重显示了在国际金融体系中所发生的一系列持续性变化。从这些变化我们可以看出有关正在发展、兴起和转型的经济体在国际资本流动中所存在的潜在性风险、金融监管的重要性以及国际货币基金组织所起的作用。然而,在此我们只是重点阐述危机发生的基本原因和国际救援组织的性质,使读者在更广泛的语境下对这些变化的基本要素和应对策略有更深切的了解。

一、金融危机前奏:1990~1995年

20世纪80年代末期和90年代前半期发生了一连串的金融危机,包括美国和北欧诸国(在发达国家经济体系中产生的国内金融危机)、欧洲(涉及加入欧洲汇率机制——欧洲货币发展之先驱即欧元——的发达国家货币所发生的一系列全球性金融危机)和墨西哥(在新兴发展中国家发生的一系列金融危机以及对其他正处于发展经济体尤其是对拉丁美洲诸国的经济产生传染性影响)。这些金融危机预示了20世纪90年代第二个半期必然在发达国家、正在发展的新兴国家、新兴发展中国家和正处于经济转型国家发生各种类型的金融危机。[2] 世界各国从20世纪90年代的第二个半期持续到21世纪前10年包括后来在阿根廷和土耳其所发生的全球性金融危机和2008年席卷全球的金融危机中获得了重要的启迪。

---

[1] See D. Arner, *An Analysis of International Support Packages in the Mexican and Asia Financial Crisis*, J. Bus. L. (1998), p. 380.

[2] See D. Arner eds., *Financial Crises in the* 1990*s*:*A Global Perspective*, British Institute of International and Comparayive Law, 2001, p. 26.

在许多方面,20 世纪 70 年代和 80 年代美国作为应对金融市场的国际化趋势,使它的金融制度自由化的实践与贯穿 90 年代其他国家所经历的金融危机具有类似性,不但发生在发展中国家、正处于新兴发展和转型国家的经济中,而且发生在西欧和日本等发达国家的经济中。发生于墨西哥的金融危机以及随后一系列传染性症状大体上与发生于 1997 年从我国台湾地区开始的东亚金融危机相似。在俄罗斯、巴西、阿根廷和土耳其所发生的金融危机也遵循着类似的路径。换言之,本来悲剧就已经注定,但是受其影响之外的国家却没有人能够读懂它。同时,这些危机与 20 世纪 80 年代早期发展中国家的债务危机——主要是由过度借贷的国家、过度贷款的国际性银行和利率波动大导致美国试图控制通货膨胀所造成的结果——极为不同。[1] 相反,这些危机却与早在第二次世界大战末期建立布雷顿森林国际经济体系时所发生的金融危机具有诸多共同点。

二、墨西哥金融危机:1994~1995 年

第一个"后现代性"金融危机,通常称为墨西哥比索危机,爆发于 1994 年的墨西哥,持续恶化至 1995 年。[2] 1994~1995 年金融危机期间,由于大量相互交织的因素使墨西哥面临暂时的偿债能力危机,发生这种危机的一些因素源自墨西哥内部或由墨西哥政府加剧了它,而不是其他因素如美元的利率。由于危机和可感知的结果需要保护国际金融体系,美国成立了相应的援助组织应对危机。然而,在接下来的墨西哥危机中,美国和其他主要工业化经济的国家把应对未来危机的关键责任放在了国际货币基金组织上。作为结果,当 1997 年类似的情形发生于泰国、印度尼西亚和韩国以及其他一些国家时,国际货币基金组织也身体力行,尽管它是完全基于墨西哥 1994~1995 年所发生的金融危机所获得的经验。

证据表明,危机的根源可能是 1994 年 12 月以前经济发展周期中一系列复

---

〔1〕 See J. Frieden, *Debt, Development and Democray: Modern Political Economy and Latin America 1965-1985*, Princeton University Press, 1991, p. 237.

〔2〕 See D. Arner, *The Mexican Peso Crises of* 1994-95: *Implications for the Regulation of Financial Markets*, 2 NAFTA L. & Bus. Rev. (1996), p. 28.

杂的金融、经济和政治因素综合作用的结果。[1] 按照美国审计总署[2]的分析,墨西哥金融危机根源于 1994 年墨西哥货币和财政政策以及它的汇率体系所存在的越来越多的矛盾。部分原因在于即将到来的总统选举,加之墨西哥当局在 1994 年春夏之交不愿意采取积极应对行为,比如提高汇率或使比索贬值本来是可以减少这些矛盾。由于墨西哥政府在应对一些经济和政治事件的不当加剧了这些根本性政策相互矛盾,如通常在墨西哥的政治和经济稳定方面使投资者担心其货币有贬值的可能性,继而削弱了投资者的信心。为了应对这些投资者的担忧,墨西哥政府发行大量的短期货币,即按指数调整美元纸币(国债),以至于到 1994 年 11 月末,墨西哥已经变得特别易于遭受金融危机,因为它的外汇储备已经跌到 129 亿美元,[3]尽管到 1995 年它有 287 亿美元的到期国债义务。[4]

(一)"一揽子"援助计划

美国财政部、美国联邦储备委员会和国际货币基金组织据称并未预见到此次危机的严重性,但是不久它们就得出结论,为阻止墨西哥的金融崩溃和阻止向其他新兴经济体蔓延发展,外部援助是必需的。由于超出对其他新兴经济体的直接影响,美国政府官员把这次危机视为对国际货币基金组织和美国要求一些新兴经济体国家进行市场经济体制改革的一种威胁。

作为结果,美国时任总统比尔·克林顿 1995 年 1 月 12 日宣布向墨西哥提供"一揽子"贷款担保计划,共计 440 亿美元。然而,美国国会在有关计划批准时产生了怀疑,最终导致计划无效果和被撤销。随后,1995 年 1 月 31 日,克林顿政府再次宣布提供多边援助"一揽子"计划,共计 488 亿美元。在这项援助计划下,美国向墨西哥通过使用稳定外汇制度安排和美国联邦储备委员会互惠网提供总计 200 亿美元援助。1995 年 2 月 1 日,国际货币基金组织为墨西哥批准了一项 18 个月备用计划共 178 亿美元。此外,在国际清算银行的赞助下,其他国家也同意提供一项价值为 100 亿美元的短期储备。此外,加拿大在 1994 年

[1] See W. Lonett, *Lessons from the Recent Peso Crises in Mexico*, 4Tul. J. Int'l & Comp. L. (1996), p. 143.

[2] See US General Office, *GAO Report*: *Mexico's Financial Crises*: *Origins*, *Assistance*, *and Initial Efforts to Recover*, GAO/GGD-96-56, 23 Feb. 1996.

[3] See IMF, *International Capital Markets*: *Developments*, *Prospects*, *and Policy Issues*, Aug. 1995, p. 56.

[4] See IMF, *International Capital Markets*: *Developments*, *Prospects*, *and Policy Issues*, Aug. 1995, p. 61.

12月已提供了10亿美元的援助。

美国以及其他对墨西哥金融危机的国际回应是最大的多边经济援助"一揽子"计划之一,甚至延续到世界上每一个国家。美国和国际货币基金组织"一揽子"援助计划主要针对当年12月在墨西哥发生的货币贬值和随后而来的信心丧失。它由此产生了两个方面的积极效应:一是帮助墨西哥克服其短期流动资产的危机;二是限制墨西哥危机蔓延至其他经济体,从而产生不良效应。[1] 美国的一些观察者反对美国对墨西哥的任何财政援助措施,认为投资者们不应当被排除于金融危机之外,并且墨西哥金融危机并未对其他国家造成任何风险,也没有对美国的贸易、就业和移民带来风险,这足以证明提供援助是不必要的。[2] 正如美国回应所看到的,政府官员并不赞同。同时,类似的争论在与随后每一种危机有关的时候也被提出来,尽管并非总是能产生同样的结果(例如,当为墨西哥1998年金融危机和为土耳其2000年金融危机组织援助以防止金融危机蔓延时,俄罗斯和阿根廷在1998年和2002年并未获得援助)。

(二)国家内部的结构性改革

作为"一揽子"援助计划条款和条件的组成部分,墨西哥政府于1995年3月发布了一项经济计划以便提出符合美国和国际货币基金组织所必需的经济标准。总体而言,计划的目标是要修复金融稳定、加强公共财政和银行部门重获信心,并且加强短期维持性增长的基础设施。概言之,该计划提出了一系列原则和政策,如货币政策、汇率政策,财政政策、银行融资政策,收入和社会政策以及增加透明度。这些原则和政策是与国际货币基金组织后来所规定的受限条件保持一致,都是基于经济发展与经济稳定的政策方式。

尽管墨西哥政府采取措施以提高墨西哥银行系统在危机发生之前采取应对措施,但是银行部门在面临流动性资金危机时一直处于实质疲软状态,并且处在被世界银行于1995年9月30日对大约27%贷款总数进行评估而承担着不履行贷款信用级别的评估状态。因此,墨西哥政府采取了一系列措施试图帮助银行部门解决与墨西哥金融困境有关的问题;当其他措施承载着国际金融组织体的直接支持时,这些措施中的几项最初是由墨西哥政府单方面所做出的。[3]

---

[1] See *US-Mexico Framework Agreement for Mexican Economic Stabilization*, 21 Feb. 1995, art. I.

[2] See E. Truman, *The Mexican Peso Crises: Implications for International Finance*, 82 Fed. Res. Ball., Mar. 1996, p. 117-118.

[3] See P. Wertman, *Economic Recovery: Moxico's* 1995 *Economic Program and the IMF*, 5 No. 6 Mex. Trade & L. Rep. 4, 1 Jun. 1995, p. 133-136, 143-146.

三、东亚金融危机:1997~1998 年

不幸的是,从墨西哥金融危机所得到的教训并未引起曾经发生过金融危机之外的国家的注意,尤其亚洲国家。最引人注目的后果是在 1997 年之前的几十年里,东亚地区的大多数经济都经历着一种扩张性增长时期,这种情况到 1997 年突然终止,东南亚金融危机由此爆发。[1] 东南亚金融危机在 1997 年夏开始于泰国,随之蔓延至马来西亚、印度尼西亚、菲律宾、韩国和中国香港特别行政区等多个国家和地区。就本质上而言,所有国际金融危机都涉及一些国家经济。不幸的是,无论是国内层面还是国际层面的大量教训都被忽视了。由此,此次东南亚金融危机给亚洲人民所造成的直接和实质后果多达数十亿美元。

各国对墨西哥金融危机进行了实证分析,且墨西哥金融危机也引起了强烈的国际反响,1997 年泰国金融危机发生还是遵循着极为类似的援助方案。随着金融危机所展示的传染性,严重影响了东南亚和东亚地区的许多国家,继而导致了第一次对泰国进行国际大援助,并随后对印度尼西亚和韩国展开援助。泰国和随后的印度尼西亚和韩国爆发金融危机的直接原因在于流动资本的逆转,它们的经济都具有依赖性。根据国际金融协会[2]的一项评估,对受金融危机冲击最严重的五个国家(印度尼西亚、韩国、马来西亚、菲律宾和泰国)净私人资本流入从 930 亿美元减少到 121 亿美元,即从国内生产总值约为 9350 亿美元下降了 1050 亿美元,约为国民生产总值的 11%,且 1050 亿美元的下降,其中 770 亿美元是以商业银行借贷的形式,240 亿美元是投资组合权益,50 亿美元以非银行借贷形式,而直接投资则保持不变,约为 70 亿美元。不幸的是,正如货币流通所支持的,这些国家的外汇储备已经耗尽以致无法弥补即将到期的短期债务。作为结果,对泰国、印度尼西亚和韩国的国际援助成为必需。包括来自多边和双边债权人的捐助,泰国融资总额 170 亿美元、印度尼西亚融资总额 400 亿美元和韩国融资总额 570 亿美元。(马来西亚非但没有寻求国际援助,反而选择通过资本和外汇控制,寻求从国际金融体系中分离出本国金融体系。)

和 20 世纪 90 年代中期的金融危机一样,东南亚金融危机发生在个别国家,这是由于具有特质的国际金融体系在国内金融体系表现出来的一种结果。

---

〔1〕 See World Bank, *The East Asian Miracle: Economic Growth and Public Policy*, Oxford University Press, 1993, p. 12.

〔2〕 See WWW. iif. org.

就一切情况而论,改革应当先于自由化,但是它们却并未如此做。这些国家的经验和教训表明,国际货币基金组织要求在不同的东南亚国家所采用的体系结构有其不足之处,且必须对国际金融体系结构进行具体分析,并采取积极行动。

尽管我们不能准确地描述亚洲金融危机所发生的起因,但是可以概略地描绘出产生危机的各种原因。[1] 在泰国以及随后发生于印度尼西亚、马来西亚和韩国的金融危机的直接原因是,资本流动的逆转,即所有国家的经济变得具有依赖性。与墨西哥的情形相反,这些流动资金并不是用于寻找国内消费,而是把资金投到具有极高回报率的行业(其中很大一部分投资于房地产等投机性领域,从而创造了一种夸大了的资产价格泡沫)。这种流动资金逆转是由许多原因造成的,其中包括各国汇率限定于美元的汇率,以及在1995年中期美元走势强劲之后随之竞争力下降所造成的结果,这是各国中央银行的核心问题。[2]

而外部资本流动的减少也带来了一些结构性问题,这些问题以前因强劲的经济增长而被忽视。最重要的是金融业的疲软。[3] 这些缺陷包括:(1)缺乏适当而审慎监管和监督;(2)通过外部资本流动鼓励不适当贷款所造成的股票和房地产价格泡沫的形成;(3)公共担保和/或救助在政治上具有系统重要性的金融机构;(4)通过银行和其他金融机构为国内货币转借而过渡的外国借贷,随着当地的货币和出口下降,金融机构面临着还贷问题。除了金融部门之外,无论是私人还是公共部门,其他结构性问题包括传统限制、非连续性和不审慎的资本政策、政府、银行和企业之间的过渡关系("裙带资本主义")以及缺乏透明度和有效监管。

除上述原因之外,还可以确定许多常见的潜在因素。重大的国内因素包括:首先,未能抑制住金融过热的压力,这在巨大的财政赤字、房地产和股票泡沫中显示出来;其次,维持固定汇率制度,从而鼓励外部借贷,且导致假定前提下的过度外汇风险;最后,金融部门无效而审慎的监管以及政府对金融中介机构的盲目支持,在没有适当的补救措施下许可金融中介资产负债表恶化。

为了批准泰国、印度尼西亚和韩国备用信贷申请,国际货币基金组织在墨西哥金融危机之后采用了加速程序。其目的在于双边贷款机构的借款将按照国际货币基金组织的要求按比例支付。加速程序的目的仅仅在于帮助国际收

---

〔1〕 See M. Wolf, *Capital Punishment*, *Financial times*, 17 Mar. 1998, p. 22.

〔2〕 See IMF, *World Economic Outlook: Interim Assessment*, Dec. 1997, p. 3-4, 41.

〔3〕 See World Bank, *Are Financial Sector Weakness Undermining the East Asia Miracle?*, Sep. 1997, p. 19.

支差额的平衡,并根据国际货币基金组织的协议条款,重建各国中央银行的官方储备。

按照国际货币基金组织官员的观点,在泰国、印度尼西亚和韩国启动这些方案反映了国际货币基金组织传统计划方案的变化,将重点放在旨在确保宏观经济平衡的紧缩措施上,而不是侧重于结构性措施,且在全球化背景下为可持续发展创造条件。[1] 尤其重要的是,目标在于重建信心,重点放在:(1)临时紧缩货币政策;(2)立即采取行动矫正银行的缺陷;(3)实施结构性改革,消除增长障碍如僵化、垄断和治理问题。[2] 从前述讨论中我们可以看出,墨西哥援助计划的结果正在重新发挥作用,只不过是以一种更具有连贯性的计划方式呈现。

上述计划都呼吁大幅度提高利率,以阻止货币贬值,且呼吁采取积极行动,让金融体系有序运行。每个计划的核心内容都旨在通过一系列结构性改革措施恢复信心:(1)强化金融体系;(2)增加透明度;(3)开放市场。[3] 其基本机制包括:首先,关闭无法存活的金融机构;其次,对具有可行性的机构进行重组和资本重组以满足国际公认的最佳做法,包括国际资本充足率标准和国际公认的会计惯例及其披露规则;最后,加强对金融部门的监管和改革金融监管,增加企业和政府部门的透明度,为私营部门创造更为公平的竞争环境,并增加竞争。

同时,有关金融的道德风险问题也经常被提及,事实上由国际货币基金组织所提供的支持计划并不会为非金融性企业提供任何支持,且在可能的情况下,资不抵债的金融中介机构的股东和债权人也将承担类似的损失,而这些损失将发生在清算的背景下。至于破产的金融中介机构,没有提供流动性支持,也没有为失去资金的金融中介机构的股东提供特殊待遇,且在与国际货币基金组织进行谈判之前政府提供担保的情况,国内有关部门将确保在维持可持续的中期财政状况的同时,能够满足这些要求。对于资金不足但尚具有偿还能力的金融中介机构,可以提供流动性支持。然而,这种支持是有条件的,前提是要进行结构调整和资本重组;在涉及公共资源的情况下,先前的所有者资本首

---

〔1〕 See M. Camdessus, *Reflections on the Crisis in Asia*, IMF Speech 98/3, Address to the Extraordinary Ministerial Meeting of the Group of 24, Caracas, Veneauela, 7 Feb. 1998, p. 130.

〔2〕 See M. Camdessus, *Opening Statement*, Press Conference, Kuala Lumpur, Malaysia, 16 Jan. 1998, p. 26.

〔3〕 See M. Camdessus, *The Role of the IMF: Past, Present, and Future*, IMF Speech 98/4, Remarks at the Annual Meeting of the Bretton Woods, Washington Dc, 13 Feb. 1998, p. 32.

先被利用,并且管理被取代;并通过采取下列措施减少潜在的公共资本:(1)改善中介机构的财务状况和偿还能力;(2)增强经济实力,使债权人有更少的理由去寻求解除他们风险的窗口。[1]

四、国际传染:1995 年、1998~1999 年

除特定国家的金融危机外,国际传染是 1995 年墨西哥金融危机、1998~1999 年东南亚金融危机的一个显著特征。在不同情况下,金融危机的蔓延可能是引发全球金融危机的诱因(或接近危机,在 1995 年墨西哥和 1998 年巴西的情况下)。实际上,国内潜在的薄弱环节导致了危机的蔓延。换言之,国际社会对另一类经济体中所存在的类似问题的反应也暴露了国内的弱点。

时任墨西哥的财政部部长清晰地表明,墨西哥金融危机的局势比最初预期的要严重得多。墨西哥的一些银行因无法续借由外国投资者持有的存款,引发了另一波墨西哥货币(比索)外逃,比索的汇率继续恶化。投资者惊慌失措,不仅包括那些持有墨西哥证券的投资者,还包括来自世界同一地区的借款人发行类似票据的投资者,或者是在类似情况下被感知到的投资者。于是,所谓的“龙舌兰效应”开始了。引起“龙舌兰效应”有两类因素:其一,随着可感知的风险上升,预期回报下降,个人投资者决定撤资。其二,结构性投资者如互惠基金面临实际的或威胁性的赎回,不仅是针对墨西哥的投资,而且是针对其他新兴经济体的投资,因为这样做可以限制他们的资本损失。[2]

在墨西哥货币贬值后,大部分西半球发展中国家和新兴经济体国家在外汇市场上都经历了不同程度的震荡,股票市场出现了明显的下跌。[3] 阿根廷和巴西的股票市场在墨西哥金融危机后随即遭受到严重的交易损失。[4] 当宣布实施国际援助计划时,虽然最初的恐慌平息下来,但是投资者开始对阿根廷和巴西等新兴经济体产生明显的歧视,这些国家被视为具有与墨西哥一样的普遍特征:(1)低储蓄率;(2)巨额流通账户赤字;(3)疲软的银行体系;(4)大量的短期债务。就总体上而言,尽管国际努力在降低最终传染效应方面具有实质意义,但是国际投资者对未来政策的导向仍然表示担忧。金融危机于 1997 年蔓延到遵循类似发展模式的泰国,最终不仅影响了东亚新兴经济体,而且影响了

---

[1] See IMF, *IMF Bail Outs: Truth and Fiction*, IMF Factsheet, Jan. 1998, p. 10-12.

[2] See E. Truman, *The Risks and Implications of External Financial Shocks: Lesson from Mexico*, Board of Governors of the Federal Reserve System, 535(1996), p. 19.

[3] See IMF, *International Capital Markets*, 1995, n. 37, p. 64-69.

[4] See *GAO Mexico Report*, 1996, n. 38, p. 112-113.

俄罗斯、巴西和美国,而美国通过濒临破产和美国联邦储备银行为私人部门精心设计的长期资本管理公司——巨额平衡投资基金或"对冲基金"方式试图抑制危机。然而,金融危机于2000年蔓延至土耳其,到2002年金融危机蔓延到阿根廷时已经非常有限了。有关金融危机蔓延的实证分析表明,国内弱点是引发危机的重要原因,而金融危机的蔓延是引发危机的外部诱因,且这些经验还表明,国际金融体系的外部感染与国内结构性问题之间是相互影响的,且至少在一定程度上可以被视为国际社会和美国鼓励政策的结果,这反映在华盛顿共识之基础上。当时受金融危机传染影响的经济体最重要的结果可能是,通过发展适当的法律基础设施重新关注国内结构调整的重要性以便更好地配置经济资源,使其更有效地抵御国际金融体系中潜在的危机蔓延风险。

主要新兴经济体与国际金融体系的整体性及其相互联系意味着其他市场的动荡,无论是发达国家还是新兴经济体,都可能迅速以金融传染的方式融入发达国家的经济中或新兴经济体的经济中。国际货币基金组织和其他国际组织的实证调查证明,过去20多年跨境资本流动的增加,尤其是通过证券投资组合,使各国资本市场更加紧密地联系在一起,金融危机的跨境融入可能以令人不安的速度发生。这一概念在随后的墨西哥和东南亚经济危机蔓延至该地区和世界上其他国家的危机中得以进一步加强,因为这些地区的大多数国家,即使是那些基本经济指标良好的国家,在危机期间都经历了短暂的汇率和股市动荡。

按照艾伦·格林斯潘的观点,1994年的墨西哥金融危机和1997~1998年亚洲金融危机都是恶性循环,事实上,这可能是当今国际金融体系的一个可界定性特征。因此,尽管人类的恐慌反应可能无法控制,但是至少可以解决加剧它们的失衡问题,这比以前更可取。

根据史丹利·费希尔的观点,为了避免危机,一个国家需要健全的宏观经济政策和强大的金融体系。[1] 一个健全的宏观经济政策框架是通过保持低通胀、预算赤字小、流通账户可持续性发展来促进经济增长。这反映了国际货币基金组织对政策的关注。

当然,对金融体系的重要性的关注是更为最近的发展。在墨西哥金融危机爆发之前,金融体系的力量发挥了关键性作用,在墨西哥金融危机和东南亚金

---

〔1〕 See S. Fischer, *How to Aviod International Financial Crises and the Role of the International Monetary Fund*, 15th Annual Cato Institute Monetary Conference, Washington DC, 14 Oct. 1997, p. 13.

融危机及其后续影响中是清晰可见的。按照格林斯潘的观点,出现国际和经济混乱有八大因素:[1]过度的杠杆作用、汇率和利率风险、脆弱的银行体系、银行间同业拆借尤其是外币流通、道德风险、脆弱的中央银行、欠发达的证券市场、不充分的法律制度。所有这些问题虽然都是金融领域的问题,但是它们都与法律和制度因素有关,因此都必须在这种制度语境下加以解决。

五、2008 年全球金融危机

2008 年 9 月 15 日,当美国第四大投资银行雷曼兄弟宣布破产时,这场自大萧条以来最严重的金融危机达到高潮,导致了多年的经济衰退。金融危机的影响迅速蔓延至实体经济,在雷曼兄弟破产后的第一季度,美国实际国内生产总值每年下降 3.7%。2008 年第四季度,降幅扩大至年均 8.9%。2009 年第一季度,降幅仍然是 5.3%。这种由美国和世界经济衰退所引发的系统性金融风险,影响巨大且令人担忧。2008 年全球金融危机导致了生产、就业和世界贸易出现自 20 世纪 30 年代初大萧条以来最严重的下滑。美国、英国、爱尔兰、西班牙、荷兰、德国和比利时有数百家银行和其他金融公司倒闭。

(一)危机之源

这次金融危机源自房地产泡沫破裂。在美国,房地产价格在 2006 年年初达到峰值,然后小幅下降,直到 2007 年暴跌。随着房价下跌,次级抵押贷款持有人无法通过再融资支付,因此只能选择违约。违约率的增加进一步造成压低房地产价格的压力,使更多的住房抵押贷款不得不选择违约。这进而导致房价下跌——违约增加——房价进一步下跌——更多违约,恶性循环终于形成。这一周期不仅带来了房地产泡沫的破裂,还通过大量的金融产品和衍生品以高杠杆影响了整个金融体系。首当其冲的是持有抵押贷款支持证券与房利美和房贷美等抵押贷款巨头的大量投资银行。2008 年 3 月,华尔街第五大投资银行贝尔斯登首先遭遇流动性紧缩,原因是过度依赖抵押贷款证券化,房地产泡沫破裂。然后,随着市场信心的丧失,问题恶化到资不抵债,导致这家知名公司濒临破产。最终,美联储不得不承担 290 亿美元的损失,导致摩根大通银行收购贝尔斯登。这一行为缓解了系统性金融风险的爆发。房利美、房地美和华尔街的其他投资银行遭受了巨大损失,因为房地产市场的崩溃并未停止。抵押贷款支持证券及其证券化业务受到了沉重打击。这些公司要么被国有化,要么被大型

---

[1] See A. Greenspan, *Remarks by Chairman Alan Greenspan before the Annual Financial Markets Conference of the Federal Reserve Bank of Atalanta*, Miami Beach, 27 Feb. 1998, n. 71.

银行收购,要么破产。最著名的案例是2008年9月雷曼兄弟成了破产危机的分水岭,也是系统性风险全面爆发的导火索。与此同时,美国国际集团在"信用违约互换"——一种基于次级抵押贷款的金融衍生品——巨额投资导致房地产泡沫破裂时,遭遇了一场严重的危机。在美联储提供了850亿美元并接管了美国国际集团79.9%的股份后,这场危机最终平息下来。此外,由于雷曼兄弟与货币市场共同基金之间的密切联系,雷曼兄弟的破产将金融恐慌扩大到了货币基金。随后,由于大量房贷不良,很多商业银行也受到了冲击。商业银行的影响不仅限于不良抵押贷款或金融衍生品带来的损失,还包括公众信心和存款的损失。在国际上,英国、法国、德国等金融机构也因金融恐慌而遭受重大直接损失和间接损失。这场金融危机的风险并非只局限于金融体系,而是蔓延至整个实体经济。由于金融市场流动性下降,实体经济面临融资困难,导致实体经济运行异常,失业率上升,经济负增长。这场危机体现了:(1)美国房地产市场的大规模资产定价失误;(2)银行业所面临的系统性(无法分解的)住房市场风险;(3)私人债务周期及其后果所付出的代价;(4)微观监管方式所存在的漏洞。总之,这场危机表明,房地产泡沫的自由放任主义为金融体系积累了巨大的风险,泡沫破裂不仅冲击相关的金融产品和影响金融体系的其他方面,而且最终对实体经济造成巨大的打击。

（二）应对策略

美国金融危机调查委员会得出结论,金融危机本来可以避免,在很大程度上是监管和监督普遍失灵的结果。《多德—弗兰克华尔街改革与消费者保护法》制定导致美国金融监管体系的全面改革,并成立了金融监督委员会,以监测和评估系统性风险。欧盟关于全球金融危机教训的评估报告——《2009年德拉洛西埃报告》强调需要对金融体系实施监管修复,包括设立单独的宏观审慎政策支柱,以监测和维护金融体系的稳定。世界各国从国家层面积极应对金融危机:(1)解决金融市场过度波动问题,其关键性挑战就是构建一个能够抵御大规模资产错误定价和泡沫的金融体系。首先,重新思考监管和风险管理的原则。在全球金融危机之前,金融监管和风险管理转向市场作为信息和价格的最终来源。未来的金融监管原则必须回归"审慎原则"。其次,提高资本充足率,要求银行系统有足够的损失吸收能力,从而在事前降低危机概率。最后,征收金融交易税,即对每笔交易征收一小笔税,使低利润率/高交易量的活动无利可图,并将短期投机者赶出市场,从而减少金融市场的过度波动。(2)解决债务的外部性问题。政策制定者和经济学家重新评估债务在经济发展中的作用,并解决其负外部性问题。债务作为一种强大但有时很危险的金融工具,[1]各国政府针对债务融资的税收盾牌,在税法中平等对待债务和股权。[2] 由于私人债务水平的大部分增长是由私人抵押贷款债务的扩张推动,限制抵押贷款信贷的扣除额是一种新颖但具有政治挑战性的方法。(3)监管重点从微观审慎监管转向宏观审慎监管。各国政府相继建立了宏观审慎监管机构和协调机构,以法律方式创制宏观审慎监管工具,并赋予中央银行更广泛的工具包和更广泛的金融稳定任务,使中央银行主导宏观审慎监管。(4)应对“太大而不能倒”的金融监管。巴塞尔委员会致力于用简单的规则取代过于复杂的监管标准。作为第一步,杠杆率成为资本监管的原则,风险权重可以在范围内降低,监管机构应减少监管资本定义的数量。(5)各国监管机构必须精简国内机构和结构,明确不同监管机构之间的等级,并努力限制利益和议程冲突的不同机构的重叠监管数量。

第三节 金融部门对经济发展的作用

过去30多年的教训足够让我们认识到,一个运行良好、稳健的金融部门对国家经济的增长和发展至关重要。这一教训是由两位先导传授的。第一位先导是一系列的金融危机,这些金融危机抑制了经济的增长和发展,使一些国家和地区背负巨额财政和社会成本。第二位先导是金融运行规律,当金融运作良好时,它会促进经济增长。由广泛的、深入的、流动性强的金融体系所带来的经济增长能够为所有社会成员提供商品、服务和就业机会。

一、金融危机之教训

在过去几十年里严重的教训一直源于一系列的金融危机。这一系列金融危机的一个重要结果就是使人们认识到了金融稳定的重要性。[3] 法律和金融基础设施对金融稳定所起的作用也得到了人们的普遍认同,这是国际社会第一

[1] See T. Matheson, *Security transaction taxes: issues and evidence*, in International Tax and Public Finance, Vol. 19:6, 2012, p. 884-912.

[2] See R. A. De Mooij, *Tax biases to debt finance: Assessing the problem, finding solutions*, in Fiscal Studies, Vol. 33:4, 2012, p. 489-512.

[3] See Group of Ten(G-10), *Reports of the Group of Ten(G-10) Working Party on Financial Stability in Emerging Markets, Financial Stability in Emerging Market Economies: A Strategy for the Formulation, Adoption and Implementation of Sound Priciples and Practices to Strength Financial Systems*, Apr. 1997, p. 8.

次就法律和金融基础设施支持这一目标之方式达成共识。[1]

自 1973 年布雷顿森林体系崩塌以来正在兴起的金融共识可以被视为两个独立事件的产物。这一系列事件可以根据发达经济体的经验，基于新兴经济体、转型经济体和发展中经济体的体验，划分为两个轴心：第一，国际合作的增长和金融中介机构监管领域的最低标准已被视为保持和加强国际金融体系的信心和诚信的必要条件。例如，在巴塞尔银行监管委员会的发展历程中，这一趋势反映了自 20 世纪 70 年代以来国际金融中介机构所面临的各种危机以及在金融机构监管领域中规制和监管的重要性和有效性。[2] 第二，随着金融和技术创新以及国际化的持续发展，这一领域的国际合作对发达经济体的重要性正在逐渐上升，正如最近对全球金融衍生物和支付结算体系的强烈关注所证明的。[3]

第二个正在形成的共识是国际金融体系发展的重要性在于实现金融稳定，不管是对发达国家、发展中国家还是对新兴和转型经济体，尤其必须考虑到他们潜在的缺陷在国际金融体系范围内对流动资本的可变因素。在许多方面，这种正在兴起的共识之结果是结合 20 世纪八九十年代债务危机的教训和过渡时期的墨西哥金融危机、东南亚金融危机以及随后的一系列金融危机尤其是俄罗斯、巴西、阿根廷和土耳其等国家的金融危机之教训。在此的共识是，为了经济发展，新兴经济体必须建立适当的结构体系保证金融稳定，特别是考虑国际资本流动的日益增加以及新兴经济体对资本的依赖性，从而为他们经济的发展提供资金。[4]

当下，随着发达国家和新兴经济体、转型经济体和发展中经济体之间的界限越来越模糊，它们越来越紧密地融入国际金融体系中，这几类国家的联系日益紧密。一个有效的金融基础设施对于发达经济体和新兴经济体来说都是必要的，尽管对于一个发达经济体来说，成功地摆脱问题比新兴经济体更容易一些。但是，在这种相互交织的情形下，这种共识可以被视为是与大多数监管发

---

[1] See J. Norton, *International Cooperative Efforts in the Realm of Financial Crises in Developing countries*, in R. Lastra and H. Schiffman eds. , Bank Failures and Bank Insolvency Law in Economies in Transition, Kluwer, 1999, p. 210.

[2] See J. Notorn, *Devising International Bank Supervisory Standards*, Martinus Nijhoff (1995), p. 146.

[3] See J. Notorn and C. Oliver, *The On-going Process of International Bank Regulatory and Supervisory Convergence: A New Regulatory-Market "Partnership"*, B. U. Ann. Rev. Bnkg (2009), p. 16.

[4] See IMF, *Financial Stability in Emerging Markets*, Dec. 1997, p. 13.

展相类似:作为对一场严重金融危机的应对,它暴露了当时既存体系的缺陷,即通常只有通过技术和金融创新才会显现出来的缺陷。

在解读20世纪90年代和21世纪初期的金融危机案例研究时,人们难以避开许多教训。首先,为了成为国际金融体系的充分参与者,同时维持国内和国际金融稳定,这就要求参与国际金融体系的各国审慎地重组国内经济结构从而成为国际自由化的一部分。在整个金融危机期间,没有适当重组的经济结构往往伴随着危机,而这些危机有时甚至具有国际性或全球性的影响力。其次,20世纪90年代,随着布雷顿森林体系和其他国际金融组织所提倡的政策和体系没有充分考虑到金融部门自由化所固有的风险,同样也没有提供必要的指导,以在重组的背景下实现国内需求。再次,一个国家的发展在当下日益全球化的金融体系中也不再局限于它自身的疆域,因此有必要重构一个新的国际经济体系和一个适当的国际金融体系,旨在以最初在布雷顿森林体系处理第二次世界大战后所面临的现实问题相同或不同的方式解决当下的现实问题。最后,所有这些体系和结构无论是国内的还是国际的,都需要基于透明,并以规则的体系和结构为基础。这就意味着,如果这些核心问题没有解决的话,全球金融危机就会像过去三十多年那样常见(事实上19世纪同样如此),在21世纪仍然继续成为普遍现象。

二、金融体系与经济增长

第二个先导,比第一个更温和,是越来越多具有组织性的实体对金融积极作用进行研究。大量的研究,通常被贴上“金融与经济增长”的标签,当下表明运转良好的金融中介和市场促进了经济的增长。[1]金融发展和经济增长的大量文献已经证实,无论是在宏观经济层面还是微观经济层面,金融对经济的增长至关重要。[2] 由此,现代社会的共识是:金融发展对经济增长极其重要。[3]

这些观点的起源来自罗纳德·麦金侬[4]、爱德华·肖[5]和雷蒙德·戈德

---

[1] See R. Levine, *Law, Finance, and Economic Growth*, J. Fin'l Imtermediation(1999), p. 17.

[2] See R. King and R. Levine, *Finance and growth: Schumpeter Mirht Be Right*, 108 Quarterly J. Econometrics(1993), p. 717.

[3] See T. Beck and R. Levine, *Legal Institutions and Financial Development*, World Bank Policy Research Working Paper, 2003, p. 3136.

[4] See R. McKinnon, *Money and Capital in Economic Development*, Brookings Insitution Press, 1973, p. 216.

[5] See E. Shaw, *financial Deepening in Econimic Development*, Oxford University Press, 1973, p. 124.

史密斯[1]的理论著述。在20世纪90年代,尤其是在墨西哥和东亚金融危机之后,实证研究证实了这一联系。实证研究的结果是宏观[2]和微观[3](公司层面)两股绞合线搅在一起——而两者都表明金融发展是有意义的。

埃斯里·德米尔古克-肯特和罗斯·列文提出了三个问题:(1)随着国家的发展,国家金融体系发生了什么变化?(2)整体上的金融发展对经济增长和公司业绩会产生影响吗?(3)是基于银行系统还是基于市场的金融体系和结构对经济增长和公司业绩会产生影响?值得注意的是,他们得出了如下结论:(1)随着它们变得更为富裕,国家经济体系趋向于总体上变得更为发达和更加以市场为导向;(2)全面的金融发展总是加速经济增长,有助于新公司的组建和形成,使公司更易于获取外部金融资助,并促进公司的增长;(3)金融结构从分析上而言不是区分各国金融体系的一种非常有效方法。继而,他们发现,有力的证据表明,有效保护外部投资者权利和执行具有契约性的法律体系,有效改善金融市场和金融中介机构的运作对长期经济增长会产生积极作用。[4]

研究表明,稳健的金融体系增加出口量。[5] 尽管有重大研究表明金融部门在经济增长中的作用,但最近的研究也支持金融发展减少贫困的观点。尤其是,托尔斯坦·贝克、埃斯里·德米尔古克-肯特和罗斯·列文研究发现,"金融中介机构的发展通过不成比例的增加穷人的收入,从而减少了贫困,从而减少了收入的不平等"。[6] 格赫拉姆·拉加恩和刘格·津加莱斯充分总结正在兴起的共识:[7]

> 自由市场体系是自人类以来组织生产和分配的最有效形式。尽管自由市场,尤其是自由金融市场,让人们的钱包变得更加充实,但它

[1] See R. Goldsmoth, *Financial Structure and Development*, Yale University Press, 1969, p. 39.

[2] See R. Levine and S. Zervos, *Stock Markets, Banks and Economic Growth*, 88 Amer. Econ. Rev. (1998), p. 537.

[3] See T. Beck, A Demirguc-Kunt and V. Maksimovic, *Financial Pattens around the World: the Role of Insitutions*, World Bank Policy Working Paper, Oct. 2002, p. 2905.

[4] See A Demirguc-Kunt and R. Levine, *Financial Structure and Economic Growth: Perspectives and Lessons*, in A Demirguc-Kunt and R. Levine, 2012, p. 11-12.

[5] See B. Becker and D. Greenberg, *The Real Effects of Finance: Evidence from Exports*, May 2004, http:// home. uchicago, edu~dbgreenb/beckergreenberg. pdf.

[6] T. Beck, A Demirguc-Kunt and R. Levine, *Finance, Inequality and Poverty: Cross-Country Evidence*, World Working Paper, May 2004, p. 35.

[7] R. Rajan and L. Zingales, *Saving Capitalism from the Capitalists: Unleashing the Power of Financial Markets to Create Wealth and Spread Opportunity*, Crown Business, 2003, p. 1-3.

们却出乎意料地很少侵蚀他们的心灵和思想。金融市场是资本市场中最受批评和最令人难以理解的部分。那些卷入最近丑闻的人的行为,比如安然公司的倒闭,只会强化公众的信念,即这些市场只不过是让富人变得更富的工具从而牺牲了普通大众的利益。然而,正如我们所讨论的,健全而有竞争力的金融市场是传播机会和消除贫困的一个非常有效的工具。由于它们在推进金融新思维所起的作用,金融市场一直保持着创造性破坏的过程——旧的思想和组织不断受到挑战,取而代之的是更好的和更新的思想和组织。如果没有充满活力和创新的金融市场,经济必然会僵化和衰落。

因为自由市场依赖于政治上的善意,也因为它们在体制内有强大的政治敌人,所以它们的生存不能被认为是理所当然的,即使在发达国家也是如此。

三、金融部门之功能

金融体系是任何经济体中最为复杂和也是最易受到监管的方面之一(无论其发展水平如何)。一个金融体系,无论纯粹国内的(当下非常罕见)还是完全融入全球金融体系中的(现在仍然很少见),是非常复杂的,因此无论是描述它还是理解它都是相当困难的。我们在此试图呈现一种程式化的金融体系(国内或国际)图景,以便为其他部分的讨论提供一个概略性框架。

作为第一种观点,金融市场经常被视为是"全球化的",而对"全球金融体系"的重新运用是普遍性的。事实上,金融部门的某些领域是所有存在全球化特性的因素中最具有全球化特性的市场之一——例如,货币市场。然而在当下,在特定的全球化领域之外,金融市场仍然是国内和国际的混合体。因此,我们随后的讨论试图呈现金融体系的总体概况,无论是国内的、国际的还是真正全球化的。

在金融领域中,有关金融部门的功能和作用主要包括下列四个方面:(1)使储蓄流通(许可利用规模经济从而形成资本集中);(2)分配资本(从而帮助判断在经济利益驱动下最大可能地分配资本);(3)监督金融资源的使用(从而尽可能地提高经济效益);(4)将风险转化为最具有利益性和最能承受的风险。金融部门的这些功能反过来又成为金融体系在经济增长中发挥基础性作用的方面。

最重要的是,金融市场服务于定价与分配功能:金融市场应当服务于分配金融资源,且在风险定价的基础上进行配置,通过价格方式有效地分配金融资源等同于金融发展。金融发展服务于支持经济增长,而更为一般的是,经济增长又反过来促进经济发展。与此同时,金融市场既带来巨大的利益,也会带来风险,尤其是在金融危机的背景下,它可能给经济带来巨大的成本。

在最基本的层面上,金融体系应当服务于经济的供给和需求。一般而言,金融体系由两个相互作用的要素构成:金融资源的供给和金融资源的需求。[1] 金融供给所导致的结果是,借贷人(一般为银行)、储户和/或投资者的金融资产超过了当前的需求。借贷人(一般为银行)、储户和投资者采取多种形式,包括个人、公司(包括金融中介机构)和政府。金融供给可能被潜在地视为来自两种来源:国内和国外。国内金融源自国内储蓄的功能,不管是出于私人动机还是出于政府强制性的(通过强制性养老金计划)。国外金融来自许多潜在的来源,包括公共机构和私人投资,无论是投资组合还是投机目的;由国际金融机构直接融资或风险资本家和战略投资者直接融资,以及(在某些情况下非常重要的)将外国资金汇回国内。对资金的需求来自借款人和消费者,他们需要额外的金融资源。借款人和消费者包括个人、公司(包括金融中介机构)、政府和如国际银行那样的国际金融机构。

尽管商业贷款作为发达经济体的资本来源的重要性有所下降,但是外国投资者的股权投资,无论是以外国直接投资还是以投资组合投资的方式,都在继续增加,而过去几十年世界各地发生了一系列金融危机。应当强调的是,一个有效的国内金融体系的存在,可以通过多种方式鼓励外国投资。这样一种体系为外部投资组合提供了某些路径。外国投资者,尤其是公共机构投资者,[2]更有可能投资于那些在有效的证券法监督下的证券和纪律严明的证券交易所,为他们提供必要的基础设施和必要的信息,从而分析和实施前瞻性的投资。这就确保国内企业的额外资本。考虑到组合型投资的波动性,这可能不会像以前认为的那样重要。此外,金融体系许可最终“退出”外国投资,因为此类投资通常不希望长期投资于企业,而是更倾向于退出并获取利润。即使在有长期投资者或战略投资者的情况下,这些投资者为了长期或至少较长期对企业控制而被引入,不参与的潜在可能性也会使参与变得更具有吸引力。因此,这些投资者需要一种机制,使他们的持股最终得以清算。这一机制可以通过创建运转正常的

---

〔1〕 See W. Philbrick, *The Paving of Wall Street in Eastern Europe: Establishing the Infrastructure for Stock Markets in the Formerly Centrally Planned Economies*, 25 Law & Pol'y Int'l Bus. (1994), p. 565.

〔2〕 See B. Stail, *The European Equity Markets: the State of Union and An Agenda for the Millennium*, Royal Institute of International Affairs, 1996, p. 147–184.

股票市场和证券交易所来提供,因此,鼓励私人投资者进行初级资本投资,甚至可能由多边开发机构投资。

在配置金融资源方面,金融部门一直扮演着一种传导机制的作用,在价格基础上转移供给以满足需求。金融市场存在各种各样的传导机制。在理想的世界里(或在理想的情形下),对金融资源的供给和需求是直接匹配的,供应商可以毫不费力地为他们的过剩资本找到合适的机会。然而,现实世界却大相径庭。在一种理想的金融体系里,信息是完全对称的,参与者是理性的,并且没有交易成本。事实上,即使是最高度发达的金融体系也不符合这些条件。在传导机制方面有两种主要形式:直接融资和间接融资。直接融资通过直接投资和金融市场进行(尽管在这两种情形下通常都是在各种金融中介的帮助下进行)。间接融资涉及某种形式的金融中介,换言之,以某种形式存在的金融中介帮助匹配供给和需求。

金融市场有多种形式,其中四种主要分类尤为重要:外汇市场、货币与银行间拆借市场、资本市场和保险业市场。除了这四类市场外,还有一些衍生性市场,这些市场与其他市场交互作用。外汇市场是现实的货币市场,而在许多方面,货币市场比其他金融市场更像大宗商品交易市场。外汇市场是金融市场中规模最大、全球化程度最高的市场,每日成交额超过 1.8 万亿美元。货币与银行间拆借市场是短期资金市场,初始期限不超过 1 年。

资本市场是金融资源之市场,其初始期限为 1 年或更长,也就是资本。资本市场是任何基于市场体系的企业和政府长期资金的重要外部来源之一。资本市场包括两个主要部分:股票和债券。资本市场(包括股票和债券在内的较长期金融市场)可以通过不同的法律关系和由证券交易部门所代表的法定求偿权形式进行细分。在最基本的层面上,人们可以区分股票市场,它关注的是代表企业所有权的股权凭证以及对资产的剩余债权和长期债权市场的发行和交易,它们交易的股权票据是记录固定的票面价值以及对这些企业的计息债权。股权资本市场是所有者之间的权益市场,通常是由公司的股票作为凭证。从本质上说,股权投资通常具有无限的持续期限。作为资本市场的一种子市场,股票市场是由股票投资机会的供给和对股权的需求所构成的。股票的供给可以视为是资本需求的一部分,而对股票的需求可以视为是与资本的供给相关联的。而另外,债权资本市场则代表了借款人的债权债务。最常见的形式是贷款、债券或相关债务。债券和股票都以可自由交易的金融契据方式呈现。

保险市场是为了防范特定风险的市场,无论是否有特定的风险(如死亡)还是不确定性风险(如财产损失)。金融衍生品是一种金融票据,它的价值来自其他方面，通常是金融资产或市场，是危机交叉和相互连接的市场部分。

在金融系统中，存在一系列帮助金融资源传输的中介组织。一般的中介组织形式包括银行、保险公司、养老基金、单位信托、互惠基金或对冲基金、投资银行或商业银行等投资机构以及具有特色的金融机构。一般地说，中间体可以描述为存款机构（如银行），合同储蓄保护或合同风险保护（如保险公司）或投资机构（如对冲基金）。

间接融资之所以出现，是因为金融市场并非完美市场。它们的缺陷源自两个主要方面：第一，交易成本（如执行）；第二，信息不对称（非对称性信息或非完整信息配置）。不对称信息也会导致逆向选择（例如，最坏的机会是最有可能出现的机会）和道德风险（如激励去承担过多的风险或不充分的风险）。越来越多的研究表明，市场参与者并非总是理性的——这在金融领域尤为重要。

金融市场在提供直接融资方面有许多形式。一方面，金融市场可以以交易为中心，或者存在于不通过交易所而直接销售给顾客的场外交易（如全球衍生品市场）。另一方面，它们可以是主要的或次要的市场。

在证券交易所语境下，直接融资是最常见的。证券交易所可以被定义为“一种集中提供证券交易的论坛性组织或机构”。就其本身而论，证券交易所通过公开提供证券市场确定价格的方式，并通过价格方式向市场客户公开显示和传播信息。不通过交易所而直接销售给顾客的场外交易市场与有组织性交易所相区分，在不通过交易所而直接销售给顾客的结构性交易中，这种交易市场通常是指在一种有组织的交易所之外所从事的交易行为。然而，随着技术的发展，证券交易所市场与不通过交易所而直接销售给顾客的结构性交易市场之间的区别已变得较为模糊。尽管历史上有观察人士常常把证券交易所视为是为公众利益而组织起来的“慈善性”机构，事实上这并非如此。相反，证券交易所是一种自利性经济组织，它向公司和其他组织提供服务，以换取它们的证券，以换取费用，这种方式以最初的上市费用和年费以及交易费用的形式出现。公司不需要在交易所上市，但有公开交易证券的公司对在交易所交易的证券表现出浓厚的兴趣，这就表明交易所实际上为上市公司提供了一些价值，包括收取年费和各种费用（如在合规与披露方面）。[1] 鉴于金融体系的各个方面，政策讨论应侧重于确定最适宜的路径以支持其主要目的的实现。

---

〔1〕 See J. Macey and H. Kanda, *The Stock Exchange as A Firm: the Emergence of Close Substitutes for the New York and Tokyo Stock Exchanges*, 75 Cornell L. Rev. (1990), p. 1007-1009.

四、金融部门之发展

发展金融体系需要扩大供给和对金融的需求。主要政策关注的是体系设计,目的在于鼓励国内外的参加者参与进来,从而提高他们的工作效率。金融体系可能是基础性的、运转正常的、成熟的或高度发达的。"基础性"金融体系通常包括简单的货币流通、简单的支付、简单的银行系统和简单的保险活动。戴维·贝姆和查理斯·卡罗米瑞斯认为:[1]

> 金融体系最初的功能是发行和维护货币。演进中的第二种功能是支付机制,通常是通过一种支票清算系统,它许可各方当事人在彼此之间转账,而不必冒用硬币或货币传递资金的风险。这些基本功能是银行的主要范围,而它们总是首先在发展中国家逐渐形成金融机构。

一个"运转正常的"金融体系除了提供基本领域的功能——货币、支付、银行和银行间拆借、保险、简单化证券和简单化衍生交易外,它还提供融资功能。这样的金融体系还将提供基本的风险管理。一种"成熟的"金融体系通过市场定价以及各种契据和风险管理功能,提供有效的资源配置。按照戴维·贝姆和查理斯·卡罗米瑞斯的观点:[2]

> 在一个完全成熟、竞争激烈的经济体系中,金融体系不仅包括银行,而且包括证券公司、金融公司和抵押贷款公司等专门的金融中介机构,以及保险公司、养老基金和共同基金等投资性机构。这样的金融体系扮演着一个庞大而复杂的角色:它鼓励和调动私人储蓄和投资,并将资金投入最具有成效的用途中。它为个人创造一种多样化的储蓄和投资选择——有些风险更高、有些风险更低、有些长期投资,有些则是短期投资。

一种"高度发达的"金融体系将提供完整、不断变化的产品和服务,而真正复杂的金融体系迄今为止只在世界上几个主要的金融中心发展起来(例如,伦敦、纽约和中国香港特别行政区)。拉詹和津加莱斯提出了四项支持金融市场

---

〔1〕 D. Beim and C. Calomiris, *Emerging Financial Markets*, McGraw-Hill, 2001, p. 44.

〔2〕 D. Beim and C. Calomiris, *Emerging Financial Markets*, McGraw-Hill, 2001, p. 44.

发展的建议:(1)确保对生产性资产的控制不是集中在少数人手里,而那些掌握控制权的人也有能力充分利用资产(通过竞争和效率);(2)建立一个安全网来保护输家(金融稳定和消费者保护);(3)开放边界(竞争和自由化);(4)使公众认识到金融体系的好处(教育)。[1] 在实现这些目标的过程中,当下的重点在于法律在金融领域中的作用。

第四节　法治视野下金融部门的发展与经济增长

人们一致认为,金融业在支持经济增长和发展方面发挥着核心作用:一方面,一个健全的金融体系有利于金融中介和资源配置,进而支持经济增长和发展;另一方面,一个健全的金融体系可以降低金融危机的风险。因此,一个健全的金融体系对于金融稳定和金融业的发展都是必要的。尤其在20世纪90年代全球金融危机爆发之后,国际社会的努力聚焦于危机的起因、解决危机的决心以及防范未来危机。而发生金融危机的一个重要教训就是,有关金融业稳定和金融危机解决方案之制度、法律和监管体制的重要性。

首先,一个可靠的制度框架对于提供金融交易游戏规则和支持金融业发展至关重要。在没有法律和制度的背景下,成熟的金融市场则无法发挥作用。其次,脆弱的金融部门是许多金融危机发生的重要原因。如果有必要加强金融中介机构,并帮助防止出现金融危机,就必须有足够的监管和监督框架。最后,在经济困难和金融危机的情形下,一个适当的结构体系支持解决这些困难。在缺乏这样一种制度结构的情形下,解决和抑制金融危机变得更加困难、耗时和昂贵。

从20世纪90年代初到现在,随着国际金融机构的发展和金融危机的发生,人们越来越关注金融机构在经济发展中的作用,且最近20年的研究表明,金融机构实际上可能是最重要的因素。制度发展的一个重要方面就是法律、法律制度、监管和监督结构。制度尤其是法律基础设施是健全金融体系的基础。在国内和国际上,经济发展离不开一个健全的金融部门所必需的制度性支持,尤其是在有关国际金融结构的问题上,人们已经达成了共识。当下,法律与金融市场发展之间的相互作用,其表现特性是"法律与金融"理论的持续发

---

〔1〕 See R. Rajan and L. Zingales, *Saving Capitalism from the Capitalists: Unleashing the Power of Financial Markets to Create Wealth and Spread Opportunity*, Crown Business, 2003, p. 294-300,306-309.

展。就许多方面而言，法律与金融都是有关制度经济学、金融和经济增长研究的内容。在法律与金融研究方面的主要专家是埃尔南多·德·索托和安德瑞·施莱弗。对于德·索托而言，财产权利构成金融的基础，而这又反过来使经济发展成为可能。对于施莱弗和其他学者而言，重点关注法律在金融发展中的作用（“法律与金融的相互作用”）。

第二系列的研究试图分析不同的市场经济体制模型之间的差异。西蒙·德加科沃、爱德华·格莱泽、莱福尔·拉·波尔塔、弗洛伦西奥·洛佩斯·西拉内斯和安德瑞·施莱弗称为“新比较经济学派”。[1] 这项研究的一个方面就是关于法律和法律制度在金融发展中的作用。[2] 以20世纪90年代由诺斯已研究成熟的一种新的实证文献为理论基础，并在诺斯理论研究的基础上进行建模和检验，最具有影响力的一系列研究包括拉·波尔塔、弗洛伦西奥·洛佩斯·西拉内斯、施莱弗和罗伯特·维什尼，我们通常统称为“四位美国经济学家”。[3] 按照托尔斯腾·贝克和罗斯·列文的观点：[4]

> 法律与金融理论的第一序列认为，在一些国家法律制度强化财产权，支持私人间的契约安排，保护投资者合法权益，储蓄者更愿意为金融公司和金融市场繁荣发展服务。与此相反，法律制度既不支持财产权，也不支持私人合同，这抑制了公司融资，阻碍了金融市场的发展。法律与金融理论的第二序列着重强调，不同的法律传统在欧洲出现之前的几个世纪以来，在国际上传播主要通过征服、殖民和模仿帮助解释当下的跨国投资者保护的差异、合同环境和金融发展。

贝克和列文认为第二股思潮的作用在于存在两种机制：“政治性”机制和“适应性”机制。[5] 就本质上而言，“政治性”解释机制表明，不同的法律体系在国家和私人财产之间存在不同的关系，[6] 而“适应性”机制则表明，不同的法

---

〔1〕 See S. Djankov et al., *The New Comparative Economics*, J. Comp. Econ. (2003), p. 256.

〔2〕 See T. Beck and R. Levine, *Legal Institutions and Financial Development*, World Bank Policy Research Working Paper, Sep. 2003, p. 3136.

〔3〕 See R. La Porta et al., *Legal Determinants of External Finance*, 56 J. Fin. (1997), p. 1131.

〔4〕 T. Beck and R. Levine, *Legal Institutions and Financial Development*, World Bank Policy Research Working Paper, Sep. 2003, n. 123, p. 1.

〔5〕 See T. Beck and R. Levine, *Legal Institutions and Financial Development*, World Bank Policy Research Working Paper, Sep. 2003, n. 123, p. 2.

〔6〕 See E. Glaeser and A. Shleifer, *Legal Origins*, *Quarterly J. Economics*, Nov. 2002, p. 124.

律体系在经济环境和需求变化方面有不同程度的灵活性和可回应性。与金融和增长理论不同,法律与金融理论并没有得到普遍认同,尤其它与法律起源之作用的第二方面有关。当下,法律和法律制度在经济增长和金融发展中扮演着极其重要的角色(经由诺斯),然而,除公认的产权治理的重要因素之外,还存在着严重分歧。尽管如此,到目前为止的重要因素包括:

> 1. 在具有发达的法律制度的国家,金融业能够得到更好的发展。
> 2. 在金融发展方面国家之间的差异可以通过一系列因素解释,包括法律制度的起源,如投资者和产权的处理以及法律制度如何适应商业环境。
> 3. 实证研究表明,殖民地的法律制度和前殖民地的原始赋能都是金融发展的重要因素。
> 4. 法律传统的传播在国家对私有财产权和金融发展的路径上有着持续性影响。
> 5. 最初所型构的制度在特性上的差异和这些制度对私有财产权的保护对金融业的发展产生了长期影响。[1]

斯迪金·克雷森斯和拉克·莱文从这些不同流派的观点基础上归纳出解决公司层面的问题,他们认为:[2]

> 金融体系不完善和产权保护不力的环境对公司的影响:首先,它降低了公司获得外部融资的机会;其次,它引导公司以一种次最优化的方式分配资源。

他们经过研究发现:

> 1. 不安全的产权对公司资产组合("资产配置"效应)的影响与缺乏融资效应一样重要,因为它阻碍公司增长达到同样的规模;
> 2. 资产配置效应在阻碍新公司的发展方面尤为重要;
> 3. 公司以最优化方式配置资源的程度将取决于一个国家产权保

---

[1] D. Acemoglu, S. Johnson and J. Robinson, *The Colonial Origins of Comparative Development: An Empirical Investigation*, 91 Am. Econ. Rev. 1369(2001), p. 57.

[2] S. Claessens and L. Laeven, *Financial Development, Property Rights, and Growth*, World Bank Policy Research Working Paper 2923, Nov. 2002, p. 38.

护的强度,而分配效应是产权对公司增长产生影响的重要路径。

由此,这些结果可能意味着,一个有效的法律体系对财产权的保护和对不同类型资产回报的保护同样重要,就像建立一个良好的金融体系一样。因此,法律实际上对金融发展尤为重要。然而,精准的机制还没有被完全理解,也没有得到普遍的认可。

总之,法律与制度对金融发展和经济增长产生极其重要的作用。显然,适当的法律和制度体系是金融稳定和发展与经济增长的基础。那么,在金融稳定和发展的基础上,最重要的原则是什么以及如何建立一个健全而完备的法律体系就显得尤为重要。最低限度的、必要的金融法律体系那些必不可少的要素使这些法律具有了效力,而这些法律效力的产生是通过在金融背景下分析法律作用和通过认识国际金融业可接受的最低法律标准,并从国际金融发展过程中提炼一些具有共识性的基本原则,这些共识性基本原则必须以金融体系所具有的必备条件为支撑,尤其重要的是关注促进国际金融稳定和发展那些机构的看法。

第二章　法律、金融稳定与国际金融体系

直到20世纪90年代中期,无论是对金融的理论诠释,还是对国际和国内金融体系的实际性质诠释,都从第二次世界大战结束时起就发生了根本性变化。在此语境下,我们主要探讨国际金融体系为应对这些情势而不断地发生变化的特性。第一,概述布雷顿森林国际经济体系及其在20世纪90年代初期——墨西哥金融危机时——的发展情况。同时还讨论了布雷顿森林体系在金融全球化和一系列金融危机不断变化中的作用。第二,展望自20世纪90年代以来金融危机所引起的国际金融结构新变化——包括国际金融标准以及相关金融稳定论坛的新作用。第三,主要讨论最受人关注的国际金融体系的特定方面——国际标准体系和标准制定。然而,虽然这是一项重要的发展,但要取得成效,这些标准还必须由特定的经济体来实施。第四,主要阐释金融监管与支持国内执行进程的国际努力。第五,我们的结论是,当下国际金融体系在一定程度上并非是与布雷顿森林体系相互协调的一种制度结构。更为确切地说,当下的"制度体系"最多只是非系统化的金融制度体系。

第一节　布雷顿森林体系与金融市场全球化

布雷顿森林体系是美国和大不列颠联合王国在第二次世界大战结束时所设计的一种国际经济体系,其目的在于防止两次世界大战期间(1914~1944年)所出现的国际经济不稳定,并通过国内经济的重新融合来支持经济发展。其设计基于三个要素:第一,其结构是正式的和体制性的,以一套相互关联的国际条约和制度为基础。第二,其前提是封闭的国家金融市场,资本流动有限,但货物贸易市场具有开放性。第三,封闭的国家体系之间的关系是通过国际体制框架构建的。

布雷顿森林体系包括三个相互关联的国际机构:国际货币基金组织、国际

复兴开发银行(世界银行)和国际贸易组织,旨在处理国际经济体系的三个主要要素:货币、金融和投资以及贸易。不幸的是,布雷顿森林体系从未真正发挥作用:国际贸易组织一直没有诞生,直到50年之后关税及贸易总协定签订,最终于1994年演化为世贸组织。同样地,世界银行的作用在许多方面迅速被美国通过马歇尔计划和有关重建欧洲倡议所做的双边努力所取代,使世界银行把重点放在发展中国家(往往是转型后的国家)——它今天仍在发挥这种作用。不可否认的是,直到20世纪70年代初,以国际货币基金组织为核心、以美元及其与黄金挂钩的固定汇率体系为核心的货币关系设计,确实发挥了一定的作用。自1973年布雷顿国际货币体系结束以来,金融市场通过了自由化、国际化和全球化进程,在令人难以置信的技术变革支持下,发生了变幻莫测的变化。

六十多年以来,布雷顿森林体系的建立、国际金融体系的变化以及现有国际机构和制度("国际金融结构")在处理这一变化方面所表现的缺陷,在墨西哥金融危机和由此所引发的东亚和其他危机中得到了极大的启示。自那时以来,国际货币基金组织、世界银行和世贸组织逐渐被迫应对日益全球化的金融市场。因此,当下对这些机构和其他机构的讨论主要集中于是否有必要改革现有的国际体系的制度安排,即是否有必要建立一个"新的国际金融结构"。

一、布雷顿森林体系之设计

布雷顿森林体系的设计在很大程度上是两位经济学家和公务员——一位英国人约翰·梅纳德·凯恩斯和一位美国人哈里·怀特——合作工作的结果。这两个国家都设计了一种制度,它们认为这些制度是在当时的情况下为支持第二次世界大战结束后国际经济的未来发展而设计的连贯而有效的制度。顺便说一句,这两个国家在某种程度上也是为了加强各自国家的经济地位,两国政府在很大程度上采取了各自的立场(凯恩斯和怀特在谈判进程中发挥了核心作用)。美国、英国和盟国政府的代表于1944年在新汉普郡的布雷顿伍兹和古巴的哈瓦那举行会议,以最后确定战后国际经济体系的未来设计和结构。很大程度上由于美国讨价还价的地位要强得多,怀特的想法被采纳了。如前所述,最后结构以三个正式国际机构为基础:国际货币基金组织、国际复兴开发银行和国际贸易组织。这三个机构将由一个委员会管理,以确保其活动之间的协调。此外,这三个机构都设在华盛顿特区。这种设计的基本理论和最终采用的结构首先是建立在一个稳定的汇率制度之上的。所有参与者都认为,虽然不可能回到第一次世界大战前的金本位制，但重要的是回到一个平行的体系，货币流通的基础是与黄金的固定关系，而不是纯粹的纸币（法定货币）。这一设计旨在为金融、投资和贸易——结构的其他核心支柱——提供一个稳定的基础，并避免1914~1944年出现的各种货币不稳定。在布雷顿森林国际货币体系下，美元与黄金的汇率固定在每盎司32美元。然后，所有其他货币的价值被固定为美元。资本流动在很大程度上将通过国内限制加以控制，国际货币基金组织将通过监测资本流动性和在必要时促进有序调整来支持该系统。这一结果给美国带来了重要的经济利益：美元成为世界储备货币（与黄金一起）和国际金融与贸易的支柱，很快取代了在1870~1914年发挥类似作用的英镑。

在这一固定汇率和有限资本流动的国际体系支持下，怀特和凯恩斯的设计都集中在尽快重建国际贸易体制的必要性上。到1944年，由于经济民族主义和战争后果的需要，1870~1914年所存在的自由贸易体系基本上被彻底摧毁。布雷顿森林体系的所有与会者一致认为，迫切需要尽快开始重建这些联系。设计的基础是国际贸易组织，其目的是在减少贸易壁垒和监管协议方面发挥正式作用，不幸的是，主要由于美国的政治关切，这个机构并没有成立。相反，贸易关系是通过后来的一套新制度来处理，正式称为《关贸总协定》。尽管《关贸总协定》与设计的国际贸易组织的规模不同，但在以后的五十多年里，它逐步并成功地减少了世界各地的贸易壁垒，特别是发达经济体之间的贸易壁垒。1994年，世贸组织——在许多方面与国际贸易组织平行的机构——成立了，尽管到了这个时候，那本应与之协同运作的固定汇率制度早已不复存在。

布雷顿森林体系的第三个要素是侧重于金融、投资和重建遭受重创的欧洲经济体。按照设计，国际复兴开发银行是支持欧洲和其他经济体重建（特别是基础设施重建）的主要机构。美国重建欧洲的马歇尔计划在很大程度上快速地取代了世界银行在欧洲重建中的作用，使世界银行只能专注于新独立的国家和世界各地的其他发展中国家。

二、实践中的布雷顿森林体系：1944~1994年

如前所述，在实践中，布雷顿森林国际经济体系从未有过：国际货币基金组织和国际复兴开发银行都是正式成立的，但国际贸易组织却没有。进而，国际复兴开发银行在战后重建中的核心作用很快被马歇尔计划等双边协定所取代。

（一）货币与国际货币基金组织

在这种情况下，只有以国际货币基金组织为中心的布雷顿森林国际货币体

系才能按计划运作一段时期。固定汇率制度实际上在1945~1973年运作得相当好,当时美国放弃了美元与黄金之间的固定联系,这主要是由于越南战争、冷战和国内社会开支所造成的国内财政压力(财政和通货膨胀)造成的。尽管放弃了与黄金的基本联系,许多经济体继续保持其货币与美元之间的固定关系(尽管受到周期性的、往往是痛苦的调整),资本流动在这一时期仍然受到很大限制(但欧洲市场的发展——今天国际金融市场的基础)除外。在此期间,国际货币基金组织的作用主要集中在发达经济体与必要(有时是痛苦的)汇率调整之间的关系,尤其是德国和日本的经济重要性增加而英国的经济重要性下降。

1973年美国最终放弃金本位之后,国际货币基金组织面临有关发挥作用的问题:在没有美元与黄金之间联系的情况下,布雷顿森林国际货币体系的核心支柱已不复存在,从而使国际货币基金组织失去了以前的职能。在20世纪70年代,国际货币基金组织试图通过创建一种新的合成货币——特别提款权——来复制这种联系;然而,这从来没有真正达到预期的效果。尽管如此,国际货币基金组织继续在汇率调整过程中发挥作用,且国际货币基金组织的"协定条款"有两项修正案,以反映其在国际货币体系中的新作用。[1] 在此期间,国际货币基金组织日益侧重于向应对周期性外汇危机的经济体提供贷款,并在发展中的支持体系条件下运作:国际货币基金组织的"有条件性"。

1973~1994年是一个资本流动逐渐增加和资本限制减少的时期,到20世纪80年代后期,发达经济体基本上取消了这种限制。事实上,到20世纪90年代初,国际货币基金组织主张进一步修订其条款,使其在鼓励和支持资本自由化方面的作用正式化,特别是在发展中经济体、新兴经济体和转型经济体。此外,随着20世纪80年代末苏联解体,国际货币基金组织开始关注其在过渡中货币方面的作用。到1994年布雷顿森林会议50周年时,国际货币基金组织基本上是适当发挥它的作用和实现其目标机制——以"华盛顿共识"政策为重心。

(二)金融与世界银行

虽然国际复兴开发银行于1944年正式成立,并立即着手解决战后重建的资金问题,但其资源和专门知识最初是有限的。此外,如上文所述,随着冷战的

---

[1] 1944年7月22日,在新罕布什尔布雷顿森林联合国货币和金融会议上通过国际货币基金组织的条款,并于1945年12月27日签订。随后对其进行三次修订:(1)1968年5月31日通过并于1969年7月28日生效的《理事会第23-25号决议》;(2)1976年4月30日通过并于1978年4月1日生效的《理事会第31-34号决议》;(3)1990年6月28日通过并于1992年11月11日生效的《理事会第43-45号决议》。

开始,美国认识到有必要在以前认为是敌人的基础上重新建立盟友,并发起了一些支持重建的双边方案,其中最广为人知的是《西欧马歇尔计划》。因此,在其成立后很短的一段时间内,国际复兴开发银行(越来越多地称为世界银行)的主要作用和任务已转移到其他地方。

因此,世界银行几乎从一开始就被迫寻求一种作用,其重点越来越多地转向世界各地发展中国家的需求,而不是发达国家的战后重建。这一作用得到了极大的推动,因为前殖民国家丧失了自己的帝国,无论是通过解放、自由运动还是放弃。世界银行寻求介入并协助新国家发展基础设施和建设其经济。在最初的几十年中,世界银行侧重于向各国政府提供贷款,用于具体项目,并在整个20世纪70年代越来越多地用于一般预算资助。除贷款外,还向最不发达国家提供赠款,一般是通过1960年设立的国际开发机构提供捐款。随着20世纪80年代初债务危机的爆发,世界银行面临把重点放在国家贷款的挑战上,因为在许多情况下为一般目的甚至为特定项目提供资源显然常常被浪费,在某些特定情形下甚至是弊大于利。因此,除了国家贷款和赠款外,世界银行开始在更大程度上分别通过1956年和1988年成立的国际金融公司和多边投资担保机构提供和支持私营部门的参与。到20世纪80年代末,世界银行各集团包括国际复兴开发银行、国际金融公司、国际开发协会和多边投资担保机构,分别处理国家贷款和技术援助、私营部门项目、对发展中国家的赠款和投资担保。此外,它还担任1966年成立的国际投资结算中心的东道主(与多边投资担保机构一道,支持国际投资的发展)。与国际货币基金组织一样,随着苏联的解体,世界银行也在其发展援助组合中增加了转型经济体。然而,与国际货币基金组织不同的是,世界银行在1994年布雷顿森林会议50周年时面临着许多有关其作用和未来的问题。

(三)贸易、关税总协定和世贸组织

如前所述,贸易关系是通过一系列谈判建立起来的,这些谈判是通过《关贸总协定》(1948年成立;1995年增加了《服务贸易协定》)形成。虽然这不是布雷顿森林会议的最初意图,但事实上,《关贸总协定》在逐步减少贸易壁垒,特别是发达国家之间的贸易壁垒方面是相当成功的。《关贸总协定》的成员同意在1994年建立世贸组织,反映了这一成功和苏联解体后支持更自由贸易的普遍共识,东亚新兴经济体以出口为中心的发展模式的成功,以及欧洲单一市场项目的成功和发达国家的经验。因此,在1994年布雷顿森林会议50周年之际,终于通过世贸组织的成立确立了国际贸易组织的知识继承者。

(四)协调和联系

由于国际贸易组织从未成立,计划中的协调委员会也从未成立。因此,国际货币基金组织和世界银行经常被指责没有协调它们的活动——尽管事实上它们坐落在华盛顿特区中心的同一条街的两边。在20世纪80年代债务危机中出现问题(设立协调活动的"临时"委员会)之后,它们在这方面作出一些努力。然而,到1994年布雷顿森林会议50周年时,这些关切已成为人们关注的焦点。

三、应对墨西哥金融危机

由于墨西哥对美国的重要性以及墨西哥在新兴经济体中的突出地位,美国在组织墨西哥"一揽子"救援计划方面的领导作用可能是独具特色的,在墨西哥金融危机之后,美国也做出一些努力,以解决未来的流动性危机,并试图防止这些危机造成长期消极的后果,尤其是国际危机蔓延的威胁。墨西哥危机爆发后,"龙舌兰效应"对世界其他新兴经济体的影响立竿见影。[1]

国际货币基金组织和世界银行等国际组织的形象使其成为讨论国际金融体系问题的通常论坛,事实上,这是1995年墨西哥危机后必然选择的结果。这些机构在开展筹资和20世纪80年代债务危机、1994年布雷顿森林体系50周年纪念中的作用日益增加,以及美国不愿进一步领导国际救援,使这些机构成为有关主权流动性和主权债务问题辩论的焦点。此外,国际货币基金组织的作用反映它希望在布雷顿森林体系恶化之后寻找新的领导角色的愿望。[2] 不管背后的动机如何,国际货币基金组织的作用既重要又非同寻常(至少当时是如此),因为它的贡献远远超过墨西哥等国根据国际货币基金组织规则通常可以获得的救援数额。[3]

(一)国际应对

在墨西哥金融危机之后,工业化国家七国集团在1995年的哈利法克斯首

---

〔1〕 See US General Accounting Office (GAO), *GAO Report*: *Mexico's Crisis*: *Origins*, *Assistance*, *and Initial Efforts to Recover*, GAO/GGD-96-56, 23 Feb. 1996, p. 112-113; IMF, *International Capital Markets*: *Developments*, Prospects, and Policy Issues, Aug. 1995, p. 64-69.

〔2〕 See R. Chote, *Weaknesses in IMF Shown by Mexico*, Financial Times, 25 Apr. 1995, p. 18.

〔3〕 See G. Grahm, *US $ 50bn Mexico Aid Plan "Averted a Global Crisis"*: *"Execptional" Support Was Required*, *Says IMF Chief*, Financial Times, 3 Feb. 1995, p. 16.

脑会议上呼吁十国集团和其他国家支持国际货币制度，制定金融措施，以帮助预防和处理新兴经济体所可能发生的国际金融危机。[1] 在七国集团向十国集团发出这一邀请后，十国集团的代表设立了一个工作组，审议在有序解决主权流动性危机方面所出现的问题。[2] 1996年4月22日，十国集团财政部部长和中央银行行长在工作组报告的基础上发表了一份关于墨西哥金融危机等国际金融紧急状态的公报。

十国集团在其公报中申明，鉴于有必要遏制道德风险，而且需要公平分担负担，首先，债务国及其私人债权人都不应指望在发生危机时提供大规模官方融资，以避免其金融决定造成任何不利金融后果，不应推定任何种类的债务均可获得豁免；其次，在任何未来的主权流动性危机中，暂停支付或重组都不会带来风险。重要的是，十国集团指出，多年来制定的现有灵活的个案做法和程序是考虑如何应对未来主权流动性危机的适当起点，应继续改进以满足特定危机的需要，并强调应由私营部门团体牵头制定任何新的合同制度安排。此外，他们申明，官方团体在解决主权流动性危机方面的主要作用应仍然集中在“促进债务国在国际货币基金组织资助的方案范围内进行有力和有效的调整”，从而显示国际货币基金组织的条件和结构调整方案的持续重要性。十国集团注意到，十国集团国家与其他国家正在进行讨论，目的是制定新的筹资安排，将根据“借款总协定”向国际货币基金组织提供的补充资源增加一倍，以应付这类国际金融紧急状态。十国集团表示支持巴塞尔银行监管委员会和国际证券委员会组织等国际金融组织的工作，欢迎为加强负责监督和稳定金融市场的当局之间的合作所做出的努力，并得出结论认为，这一组织为这一领域的进一步工作提供了有益的基础。十国集团还强调了坚持“可信的和一致的经济政策”的重要性，并赞同采取行动，通过国际货币基金组织建立数据传播标准以及加强监督程序增强市场纪律。[3] 这份公报和报告确立了随后在亚洲金融危机中所适用的框架。

（二）国际货币基金组织最初的回应：流动性和披露

根据这一商定框架，国际货币基金组织采取行动，加强其在未来局势中提

---

〔1〕 See G-7, *Halifax Communiqué*, 16 Jun. 1995, p. 5.

〔2〕 See G-10, *Group of Ten Working Party*, *The Resolution of Sovereign Liquidity Crises*, May 1996, p. 1.

〔3〕 See G-10, *Communiqué of Ministers and Governors of the Group of Ten Nations on International Financial Emergeency*, 22 Apr. 1996, p. 1-5.

供资产流动性的能力，并提高国际金融体系的透明度。

1. 资产流动性

一般而言，国际货币基金组织的财政资源旨在协助寻求矫正国际收支问题和帮助缓冲调整影响的成员方，并通过基金组织的一般资源和减让性融资机制提供援助，这两种机制是分开管理的。国际货币基金组织的筹资须经执行理事会批准，并在大多数情况下取决于成员承诺采取步骤解决其付款不平衡的原因（称为“有条件性”）。[1] 准入主要取决于一个成员的国际收支需求、其调整政策的力度及其偿还国际货币基金组织的债务能力，并许可最多达到与该成员配额有关的限制，尽管在特殊情况下可能会超出这些限制。然而，传统的国际货币基金组织筹资机制被认为不足以应付类似的国际金融危机以及由此产生的国际货币基金组织领导的未来救援行动的预期能力。1995 年和 1996 年，国际货币基金组织采取行动，加强对成员方的财政支持。它正式确定了墨西哥危机后所使用的程序，将其作为紧急筹资机制，采取行动增加政府间机构的合作和联系，并通过谈判建立新的借款制度。

关于第一个问题，国际货币基金组织董事会于 1995 年 10 月批准设立欧洲国际货币基金组织，以使国际货币基金组织能够在发生严重金融危机时迅速作出反应，但要适用强有力的条件。[2] 紧急筹资机制是国际货币基金组织的一套程序，以便利执行理事会迅速核准国际货币基金组织的财政支助，同时确保提供这种支助所需的条件。这些紧急措施的用意是，只有在一个成员方的外部账户出现危机或有可能引发危机的情况下，才会使用这些紧急措施，而这些危机需要国际货币基金组织立即作出反应。确定这种紧急情况的依据是国际货币基金组织管理层与执行局协商作出初步判断。启动紧急程序的条件包括成员方准备立即开始与国际货币基金组织的加速谈判，并尽快执行商定措施，以解决这一问题。预计这些紧急程序的使用将很少，国际货币基金组织的作用将继续发挥催化作用。[3] 1997 年，紧急筹资机制更名为补充储备基金。

关于第二次危机，主要是为了应对墨西哥金融危机的突如其来和势不可当的紧急状态，世界各国领导人同意将国际货币基金组织的紧急资金增加一倍。

---

〔1〕 See M. Guitian, *Conditionality: Past, Present, Future*, IMF Staff Papers, Dec. 1995(4), p. 42.

〔2〕 See IMF, *communiqué of the Interim Committee of the Board of Governors of the International Monetary Fund*, IMF, Press Release No. 95/51, 8 Oct. 1995, p. 9.

〔3〕 See IMF, *Ginancial Facilities and Policies*, 1995, p. 7-9, www. imf. org.

在《借款总协定》条款下，国际货币基金组织可利用十国集团政府和沙特阿拉伯的资金增加到520亿美元。[1] 此外，1997年1月27日，国际货币基金组织执行董事会通过了一项关于《新借款制度安排》的决定，在25个可能参加《新借款制度安排》的国家就它们准备在需要补充资源时向国际货币基金组织提供贷款的条款和条件达成协议，以防止或应对国际货币体系受到损害，或处理对该体系的稳定构成威胁的特殊情况。[2] 在《新借款制度安排》下可动用的资源数额定为340亿特别提款权（480亿美元）。

《新借款制度》下的信贷安排可为参加《新借款制度》的国际货币基金组织成员（或其机构为参与者）的利益而启动，也可为非参与者的成员的利益在类似于《借款总协定》构想的情况下启动，但在《借款总协定》下为非参与者的利益而激活后，如果在协商后总经理认为国际货币基金组织可能面临储备不足的问题时，需要附加条件。《新借款制度安排》不能替代《借款总协定》，该协定仍然有效；但是，在需要向国际货币基金组织提供补充资源的情况下，它将成为首要和主要的求助手段。《借款总协定》的金额保持不变，但《新借款制度》项下的340亿特别提款权也低于《借款总协定》项下的综合限制条件。

2. 国际透明度

作为对墨西哥金融危机的第二个回应，国际货币基金组织既重视其业务和政策的透明度（尤其是通过国际货币基金组织网站显著提高透明度），也重视提供有关个别经济体的信息。

墨西哥危机之后，国际货币基金组织临时委员会在1995年4月26日会议上强调，成员方及时公布全面的经济和金融数据提高成员方经济政策的透明度，从而提高投资者的信心，并减少可能导致墨西哥金融危机后所出现的大规模资本外流的意外情况。国际货币基金组织批准制定《特别数据公布标准》，以便成员方，特别是那些参与国际资本市场或希望这样做的国家，包括发达经济体和新兴经济体，向公众提供经济和金融统计数据。《特别数据公布标准》的目的在于：[3]

---

[1] See R. Choate, G. Graham and J. Gapper, *IMF Set to Get More Crisis Cash*, Financial Times, 9 Oct. 1995. p. 24-27.

[2] See IMF, *IMF Adopts a Decision on New Arrangements to Borrow*, Press Release No. 97/5, 27 Jan. 1997, p. 57.

[3] IMF, IMF Executive Board Approves the Special Data Dissemnination Standards, IMF Press Rel. No. 96/18, 16 Apr. 1996, p. 23-27.

在经济和金融日益一体化的世界中，指导国际货币基金组织成员向公众提供全面、及时、可获得和可靠的经济和金融统计数据。

虽然参与是可选择性的，但希望寻求国际资本的国家能够遵守，以满足投资者对竞争国家可比性资料的要求。在亚洲金融危机之前，情况并非完全如此。

第二节 关于新国际金融结构之论争

在墨西哥金融危机之后，一些国际对策主要侧重于国际货币基金组织及其在透明度和资金流动性方面的作用。在亚洲金融危机之后，这些讨论增加了新的重点——是否有必要改革现有的国际金融结构；换言之，事实上是否有必要建立“新的国际金融结构”。这些讨论首先着眼于国际金融性质的变化以及这些变化所带来的影响。最受关注的两个具体方面是：危机预防和危机解决。这两种情况在很大程度上是由于国际金融体系的性质发生了变化——全球化进程。

一、社会变动中的金融体系：全球化

在过去七十多年中，国际金融体系发生了巨大变化，从孤立的国内金融体系之间基本上固定的关系，转变为日益全球化、一体化和动荡性的金融体系。自 1944 年以来，金融市场全球化（或重新全球化）的进程背后包含许多因素，其中包括货币、金融和投资以及贸易自由化，去中介化进程（有时被称为证券化），技术创新，金融创新以及私有化。

第一，资本流动和金融体系从最初在布雷顿森林体系下建立的封闭和固定结构逐步全面自由化，导致今天的国际体系，与第一次世界大战前的国际体系相比较更相似于第二次世界大战结束之时。第二，随着资金从传统银行流向资本市场，国际和国内金融市场都经历了脱媒过程，这一进程极大地改变了国际和国内金融所涉及的风险和当事方。第三，技术革新加快了在世界各地传递信息的速度，加强了以前孤立的金融体系与市场之间的相互联系。第四，金融创新是为了应对不断变化的金融市场及其参与者的挑战，不断发展新的中介机构和产品，以应对国际金融固有的更大的波动性和灵活性。第五，中央经济决策的作用有所减小，20 世纪 80 年代初以来私有化在世界各地的蔓延证明了这一点，既支持作为资金来源的国际市场的发展，又减少政府对国内市场的影响和

控制。

到20世纪90年代初，这些趋势从根本上改变了世界各地的国际和国内金融格局。随着十年的发展，20世纪最后十年国际金融的一个显著特点是发生了一系列往往具有国际或全球影响的金融危机，这是自19世纪末以来从未见过的危机——正是布雷顿森林体系旨在防止的那种危机。在许多方面，金融危机是20世纪最后十年的一个决定性特征。随着这些危机的发生，人们越来越重视危机的起因、解决办法和可能的未来预防措施——这往往是讨论是否有必要建立一个"新的"国际金融结构的一部分，即重新评估布雷顿森林体系、组成机构和旨在解决的问题。今天的金融市场表现出以下十个特点：

第一，市场的性质在批发一级基本上是全球性的，但在零售一级充其量只是国际性的（即使在欧洲联盟的情形下也是如此）。第二，占主导地位的国际货币体系是以主要货币之间的浮动汇率为基础，许多其他货币通过不同的体系固定在主要货币上。第三，资本流动基本上不受限制。第四，到目前为止，这一时期的特点是发生了严重的金融危机。第五，国际金融合作的特点包括继续发展现有的国际金融结构与建立世贸组织。第六，国际金融制度创新包括欧洲联盟、世贸组织、金融稳定论坛、欧洲银行和金融机构的重建与发展，以及各种性质和形式的国际金融组织的大量涌现。第七，主要的金融创新和发展包括衍生工具和市场（尤其是场外交易市场）的大规模增长；正在进行的从中央计划、国家所有权和控制向受管制的市场经济过渡的进程；大量的国际资本流动以及技术发展，特别是通信和计算机的技术发展。第八，主导的经济哲学是一体化，"华盛顿共识"继续发挥作用，但作用有限，新的重心放在激励机制和体制变革上。第九，监管方面的发展包括越来越重视基于风险的监管，尤其是在讨论《巴塞尔资本协议Ⅱ》和《巴塞尔协议Ⅲ》背景下，持续的自由化，以及对法律基础设施的新关注。第十，在200多个不同的国家管辖区范围内，包括不同的货币、不同的监督当局、不同的税收制度、不同的法律和条例以及不同的法院，仍然存在各自为政的现象。表2-1提供了过去150多年国际金融体系发展的格式化场景。

表 2-1　国际金融体系的演进过程及其基本特征

阶段	金融市场的特征	国际货币体系	资金流动	危机	国际金融合作	国际金融组织	主要工具或革新	主导性经济哲学	规制
1870~1914年，黄金时代	全球（无差别）	金本位（固定和稳定：英镑）	无限制的	频繁发生，如1890年阿根廷	双边（大不列颠）	无（英格兰银行）	综合债券、电传、蒸汽铁路	重商主义、自由放任政策（古典的）	自我规制
1914~1944年，战争时期	本国/支离破碎的	无	限制的/易变的	连续的：一战，萧条，二战	英国/美国	国际清算银行	无	保护主义、国家主义	国家限制：如美国
1944~1973年，布雷顿森林体系	本国/离岸	布雷顿森林体系（固定和稳定：美元）	有限：流动交易合同	偶尔：不包括英国	布雷顿森林体系（美国中心、巴塞尔委员会）、十国集团	布雷顿森林体系、巴黎俱乐部、马歇尔计划	欧洲货币市场	资本主义对社会主义、国家主导对市场主导、凯恩斯对马克思	国家控制
1973~1982年，石油危机	国际化/国内	浮动的	有限：流动交易合同	石油冲击赫斯塔特富兰克林本国的	十国集团	欧盟、巴塞尔委员会、区域发展银行	石油美元、辛迪加、主导型、计算器	国家主导性发展、进口替代、组合理论	国家干预、国际化合作：巴塞尔协定

续表

阶段	金融市场的特征	国际货币体系	资金流动	危机	国际金融合作	国际金融组织	主要工具或革新	主导性经济哲学	规制
1982~1993年，国际金融市场	国际（批发）国内（零售）	管理浮动的：购物中心/罗浮宫	有限：资金交易合同-经济合作与发展组织	最不发达国家债务、危机、苏联集团解体、储蓄与贷款危机、外汇兑换体系	五国集团（1985年购物广场、1987年罗浮宫）欧盟十国集团	欧盟、国际金融组织（有限的）、美国、治外法权	证券化、私有化、计算机、空中旅行	货币主义、促进出口、华盛顿共识、贸易自由化、私有化、市场主导型	审慎规制、巴塞尔协定、放宽对准入的管制
1993年至今，全球金融市场	全球化（批发）国际化（零售）	不可能三位一体	基本上不受限制	新兴市场、金融危机、日本	国家互联网金融协会、世贸组织	欧洲重建发展银行、欧盟、世贸组织、国际金融组织（激增）、金融稳定论坛	金融衍生工具、转型、资本流动、因特网	一体化、华盛顿共识和奖励机制、结构化	基于风险的监管、贸易自由化、法律基础设施、《巴塞尔协定I》

它对特定国家和国际金融体系的未来意味着什么？米歇尔·康德苏在1998年发言时指出，在亚洲金融危机之后，需要加强“国际金融体系结构”的七个领域的合作。[1] 第一，需要对各国的经济政策进行更有效的监督，同时更充分地披露所有相关的经济和金融数据，因为在每一种情况下，由于严重缺乏适当信息而加剧了市场不良反应。在这方面，国际货币基金组织制定了《特别数据发布标准》和《通用数据发布标准》，并通过其方案和政策建议促进信息披露。第二，需要改进区域监测工作，以鼓励邻国相互施加压力，防止墨西哥和泰国事件后所发生的各种传染。在欧洲联盟之外，这方面的进展甚微，但在世界各地的区域论坛上，讨论仍在继续。第三，世界各地必须进行以改进审慎监管和监督为重点的金融部门改革。这一努力的基础是不断努力，通过各组织和机构的努力提出“最佳做法”，以便尽可能广泛和迅速地传播所吸取的经验教训。第四，需要在债务解决方面建立更有效的结构，无论是在国家一级，通过破产法，还是在国际一级，正在通过进一步的努力，如十国集团的努力。第五，资本信用额度自由化应继续下去，但需要建立在审慎和适当排序的基础上，以增加国际资本市场的有序性和准入。第六，必须加强全世界的努力，促进善政和打击腐败。第七，需要加强多边金融机构的合作，无论是在资源和权威方面，还是在公平代表性方面。[2] 这些宽泛的观点可以粗略地分解为国内和国际对东亚金融危机的应对措施。

（一）国内应对

斯坦利·菲舍尔在1997年秋季讲话中指出，为了避免危机，国家既需要健全的宏观经济政策，也需要强大的金融体系。[3] 一个健全的宏观经济政策框架是通过保持低通胀、预算赤字小和经常项目可持续性来促进经济增长的框架。在亚洲金融危机期间，这一直是国际货币基金组织的传统焦点。然而，正如前述，对金融系统重要性的关注是最近十年的发展。墨西哥金融危机表明，金融体系实力的关键作用变得越来越明显，它在亚洲危机及其后果中也同样明显。

---

[1] See M. Camdessus, *The Role of the IMF: Past, Present, and Future*, IMF Speech 98/4, Remarks at the Annual Meeting of the Bretton Woods Committee, Washington, DC, 13 Feb. 1998, p. 15.

[2] See M. Camdessus, *Reflections on the Crisis in Asia*, IMF Speech 98/3 Address to the Extraordinary Ministerial Meeting of the Group of 24, Caracas, Venezuela, 7 Feb. 1998, p. 121.

[3] See S. Fischer, *How to Aviod International Crises and the Role of the International Monetary Fund*, 15th Annual Cato Institute Monetary Conference, Washington, DC, 14 Oct. 1997, p. 52.

(二)国际应对

在亚洲金融危机之后,国际社会采取了一系列行动试图解决这些问题,并在墨西哥金融危机之后所采取举措的基础上进一步加强,直到2008年全球金融危机发生,世界各国普遍关注维护金融稳定,预防和抑制系统性风险。

1. 国际货币基金组织:资产货币流动性和更多的信息披露

继1997年下半年在亚洲作出承诺之后,国际货币基金组织采取行动,进一步加强其在提供国际流动资金和鼓励透明度方面的作用,扩大在墨西哥危机后所采取的步骤。在增加流动资金方面,国际货币基金组织批准了补充储备基金和全面增资。此外,国际货币基金组织最初继续试图扩大其职权范围,将资本账户自由化包含在内,但到1998年年底这一做法基本上已被放弃。

第一,1997年12月17日,国际货币基金组织批准了补充储备基金,重新命名和修改了紧急融资机制。[1] 该融资机制的目的是向面临特殊国际收支困难的成员方提供财政援助,这些困难是由于资本账户和储备金所受压力造成市场信心的破坏性丧失所造成的大量短期融资需求。在该融资机制下提供援助的情况是,有理由预期实施强有力的调整政策和提供充足的资金将在短期内早日矫正国际收支的困难。第二,1998年2月6日,国际货币基金组织理事会通过了一项决议,建议将国际货币基金组织的总配额增加45%,约相当于900亿美元。这使该机构的资本基础提高到约2120亿特别提款权(约合880亿美元)。第三,正如墨西哥和亚洲的经验所表明的,一个国家有资本外流这一事实显然不会妨碍获得基金的资源重建其储备,尽管在这些安排中包括业绩标准,以避免大量使用这些储备应对资本外流。然而,如果明确承认国际货币基金组织在鼓励资本流动自由化方面的作用,不仅会加强其在这种情况下采取行动的授权,还会扩大根据其《协定条款》可向它提供的各种机制。因此,国际货币基金组织管理层在20世纪90年代寻求修正其《协定条款》,将资本流动自由化列为国际货币基金组织任务的一个方面,并将该机构的管辖权扩大到包括资本流动。[2]

从墨西哥金融危机所吸取的教训是,向官方部门(包括国际货币基金组织)和临时市场所提供的信息质量差,加剧了危机的严重程度。亚洲金融危机增加

---

〔1〕 See *IMF Approves Supplemental Reserve Facility*, IMF Press Release No. 97/59, 17 Dec. 1997, p. 121.

〔2〕 See M. Camdessus, *Rebuilding Confidence in Asia*, Remarks by the Managing Director of the IMF 97/18, ASEAN Business Forum, Kuala Lumpur, Malaysia, 2 Dec. 1997, p. 231.

更好和更及时地提供信息的论点,包括关于中央银行的远期业务信息。在此有两个论点:第一,更知情的市场很可能做出更好的决定,在墨西哥和亚洲,这意味着市场比它们更早撤出资金,从而加速调整;第二,公布关于某些干预措施的信息的义务将影响这些干预措施的程度和性质,有助于防止作出一些不明智的决定。在这方面,国际货币基金组织着重改进《特殊数据发布标准》,并提出了一个相关的方案即《通用数据发布标准》。

2. 世界银行和区域发展银行

世界银行和区域开发银行(以下统称多边开发银行)的侧重点与国际货币基金组织的侧重点略有不同。一般而言,国际货币基金组织的作用更可以与消防队相提并论,而世界银行更像是一家建筑机构。[1] 虽然这些机构(特别是国际货币基金组织和世界银行)正开展越来越多的合作,但可以看出一些不同之处。第一,与国际货币基金组织一贯注重宏观经济总量相比,多边开发银行的重点是结构性和部门性的。第二,多边开发银行的重点更多地放在长期结构调整上,而不是短期调整上。第三,多边开发银行不但注重经济和金融问题,而且往往注重一系列广泛的发展问题(尤其是减贫)。

在墨西哥和亚洲金融危机之后,这些国际机构之间的责任分工仍然是试探性的——这种情况基本上延续至今,尽管有一些重要的事态发展。然而,在墨西哥和亚洲金融危机之后,多边开发银行日益注重加强其业务所在国国内金融系统的尝试,特别是考虑到墨西哥和亚洲等国的突发宏观危机可能迅速影响其各自贷款组合的质量。

3. 挥之不去的问题

在墨西哥和亚洲金融危机发生期间,金融市场在准入方面基本上停止运作,不能依赖市场提供必要的流动资金,因此,国际社会可能有必要作出反应,以便在这些危机期间维持国际和国内金融体系的稳定,在今后的危机中也可能需要这样做。鉴于这类危机在19世纪发展中国家并不罕见,即使不太可能,也肯定会进一步发生,特别是考虑到墨西哥危机的基本教训直到亚洲金融危机之后才转化为其他国家的改革,尽管显然需要这样做。此外,流动性措施旨在大大增强国际货币基金组织的官方借贷能力,以应对墨西哥和亚洲所经历

---

[1] See S. Sandström, *The East Asia and the Role of the World Bank*: *Statement to the Bretton Woods Committee*, Speech by the Managing Director of the World Bank, Washington, DC, 13 Feb. 1998, p. 5-6.

的流动性危机,并增强国际货币基金组织作为最后贷款人的能力。[1] 然而,这类机构带来典型的"道德风险",因为投资者可能依赖国际社会,而不是自己监测风险。[2] 此外,道德风险给公共部门带来很高的潜在成本,因为国际货币基金组织的资本是由成员方政府提供的。尽管国际货币基金组织倾向于对这些反对意见轻描淡写,[3]但它们仍值得思考,尤其是考虑国际金融家的记忆曲线似乎确实显得短浅。

总之,墨西哥和亚洲金融危机的初步改变只是一小步,重点在于增加国际货币基金组织的财政资源和提高金融市场的透明度。然而,事情远非如此。2008年全球金融危机使人们普遍意识到,尽管两者都非常有用,但事实上还需要建立诸多机制和体制,从而维护金融稳定和预防系统性风险。

二、预防危机与金融稳定:结构化与进程

除了流动性和透明度问题之外,第二个主要关切的方面是通过提高整体金融系统的质量预防金融危机,尤其是系统性风险。在1994~1995年墨西哥金融危机和美国主导下的国际救援行动之后,发达经济体领导人意识到有必要建立一系列机制,以应对这类金融危机潜在的系统性危险。[4] 根据1996年6月里昂七国集团首脑会议的倡议,十国集团国家以及新兴经济体和转型经济体的代表共同制定一项战略目标,通过分析以往危机中的经验促进金融稳定,并指导个别经济体发展更强有力的金融体系的基本标准和原则。这项倡议所得出的主要结论是,一个稳健的金融体系在实体经济动荡之后不太容易受到危机风险的影响,在确实发生的危机面前更具有复原力。促成这一事业的原因是,认识到金融危机可能对经济产生严重影响,使宏观经济变得更加不稳定,经济增长减少,储蓄和投资分配效率降低。十国集团在其报告中着重讨论发展健全的金融体系所必需的三个核心要素:(1)建立健全的信贷文化和有效的市场运作所必需的体制环境和金融基础设施;(2)促进市场的运作,使所有者、董事、投资者

---

〔1〕 See W. Bagehot, *Lombard Street: A Description of the Monetary Market*, JohnW, 1999, p. 258.

〔2〕 See R. Macmillan, *Towards a Sovereign Debt Work-out System*, 16 NW. J. Int'l L. & Bus. p. 57.

〔3〕 See *M. Camdessus*, *Reflections on the IMF and the International Monetary System*, Address by Michel Camdessus, Managing Director of the International Monetary Fund to the Economic Club of Washingtong, Washington, DC, 98/6, 12 Mar. 1998, p. 290.

〔4〕 See D. Arner, *The Mexican Peso Crisis of* 1994-95: *Implications for the Regulation of Financial Markets*, 2 NAFTA L. & Bus. Rev. 1996, p. 28.

和其他实际和潜在的利益攸关方对金融中介机构执行适当的纪律;(3)建立补充和支持市场纪律的监管和监督机制。[1] 世界银行和区域开发银行在向寻求建立健全金融体系的国家提供技术援助方面发挥主导作用。

(一)金融稳定

墨西哥金融危机以来的焦点集中在"金融稳定"这一概念上,"金融稳定"是预防金融危机和减少不时发生金融风险的首要目标。然而,金融稳定并不是可以明确界定的术语。通常,金融稳定的定义主要阐述它是什么而不是什么,即金融稳定是指没有严重的金融危机。[2] 但它似乎不止于此:加利·希拉斯谈到这一术语在文献和实践中的使用。金融稳定可定义为:[3]

> 在金融市场内运作的主要金融机构的共同稳定和市场稳定。金融机构稳健,有足够的资本吸收正常的、有时甚至是异常的损失,并有足够的流动性资本管理正常时期的业务和风险波动。市场稳定……通常意味着没有可能产生严重实际经济后果的波动(系统性风险)。

金融稳定既是不存在金融危机,也是金融中介机构和市场的正常运行。马克·昆廷和迈克尔·泰勒更进一步认为,金融部门在一国经济中发挥着特殊和独特的作用,因此,"实现金融稳定……现在普遍被视为是一种公益"。[4] 在金融稳定作为商定的国际目标下,已经建立一个组织体系协助各国实现这一目标。

(二)结构与进程

新出现的国际金融稳定发展战略可以说是一套国际金融标准体系。该体系的发展具有如下四个主要特点:(1)有关经济体的代表就健全的金融和监管制度的关键要素达成国际共识;(2)由具有相关专门知识和经验的国际组织和国内当局,如巴塞尔委员会、国际会计准则理事会、国际证券监督委员会组织、

---

[1] See G-10, *Report of the Group of Ten Working Party on Financial Stability in Emerging Markets*, *Financial Stability in Emerging Market Economies: A Strategy fot the Formulation, Adoption and Implementation of Sound Principles and Practices to Strengthen Financial Systems*, Apr. 1997, p. 1-6.

[2] See U. Das, M. Quintyn and K. Chenard, *Does Regulatory Governance Matter for Financial system Stability? An Empirical Analysis*, IMF Working Paper WP/04/89, May 2004, p. 5-6.

[3] G. Schinasi, Responsibility of Central Banks for Stability in Financial Markets, IMF Working Paper WP/03/121, Jun. 2003, p. 1-4.

[4] M. Quintyn and M. Taylo, *Regulatory and Spervisory Independence and Financial Stability*, IMF Working Paper WP/02/46, Mar. 2002, p. 12.

国际保险监督员协会和金融集团联合论坛,制定健全的原则和做法;(3)加强市场纪律和市场准入渠道,为采用健全的监督制度、更好的公司治理和稳健的金融制度的其他关键性要素提供激励机制;(4)由国际货币基金组织、世界银行和区域开发银行等多边机构推动采用和实施健全的原则和做法。然而,重要的是,加强金融体系的政策的最终责任在于有关经济体的政府和金融监管当局。

这一国际金融标准体系是为应对20世纪90年代以来的金融危机而发展起来的。概略地说,它表现在四个层次上,既包括现有的国际机构和组织,也包括新的国际机构和组织。在第一个层面,很大程度上已在政治层面建立一种结构和进程。在第二个层面,这一进程侧重于国际标准的制定,主要是技术官僚一级的标准制定。在第三个层面,有执行标准的进程——主要是国内进程,但通过各种国际、区域和双边协定提供技术援助。在第四个层面,有监测标准执行情况的进程。七国集团财政部部长在1999年科隆首脑会议公报中确认这一基本结构和体系。[1]

三、危机解决:一场持续性争论

关于国际金融结构的第二个主要讨论集中在解决危机的问题上。不幸的是,虽然在支持金融稳定的国内改革方面,以国际标准体系为中心的协商一致意见已基本形成,但在处理实际发生危机的制度安排方面却没有达成类似的协商一致意见。直到2008年全球金融危机发生,世界各国开始认真审视这一问题。

第三节 国际金融标准与标准制定组织

国际标准及其发展是现行国际金融标准体系第二级的核心要素——这是继过去三十多年一系列金融危机之后国际金融结构中唯一真正新要素。鉴于一个安全有效的金融体系对任何经济体的运作都是绝对必要的,七国集团在1996年里昂首脑会议上指示国际金融机构和国际金融组织——尤其是国际货币基金组织、世界银行和巴塞尔委员会——制定在发达经济体、发展中经济体、新兴经济体和转型经济体实施的金融监管标准以及制定具有国际影响力的国内危机解决办法。因此,许多机构和组织一直在若干领域制定标准。

---

[1] See G－7 Finance Ministers, *Report of the G7 Finance Ministers to the Köln Economic Summit*, Cologne, Germany, 18-20 Jun. 1999, p. 37.

国际金融结构变化过程中所出现的唯一新机构是金融稳定论坛。设立金融稳定论坛是为了在国际标准体系中发挥协调者的作用。金融稳定论坛在特定情形下还可以采取行动和制定标准。金融稳定论坛已商定一份包括十二个“关键性标准领域”的清单,其中包括十五个“关键性标准”。除了通过金融稳定框架进行协调和制定标准外,国际货币基金组织、世界银行和国际清算银行等已建立的国际金融机构在制定标准以及执行和监测方面也发挥着作用。除国际金融机构外,经济合作与发展组织等其他正式国际组织也在发挥作用,尽管世贸组织并未正式纳入该框架——这是现有框架中的一个潜在弱点。最后,许多标准的制定在不同程度是通过各种形式的国际金融组织进行的。在政治层面,七国集团〔1〕工业化国家在推进这一进程的运作框架方面发挥了主导作用,十国集团〔2〕带头努力确定了这一进程的运作许多细节。此外,二十国集团〔3〕等其他集团也参与了各方面的工作。当下,这一进程已基本正式化。

一、金融稳定与监管之国际协调

金融稳定论坛和国际清算银行目前在协调标准制定进程方面发挥着主要作用。金融稳定论坛是在七国集团的授权下于1999年2月设立。其目的有三个方面:(1)促进国际金融稳定;(2)改善市场运作;(3)通过加强金融市场监管和监督方面的信息交流和国际合作减少系统性风险。

金融稳定论坛包括五种不同类型的成员:国家当局〔4〕、国际金融机构〔5〕、其他国际组织〔6〕、国际金融组织〔7〕和中央银行专家委员会〔8〕。此外,金融稳定论坛还设立了一些特别工作小组,就具体问题提出建议。这些措施包括:高

〔1〕 G7包括加拿大、法国、德国、意大利、日本、英国和美国。G8包括俄罗斯。欧盟既包括G7也包括G8。

〔2〕 G10包括比利时、加拿大、法国、德国、意大利、日本、卢森堡、荷兰、西班牙、瑞典、瑞士、英国和美国。因此,它实际上包括13个国家。

〔3〕 G20包括19个国家的金融部部长和中央银行行长:阿根廷、澳大利亚、巴西、加拿大、中国、法国、德国、印度、印度尼西亚、意大利、日本、墨西哥、俄罗斯、沙特阿拉伯、南非、韩国、土耳其、英国和美国。它也包括欧盟(理事长)和欧洲中央银行,也包括(依职权)货币基金组织总裁、世界银行行长以及国际货币基金组织和世界银行的金融委员会和发展委员会的成员。

〔4〕 国家当局是七国集团加欧洲央行加四个经济体,即澳大利亚、加拿大、法国、德国、中国香港特别行政区、意大利、日本、荷兰、新加坡、英国、美国和欧洲中央银行。

〔5〕 国际清算银行、国际货币基金组织、世界银行。

〔6〕 经济合作与发展组织。

〔7〕 巴塞尔银行监管委员会、国际保险监管者协会和国际证券委员会组织。

〔8〕 全球金融系统委员会和支付与结算系统委员会。

杠杆机制、资本流动、离岸金融中心、执行标准、鼓励执行标准的激励措施、存款保险和电子金融。除金融稳定论坛外，国际清算银行还在协调方面发挥重要作用。它为金融稳定论坛、巴塞尔委员会、支付和结算系统委员会、全球金融系统委员会、十国集团和国际保险监督官协会提供秘书处。

二、健全金融体系的关键性标准

按照金融稳定论坛的观点：[1]

> 金融稳定论坛已将这十二个标准领域……指定为健全金融体系的关键性领域，并根据各国的具体情况予以优先实施。虽然主要标准因其国际认可程度不同而不同，但它们被广泛接受为良好做法的最低要求。其中一些关键性标准涉及一个以上的政策领域，如"货币和金融政策透明度良好做法守则"涉及支付和结算以及金融监管和监督等方面。

金融稳定论坛商定，十二个标准领域构成核心；十二个关键标准领域又包括总共十五个关键性标准（如一个标准在破产的关键标准领域中构成一个关键性标准）。它们分为三大类：(1)宏观经济政策和数据透明度；(2)体制和市场基础设施；(3)金融监管和监督。其意图是，每一套关键标准都有一套评估和执行方法以及各种相关的原则、做法和准则的支持。

第一类是宏观经济政策和数据透明度，包括三个关键标准领域：(1)货币和金融政策透明度；(2)财政政策透明度；(3)数据公布。前两个关键标准领域分别包含一个关键性标准，而第三个领域又包含两个关键性标准。第二类是体制和市场基础设施，包括六个关键标准领域：(1)破产；(2)公司治理；(3)会计；(4)审计；(5)支付和结算；(6)市场完整性。第二个、第三个和第四个领域各包括一个关键性标准。第一个问题仍处于讨论中。第三类是金融监管，包括三个重点标准领域：(1)银行监管；(2)证券监管；(3)保险监管。每个领域又包括一个关键性标准。

三、制定标准与制定标准的组织

标准制定是通过一系列不同的机构实施的。这些组织或机构在很大程度

---

〔1〕 http://www.fsforum.org/compendium/key_standards_for_sound_financal_system.html.

上可分为国际金融机构[1]、其他正式国际组织[2]和国际金融组织。国际金融组织包括一系列不同的形式,如监管机构[3]、中央银行[4]、专业团体[5]、市场协会[6]、专家组[7]和法律团体[8]。迄今为止,选择标准区域、指定标准区域和标准为"关键"、选择适当的标准制定组织以及制定标准本身的具体过程并不清楚——尽管自墨西哥金融危机以来一直强调透明度。选择和指定似乎是一个自下而上的过程,标准制定者选择要处理的领域,并向七国集团和国际金融机构等目标集团推广各自的标准,以供采纳和支持。尽管如此,制定标准的一种标准化进程正在完善和发展。

标准制定进程现在似乎遵循类似的模式,基本要素(包括初步制定和修订)如下:(1)潜在标准制定者为制定各领域标准的任务建立网络和游说;(2)通过七国集团、金融稳定论坛和其他机构支持开展标准制定进程;(3)提高认识和讨论问题的国际进程;(4)起草工作中的多边技术官僚合作;(5)标准制定组织;(6)测试标准在监测和执行中的运用;(7)指导和辅助材料的定稿;(8)标准制定组织理事机构的批准,并提交七国集团和/或金融稳定论坛等其他机构。修订(最近一些领域已完成,另一些领域正在进行)也是沿着类似的路径行进。

虽然标准制定过程既不正式也不太透明,但制定标准的过程似乎是在多边政治和技术官僚基础上进行的,从而形成得到广泛支持的标准。此外,最近的进程包括越来越多的公众咨询和投入,加强了对由此产生的标准的民主性和支持。

四、标准汇编

除主要标准外,金融稳定论坛还编制了一份《金融稳定标准汇编》(以下简称《标准汇编》),其中包括十五项关键性标准。《标准汇编》还包括金融稳定论

---

[1] 国际金融机构包括国际货币基金组织、世界银行和国际清算组织。

[2] 当下是经济合作与发展组织。世界贸易组织并非官方代表机构。

[3] 巴塞尔委员会、国际保险监管者协会和国际证券监管委员会组织。金融行动特别工作组也包括在这类组织中。

[4] 全球金融系统委员会和支付和结算系统委员会。

[5] 这些组织包括国际会计标准委员会和国际会计师联合会。

[6] 市场协会包括国际互换和衍生工具协会、国际资本市场协会和贷款市场协会。

[7] 专家工作组包括国际金融研究所、三十国集团、国际经济研究所和大量的国内和学术研究和政策研究所。

[8] 法律工作组包括国际法律协会、国际律师协会、联合国国际贸易法委员会、国际统一私法协会、海牙国际私法会议和欧洲委员会。

坛指定对金融稳定和国内执行具有重要意义的各种标准。《金融稳定论坛有关金融稳定标准汇编》(以下简称《金融稳定论坛汇编》)所列标准按三大标题编排,与十二个关键标准领域所用的标题相同。十五个主题领域包括十二个关键主题领域,加上另外三个领域:数据汇编(宏观经济政策和数据透明度项下)、市场运作(体制和市场基础设施项下)和金融综合监管(金融监管和监督项下)。因此,宏观经济政策和数据透明度的大标题包括四个主题领域:(1)货币和金融政策透明度;(2)财政透明度;(3)数据公布;(4)数据汇编。体制和市场基础设施的大标题包括七个主题领域:破产、公司治理、会计、审计、支付和结算、市场完整性和市场运作。金融监管的大标题包括四个主题领域:银行监管、证券监管、保险监管和金融集团监管。尽管《金融稳定论坛汇编》是基于网络的有用来源,但并未定期更新,在某种程度上限制其效用。此外,列入的确切过程并不太透明。如果金融稳定论坛希望提高其有效性和合法性,这两个问题都值得金融稳定论坛进一步加以考量。

第四节　执行与监管

这一进程的一项重要内容是监测国际标准在世界各地的执行情况。执行主要是一个国内进程;然而,它必须得到一系列援助机制的支持。监测主要通过国际金融机构,尤其是国际货币基金组织和世界银行在国际一级实施。其中,国际货币基金组织通过其年度第四条磋商条款开展工作。国际货币基金组织和世界银行共同依据《标准和守则遵守情况报告》和《金融部门评估方案》开展工作。经济合作与发展组织和金融行动特别工作组也参与监测,金融行动特别工作组在洗钱和资助恐怖主义方面发挥了相当大的作用。此外,还有各种区域、双边和市场监测程序。在区域一级,区域开发银行[1]通过各自的项目和审查鼓励执行。此外,区域经济协会[2]可能发挥作用——在特定情形下(如欧洲联盟)起着极其重要的作用。在双边层面上,一些国家(尤其是美国)热衷于依据某些标准的实施,如金融行动特别工作组的标准。最后,在市场层面,评级机构对监督标准表现出一定的兴趣,尽管不如政策制定者最初希望的那么多。

---

〔1〕 主要包括非洲发展银行、亚洲发展银行、欧洲复兴发展银行和美洲开发银行。

〔2〕 主要包括欧盟、东南亚国家联盟、南方共同市场、北美自由贸易协定和南非发展共同体。

一、执行:国内程序

执行在很大程度上是一个国内进程,但得到包括国际、区域、双边和国内在内的各种来源的技术援助的支持。实施有多种激励措施,包括特定国家利益、国际利益和市场利益。特定国家自身利益,包括危机预防和通过提高金融体系的效率和效力来支持经济增长。国际利益包括防止和减少传染和支持经济增长。市场利益虽然可能是最强有力的激励因素,但尚未成为焦点。

二、国际金融机构:制定规则倡议

国际金融机构(国际货币基金组织、世界银行和区域开发银行)在执行和监测方面都可以发挥作用。在执行和监测方面最重要的发展是国际货币基金组织和世界银行标准和规则倡议的努力。国际货币基金组织和世界银行的标准和守则倡议通过两个相互关联的方面运作:《标准和守则遵守情况报告》和《金融部门评估方案》。国际货币基金组织和世界银行的《标准和守则遵守情况报告》和《金融部门评估方案》也许是自20世纪90年代一系列金融危机以来最重要的发展事态之一。按照国际货币基金组织的观点:[1]

> 标准和规则倡议是国际社会加强国际金融体系稳定的更广泛战略的一部分。该倡议旨在加强机构合作,促进善政和透明度,从而加强政策的问责制和可信性,并减少危机的脆弱性影响。

标准和守则倡议通过以下方式做到这一点:

> 1. 鼓励在国际货币基金组织和世界银行执行局的认可领域内制定国际公认的标准;
> 2. 鼓励各成员采用和执行这些标准,包括提供技术援助;
> 3. 评估成员遵守选定标准的情况,并制作和出版《标准和守则遵守情况报告》。[2]

---

〔1〕 IMF, *IMF Executive Board Reviews International Standards: Strengthening Surveillance, Domestic Institutions, and International Markets*, IMF Public Information Notice No. 03/43, 3 Apr. 2003, p. 23.

〔2〕 IMF and World Bank, *International standards: Strengthening surveillance, Domestic Institutions, and International Markets*, 5 Mar. 2003 p. 6.

到目前为止，世界银行和国际货币基金组织已核可了一份包括 12 个受到关切领域的清单，分为三类：

1. 透明度标准：数据透明度、财政透明度、货币和金融政策透明度；

2. 金融部门标准：银行监管、证券[1]、保险[2]、支付和结算系统[3]、反洗钱和打击金融恐怖主义[4]；

3. 与市场完整性有关的标准：公司治理[5]、会计[6]、审计[7]、破产和信用人权利[8]。

2003 年 3 月，世界银行和国际货币基金组织审查了截至 2002 年 12 月 31 日的 89 个经济体，并制作了 343 个《标准和守则遵守情况报告》的经验，由此得出了若干结论：

1. 在数据和财政透明度方面，成员方最严重的弱点之一是财政数据的覆盖面和一致性，而另一个弱点涉及准财政和预算外活动，特别是在转型经济体和一些新兴经济体。

2. 就银行业而言，对银行监管的政治影响是发展中国家的一个重要弱点。

3. 在保险和证券领域，薄弱之处往往反映出监管和监督系统的不足以及体制上的薄弱之处。

4. 在会计和审计方面，如果没有强有力的监管工作确保充分的监测和执行，仅有良好的财务报告规则和法律标准是不够的。

5. 在公司治理中，法律与实际存在一定的差异，尤其是在股东权利和证券正常执行处罚的能力方面存在较大的差距。

6. 在破产程序中，最常见的弱点是执行不力，而不是法律不健全。

---

[1] 国际证监会组织证券监管的目标与原则。

[2] 国际保险监督官协会保险监管原则。

[3] 支付及决算系统委员会系统重要性支付系统的核心原则；支付及决算系统委员会/证券委员会国际组织，证券清算系统的建议。

[4] 反洗钱金融行动特别工作组 40+8 建议。

[5] 经济合作与发展组织法人治理原则。

[6] 国际会计准则理事会国际会计标准。

[7] 国际会计师联合会、国际审计标准。

[8] World Bank, *Principles and Guidelines for Insolvency and Creditor Rights System*, Apr. 2001, p. 13.

作为2003年审查的结果,国际货币基金组织执行局还要求成员和董事会都应收到报告,明确指示工作人员对体制弱点及其重要性、对所取得的进展和明确列出优先次序的建议的看法。这是为了使成员以及国际货币基金组织和世界银行能够更明确地确定后续行动和必要支持的优先次序,并加强标准和规则倡议发挥作用。同时,制定《金融部门改革和加强倡议》,以提供有系统的技术援助,落实《标准和守则遵守情况报告》和《金融部门评估方案》的努力,并提供财政支助。此外,国际货币基金组织和世界银行于2002年5月发起了一项世界组织和机构协调一致的尝试以支持执行和技术援助后续行动。[1]

(一)关于遵守标准和规范的报告

《标准和守则遵守情况报告》审查遵守世界银行和国际货币基金组织选定的具体国际标准和规则的范围。[2] 截至2007年1月,《标准和守则遵守情况报告》涉及124个经济体,并在有关成员同意的情况下出版。就结构而言,《标准和守则遵守情况报告》一般采取如下形式:(1)介绍成员的做法;(2)对照标准的所有领域进行评估;(3)按优先次序提出建议。

《金融部门评估方案》是国际货币基金组织和世界银行于1999年5月提出的一项联合倡议,目的是促进成员经济体健全的金融制度。通过银行——基金金融部门联络委员会协调工作。依照世界银行和国际货币基金组织的观点:[3]

> 《金融部门评估方案》被参与国和国际社会广泛认为是诊断国际货币基金组织和世界银行成员方金融部门潜在的脆弱性和分析发展优先事项的重要指导……《金融部门评估方案》的目标之一是帮助各国在不制造脆弱性的情况下,向更多样化和更具有竞争性的金融部门过渡。一个运作良好的金融服务部门对于持续的经济发展和减贫至关重要。一套广泛和多样化的健全、管理良好的机构和市场的存在,也减少了金融危机的相似性和严重程度。

---

〔1〕 www.firstinitiative.org.

〔2〕 IMF, *International Standards: Background Paper on Strengthening Surveillance, Domestic Institutions, and International Markets*, 5 Mar. 2003, p. 19.

〔3〕 IMF & World Bank, *Financial Sector Assessment Program-Review, Lessons, and Issues Going Forward*, 24 Feb. 2003, p. 4-5.

国际货币基金组织进一步阐述道：[1]

> 《金融部门评估方案》是由国际货币基金组织和世界银行提出的，目的是在国际货币基金组织的双边监督和世界银行的金融部门发展工作的范围内加强对金融系统的监测。《金融部门评估方案》是在20世纪90年代末金融危机之后制定的，旨在帮助各国增强抵御危机和跨国界传染的能力，并通过促进金融体系的健全和金融部门的多样性来促进增长。根据《金融部门评估方案》对金融体系进行的评估查明金融体系的优势、风险和脆弱性以及金融部门的业绩与宏观经济之间的双向联系；确定金融部门的发展需要；并帮助国家当局制定适当的政策和应对措施。

国际货币基金组织和世界银行执行局分别于2000年12月和2001年1月审查了该方案，并商定了继续执行和进一步发展的指导方针。国际货币基金组织执行董事会在2003年3月进行审查后，根据另外25个经济体所完成的评估和2004年或以后计划的另外27个经济体的工作，一致认为《金融部门评估方案》在下列六个方面取得了普遍成功：

> 1. 查明金融部门的弱点和优势；
> 2. 加强对金融稳定问题以及发展需要和优先事项的分析；
> 3. 向国家当局提供适当的政策建议；
> 4. 提高数据可用性；
> 5. 改进对金融系统强项和脆弱性的评估，包括按市场进行评估；
> 6. 改进有关金融危机对宏观经济条件的潜在影响的分析。[2]

从结构上看，《金融部门评估方案》包括以下三个要素：(1)金融压力指标和压力测试系统分析；[3] (2)评估标准和守则；(3)评估更广泛的金融稳定框架，包括系统流动性安排、治理和透明度以及金融安全和破产制度。《金融部门

---

〔1〕 IMF, *IMF Reviews Experience with the Financial Sector Assessment Program and Reaches Conclusions on Issues Going Forward*, IMF Public Information Notice No. 03/46, 4 Apr. 2003, p. 35.

〔2〕 IMF, IMF Reviews Experience with the Financial Sector Assessment Program (FSAP) and Reaches Conclusions on Issues Going Forward, IMF Public Information Notice No. 01/11, 5 Feb. 2001, n. 87, p. 18.

〔3〕 See IMF, *Financial Soundness Indicators: Policy Paper*, 4 Jun. 2001, p. 32.

评估方案》通常是通过两个不同的任务来执行的。完成后《金融部门评估方案》小组编写一份《金融部门评估方案》备忘录,介绍他们的调查结果。国际货币基金组织工作人员利用《金融部门评估方案》备忘录编写《金融部门稳定评估》;世界银行工作人员使用《金融部门评估方案》备忘录编写《金融部门评估》。金融部门稳定评估可以在相关成员的许可下作为《标准和守则遵守情况报告》发布。

2001 年 11 月,世界银行和国际货币基金组织的工作人员以及参与《金融部门评估方案》的其他机构的外部评估员在巴黎举行会议,评估迄今所取得的进展。他们就需要进一步努力的领域达成若干结论,其中包括:(1)确保评估工作的一致性;(2)需要为评估实际执行情况提供更详细的指南;(3)进一步努力确保金融部门标准与金融稳定之间的联系。

(二)国际货币基金组织

《金融部门评估方案》用于编制《金融部门稳定评估》,它包含国际货币基金组织每 2 年一次的第 4 条监督活动。截至 2007 年 1 月,经国际货币基金组织有关成员同意,《金融部门稳定评估》公布 75 个经济体的财务状况。此外,虽然国际货币基金组织历来不是提供技术援助的主要机构,但《标准和规则》倡议大大增加了国际货币基金组织在这一领域的活动,现已成为其技术援助的优先领域之一。

(三)世界银行

世界银行利用《金融部门评估方案》备忘录编写了一份《金融部门稳定评估》,用于支持世界银行的发展工作(特别是技术援助),包括在其国家援助战略范围内。按照世界银行的观点,它参加标准和守则倡议有三个原因:[1]

> 1. 市场经济的结构和体制基础是健全宏观经济政策的重要补充,有助于成功融入世界经济和健康发展。
>
> 2. 执行标准可以帮助各国建立各种基础,进而促进国内和国际金融稳定。
>
> 3. 与国际货币基金组织的伙伴关系为全面执行标准的努力提供广泛的基础。

世界银行正越来越多地试图将《标准和守则遵守情况报告》、《金融部门

---

[1] IMF & World Bank, *Assessing the Implementation of Standards: A Review of Experience and Next Steps*, 11 Jan. 2001, p. 26.

评估方案》和《金融部门评估》纳入其发展工作范围。然而，鉴于该机构权力下放的性质，它并不像国际货币基金组织结构更加集中的情况下那样容易实现。

三、其他倡议

目前，其他倡议比国际货币基金组织和世界银行的倡议更为有限。支持执行和监测的区域举措涉及国际金融机构、区域开发银行、区域金融组织和区域经济组织的制度安排。迄今为止，这些措施比国际货币基金组织和世界银行的措施更为有限。当下处理执行和监测的双边倡议有两种途径：(1)双边援助机构(如美国国际开发署)；(2)个别国家的双边监测，如美国在洗钱方面的监测。人们希望，市场主动行动将为各经济体执行国际标准提供关键的激励因素，同时也是一种额外的监测形式。虽然接受人数没有预期得那么多，但评级机构和投资者在此取得了一些重要进展。此外，在降低财务成本的研究正在开始支持标准实施的有效性。

总之，我们概略地阐述了国际金融结构的发展和作用，重点讨论了全球金融体系变化的影响和对一系列金融危机的反应以及所发生的显著变化，并强调了国际金融标准的制定和发展进程。卡里·约旦和乔凡尼·米什诺尼讨论了正在进行的金融监管趋同化进程以及国际金融标准和守则的作用。他们提出了目前进程所固有的三个问题：互补性、协调和公平代表性。互补性问题产生于不同法域的执行和解释不一致以及遵守的自愿性。[1] 在某种程度上，国际货币基金组织和世界银行国际标准倡议(《金融部门评估方案/标准和守则遵守情况报告》)的制定在一定程度上解决了后者。前者虽然也是由《金融部门评估方案》和《标准和守则遵守情况报告》进程处理的，但需要进一步研究和分析，以便为差异较大的个别国家制定适当的办法。这是一个区域金融制度安排可以发挥重要作用的领域。协调问题产生于标准和标准制定的激增。虽然通过设立金融稳定论坛在某种程度上解决了这一问题，但仍然存在一个重要问题是守约与金融稳定之间的关系——这一问题才刚刚开始从经验视角加以处理。第二个问题涉及达成共识的问题，如与会计准则有关的问题。除非以更加协调一致的方式加强国际金融体系的结构，否则这些问题很可能会继续存在。公平代表性问题既产生于其成员在许多标准制定中的有限性质，也源于其成员的集中

---

〔1〕 See C. Jordan and G. Majnoni, *Financial Regulatory Harmonization and the Globalization of Finance*, World Bank Policy Research Working Paper 2919, Oct. 2002, p. 7, 15-17.

性质——缺乏对集团直接权限之外的问题的考虑。因此,迄今为止的标准总体上是不一致的——缺乏真正的"宏观审慎"的金融监管方法。在谈到七国集团的作用时,尤其提到了这一点,并提出了各种改革建议。同协调问题一样,世界各国应以更加一致的方式处理上述问题。

第二篇

金融业与金融基础设施

第三章　金融之先决条件和结构性基础

为了使金融系统或市场经济真正发挥作用,必须有若干先决条件。金融部门发展和经济增长的先决条件取决于三个支柱:第一,体制和法律制度;第二,运行基本合法;第三,主要与政策和执行机构有关。首先,如果没有特定法律制度和体制支持,即建立产权和执行合同的治理制度,市场经济和以市场为基础的金融制度就不可能存在。这对人力资本的发展作出规定很重要,对金融部门也具有特殊的意义。其次,在这些制度安排的基础上,现代市场金融体系要发挥作用,必须有若干法律基础,包括利用产权融资手段(如抵押和租赁)、法律支持公司或法人组织(如公司法)以及支持性金融系统。为提高效力,除执行合同外,治理系统还应提供更广泛的法治系统。最后,金融部门旨在实现金融和宏观经济稳定目标时在适当的金融和宏观经济政策体制框架内发挥最佳作用。政策选择虽然在很大程度上不受法律制度和体制的影响,但在适当设计透明的体制框架内能够最好地得到运作。

目前,国际标准体系只涵盖第三个领域(宏观经济政策)的透明度,被金融稳定论坛、国际货币基金组织和世界银行归类为"宏观经济政策和数据透明度"。作出和执行政策决定的体制框架对政策的有效性很重要。在宏观经济政策体制环境方面,金融稳定论坛包括四个领域:(1)货币和金融政策透明度;(2)财政政策透明度;(3)数据传播;(4)数据汇编。第一、第二和第三标题又包括"金融部门发展的关键性标准"。此外,适当的支付和结算机制以及政府证券市场对于金融稳定和经济发展以及宏观经济政策的执行也是必不可少的。有关支付和结算由金融稳定论坛所提出的两个关键性标准来处理。此外,《金融稳定论坛汇编》将"市场运作"(主要是政府证券市场)列为一个主要领域(但不是"关键性"领域)。尽管审慎监管和市场透明度是可行的金融体系的核心,但只有在参与者实际从事金融交易的情况下,监督和监管才是极其重要的。因此,促进审慎监管和市场透明度的法律必须辅之以有效发展的法律制度和体制之基础设施,在实践中促进金融和其他交易。除了健全的公法监管框架外,私法还必须为参与金融交易和执行交易权利提供一种保障手段。

直到最近二十多年后，这类问题才得到了协调一致的处理。其结果是，20世纪90年代中期，新兴经济体、转型经济体和发展中经济体才对这些问题给予重大关注，其主要原因在于发达经济体已经存在这类问题，因此，在着眼于发达国家的金融研究中，这些问题往往被忽视或假定。然而，实际上，根本的法律和体制基础设施本应在早期阶段得到解决；现实情况是，在20世纪90年代中期以前，普遍强调的是较大的宏观经济问题，而不是体制和支持（微观结构）问题。如果没有这些先决条件，复杂的市场经济就不可能存在；同样，以市场为基础的金融体系也不会存在。因此，如果没有这些关键的基本要素，至少不可能建立运转良好的、以市场为基础的金融体系，那么宏观经济政策、数据透明度和支持性体制框架基本上毫无意义。在此，我们主要讨论这些前提条件中的每一项。首先，讨论一些基础性问题，包括治理、产权和合同的执行以及人力资本的形成。其次，讨论核心法律支持：财产权的使用、公司法、税收和法治。再次，讨论宏观经济和财政政策的体制框架以及中央银行的作用，包括在支付制度和政府证券市场方面的作用。最后，论述涉及金融基础设施的其他方面，如破产和市场完整性。

第一节　金融部门发展和经济增长的先决条件

根据法律改革工作的经验、从最近二十多年国际金融危机中获得的教训以及关于这一专题的大量文献，我们可以确定发展有效的分散的金融市场和创造健全的商业环境所必需的法律基础设施的某些核心领域。尽管在文献和某些领域的标准制定方面有了一些重要的发展，但是就这些先决条件仍然没有形成全面的国际共识。虽然制定适当的金融和宏观经济政策体制框架也是新兴经济体、转型经济体和发展中经济体的优先事项，但这些政策必须得到加强，并受到发展有效的法律制度和体制环境的支持。事实上，世界各国的经验表明，在潜在的极为有利可图的投资（如能源部门）的情况下，法律和体制环境实际上可能比稳定的宏观经济框架更重要，如果没有其他更重要情形的话。虽然以下清单绝非详尽无遗，但这些核心领域非常重要，如果与我们所讨论有关适当的“第二级”金融监管和监督相结合，就能为发展可行的（基本的和功能性的）金融市场创造必要的环境。因此，发达和复杂的金融市场正常运作所必需的各种法律和体制领域对于金融稳定和经济发展至关重要。

必须建立一种治理制度，规定基本的公共秩序和安全、财产权及其保护、合同的执行以及支持人力资本的发展。至少可以说,缺乏基本的公共秩序和安全,经济增长和金融发展是极具挑战性的。此外,必须确立清晰和明确的产权,作为经济增长和金融发展的基本先决条件。当然,创造产权是过渡进程的基石;它也是发展任何以市场为基础的金融和经济制度的根本。在许多方面,没有产权的创造,市场化的经济发展或转型是不可能的。有必要建立一个保护财产权和支持具有约束力和可执行的合同制度,以使金融活动超越密切的人际网络体系和即时交易。投资的前提是产权以及具有约束力和可强制执行的合同,没有这些合同,当事方就不能有效地安排其交易结构。

除产权及其保护和合同执行外,治理体系还需要支持人力资本的发展。然而,没有公共秩序、产权及其保护和合同的执行,人力资本的发展对经济发展来说是不够的。津巴布韦过去十年的衰落也表明,体制和宏观经济环境的迅速恶化可能使几十年的人力资本无法发挥作用,以支持经济发展。除健全的公法监管框架外,私法还必须为个人投资者提供参与金融交易和行使其投资权利的手段。法律/司法框架在支持金融体系方面的基本职能有:第一,明确规定交易各方的权利、义务和责任;第二,制定法规,支持市场力量保持适当的奖励和充分的信息;第三,提供有效保护权利和执行法律义务和要求的手段。所有这些都具有降低交易成本和市场失灵的效果。这些特点可称之为提供资金的体制基础设施。

一、治理

治理与适当的政治结构问题一直是政治经济学者和法学者关注的中心问题,可能是自一万多年前第一个稳定的农业文明发展以来,以及随后为支持其管理和治理结构所必需的文字系统的发展。就建立完善的社会和必要的治理体系来实现人类目标的这方面,一直是柏拉图、孔子、托马斯·阿奎那、约翰·洛克和卡尔·马克思等学者人关注的焦点。虽然政治制度和经济制度并不总是被主要的政治理论家所考虑,但政治制度和经济制度却是紧密地结合在一起。当然,政治或治理与经济之间的关系一直是亚当·斯密和马克思以及较近的约翰·梅纳德·凯恩斯、弗里德里克·哈耶克和米尔顿·弗里德曼的主要旨趣之所在。事实上,亚当·斯密和马克思当然认为自己是“政治经济学家”,而不仅仅是经济学家。虽然到20世纪末,政治和经济学已成为完全不同的学科,但治理与经济之间的相互作用再次得到诠释,至少部分原因是从中央计划经济向市场经济过渡中吸取的经验教训,以及主要侧重于经济政策的发展模式的失败。

当然,过渡进程本身是20世纪大部分时间里两种政治经济结构模式之间竞争的结果,这两种模式是资本主义和社会主义。正如丹尼尔·耶金和约瑟夫·斯坦尼斯劳[1]所描述的,20世纪是一场思想之战,特别是两种不同模式的政府在经济中的角色之争,资本主义模式侧重于政府有限参与市场,并发挥基础性作用;社会主义模式侧重于中央计划与国家所有权与控制相结合。现实是,继黑格尔之后,二分法在某种程度上产生了一种新的综合体——监管国家(或如杰弗里·弗里登所描述的"有组织的资本主义")。[2] 就国家干预经济而言,尽管资本主义经济模式在20世纪80年代末表面上优于社会主义经济模式,但是国家在经济中扮演的角色比一个世纪前还是要大得多。即使在以市场为基础的体系中,政府在20世纪70年代末之前也发挥着越来越大的作用,另一种观点是以凯恩斯为基础的观点与哈耶克和弗里德曼的观点之间的冲突。今天,管制性国家在经济中发挥着广泛的作用,在世界各地有一系列不同的制度,直到20世纪80年代末,人们越来越认识到,在许多情况下,国家的作用应该是有限的。然而,所有受管制的市场经济模式都介于自由放任和中央控制这两种相当理想主义的模式之间。

直到20世纪90年代初,一方面是中央计划、国家所有权与控制权,另一方面是自由放任,它们合并为一种普遍的共识,即市场经济在适当的管制范围内运作,通过提供不同产品来维护整个社会的利益。然而,正如安德烈·施莱弗和其他人所认识到的那样,世界各地不同的经济和治理模式之间仍然存在许多差异。[3] 自然产生的问题是,在可供选择的办法中,哪些是最好的选择。随着经济在过去三四十年(经济和金融全球化进程)的重新开放和重新融合,这一问题变得更加重要,这就提出了不同模式的竞争力问题。第五部分将更详细地讨论全球化的影响。

就诺斯和许多研究法律经济学的这些新制度经济学家而言,无论其思想基础以及由此形成的形式如何,治理体系都需要提供两个基本特征,以支持市场经济发展。一方面,治理体系需要规定明晰的和可使用的财产权。另一方面,治理体系需要提供一个保护产权和执行合同的制度。这两组文献的研究者

---

[1] See D. Yergin and J. Stanislaw, *The Commending Heights: The Battle Between Government and the Marketplace That Is Remaking the Modern World*, Simon & Schuster, 1998, p. 246.

[2] See J. Frieden, *Global Capitalism: Its Fall and Rise in the Twentieth Century*, W. W. Norton, 2006, p. 276-277.

[3] See S. Djankov, E. Glaeser, R. La Porta, F. Lopez-de-Silanes & A. Shleifer, *The New Comparative Economics*, J. Comp. Econ., Dec. 2003, p. 38.

们都认为，在存在交易成本不完善市场的情况下，这些都是必要的。此外，治理结构必须提供最低程度的公共安全和秩序——显然，经济增长和发展最困难的环境是内部冲突和混乱。虽然这些基本点似乎是一致的，但最能为市场经济提供这三个基础的治理结构类型却并非如此。

许多人争论过（经常是因为这是他们想要证明的）民主治理模式也是提供保护财产权和执行合同的最佳方式。然而，曼库尔·奥尔森提出了一个令人信服的论点，即各种治理结构都可以提供这两种必要的功能。[1] 尤其是，他认为，一个具有足够长时间范围的非民主的当政者，有强烈的动机支持产权和合同的执行，而不是为了经济上的私利——通过税收来实现收入最大化。同样，他认为，民主虽然也有可能规定财产权、对其进行保护和合同执行，但由于社会中利益集团的运作，可能导致效率较低的结果。因此，从支持市场经济的角度来看，无论是非民主的还是民主的，都不一定是一种优越的政治制度——所需要的是市场扩大了的政府。大量的奇闻轶事所提供的证据支持奥尔森的理论。此外，最近几十年的实证研究已经开始验证他的想法，似乎也是受到支持的。[2] 诺斯总结了政治制度和产权之间的相互作用：[3]

> 广义地说，现有的政治规则导致了经济规则，尽管因果关系是双向的。也就是说，产权和个人合同是由政治决策规定和执行的，但经济利益结构也会影响政治结构。在两者的平衡过程中，既定的产权结构（及其执行）将与一套特定的政治规则（及其执行）保持一致。一方的变化将导致另一方的变化。

其结果是，治理结构是重要的，因为它必须规定产权以及对产权的保护和合同的执行以及公共秩序和人力资本的开发。然而，虽然有些治理结构显然不利于实现这些目的（例如，短期的非民主当政者基本上表现为静止的强盗行为），但从经济增长的角度来看，目前还没有明确可改变的模式。专制和民主的治理制度都可以支持市场经济。同样，两者也可提供体制选择，而这些选择并

〔1〕 See M. Olsen, *Power and Prosperity: Outgrowing Communist and Capitalist Dictatorships*, Basic Books, 2000.

〔2〕 See S. Djankov et al., *Do Institutions Cause Growth*, NBER Working Paper no. 10568, Jun. 2004, p. 152.

〔3〕 D. North, *Institutional Change and Economic Performance*, Cambridge University Press, 1990, p. 48.

不能为某一经济体带来有效的、财富最大化的结果。[1]

二、产权

就亚当·斯密和马克思而言，财产权都是一个极其重要的问题。然而，在他们的开创性著作之后，财产权直到过去十年才得到经济学家的广泛关注。苏联与东欧解体后，随着经济从社会主义制度向资本主义制度转型的挑战，产权的重要性再次开始受到极大的关注。赫尔南多·德·索托提高了人们对产权重要性的认识，这在很大程度上应归功于他。

在经典分析中，财产被描述为"一系列权利"。这句话虽然是描述性的，但如果不做进一步的阐述，就不一定能说清楚具体的内容。具体地说，"财产"包括各种不同的"权利"的一部分或全部，包括持有、使用、转让和损毁的权利。程度和时间问题涉及所有不同的权利。此外，财产可以是真实的不动产（如土地或建筑物）或动产（如汽车），可移动的或不可移动的、有形的或无形的（如知识产权）。产权制度越复杂，就越能在金融背景下得到更有效的利用，随后将进一步详细讨论这一点。按照诺斯的观点：[2]

> 产权是指个人对自己的劳动及其所拥有的货物和服务所享有的权利。占有是法律规则、组织形式、执行和行为规范的一种功能，也就是制度框架。

在《资本之谜》一书中，德·索托争辩道，资本是市场经济的引擎，产权提供了这一机制。此外，贫困国家由于其财产制度的缺陷，不能在产权制度中产生经济发展所必需的资本。他认为，资本有五个基本的"奥秘"：（1）信息缺失的奥秘；（2）资本的奥秘；（3）政治意识的奥秘；（4）美国历史上缺失的教训；（5）法律失败的奥秘。第一，贫穷社会确实拥有大量的资本；不幸的是，它是"死"的资本——不能用作资本的财产。第二，资本本身很难界定。第三，世界各国政府忽视了（1）和（2）的重要性，这一点现在正在改变，但仍然需要更快地改变。第四，世界各地的新兴经济体、转型经济体和发展中经济体正在进行的这一进程实际上是在发达国家曾经进行过的，但人们对这一进程的了解并不多见。第

---

[1] See D. Acemoglu & J. Robinson, *Economic Origins of Dictatroship and Democracy*, Cambridge University Press, 2006, p. 329.

[2] D. North, Institutions, *Institutional Change and Economic Performance*, Cambridge University Press, 1990, p. 33.

五,法律必须反映现有情况,才能有效地将资产转化为资本。按照德·索托的观点:

> 一个完整的法律财产制度在本质上做了两件事:第一,它极大地降低了资产的经济质量的成本,使我们的感官能够迅速得到反应;第二,它促进了就如何利用资产来创造更多的生产和增加分工的能力从而达成一致的能力。〔1〕

德·索托争辩道,正式的财产制度应产生六种效果,使公民能够生产资本:

1. 确定资产的经济潜力;
2. 将分散的信息整合到一个系统中;
3. 使人们负起责任;
4. 使资产具有可替换性;
5. 使人们形成人际关系网;
6. 保护交易。

因此,产权及其确定和对市场经济的保护显然是必不可少的。不幸的是,正如德·索托所支持的,发达经济体的产权在相当长的一段时间内发生了变化,很难看出产权是如何确立和发挥作用的。因此,向新兴经济体、转型经济体和发展中经济体输送这些经验和制度并非易事。为了做到这一点,德·索托提出了一个称之为"资本化的过程"。这一资本化过程分为两种主要策略:发现策略与政治和法律策略。〔2〕 尽管德·索托的分析主要侧重于确定和分配不动产(土地和建筑物)的财产权,但他的这种财产权理论也应扩大到其他形式的财产,如动产、个人财产和知识产权——这一领域在世界各地已经日益受到重视。〔3〕 财产权虽然至关重要,但并不是故事的结局:必须保护这些财产权不被滥用,而且除了在即时交易中之外,还必须能够使用这些财产权。

---

〔1〕 H. de Soto, *The Mystery of Capital: Why Capitalism Triumphs in the West and Fails Everywhere Else*, Basic Books, 2000, p. 5, 32, 40, 46-47, 65-72.

〔2〕 See H. de Soto, *The Mystery of Capital: Why Capitalism Triumphs in the West and Fails Everywhere Else*, Basic Books, 2000, p. 5, 32, 40, 46-47, 65-72, 187.

〔3〕 See L. Klapper, L. Laeven and R. Rajan, *Business Environment and Firm Entry: Evidence from International Data*, World Bank Policy Research Working Paper 3232 (Mar. 2004).

三、合同执行、财产权保护和商事纠纷解决

罗纳德·科斯为执行合同的重要性奠定了基础。[1] 在存在交易成本的不完善市场环境下,当事方将寻求通过订约取得有效结果。[2] 不幸的是,交易成本延伸到强制执行的成本,如果不存在强制执行,那么订约就不能产生解决不完善之处的办法,也不能带来更长期的结果。相反,交易将限于即时交易,如在露天市场或集市中。除了强制执行合同外,还必须保护财产权不被滥用,以便为其存在提供意义。此外,必须有以公平和透明的方式解决商业纠纷的有效手段。保护产权、执行合同和解决商业纠纷需要建立能够产生、适用和监督结果的治理系统。如前所述,一系列治理系统应该能够发挥这一经济功能,事实上,历史已经展示了许多不同的事例。然而,仅仅存在保护财产权、执行合同和解决商业纠纷的机制并不等同于法治的存在;相反,它们是可以用这一术语所描述的整个制度的一个组成部分。法治虽然对经济发展和迄今为止的金融发展具有重要意义,但对于市场经济的存在并不是绝对必要的。相反,只有保护产权、执行合同和提供有效的商事纠纷解决手段的治理制度,才能使基本的市场经济和简单的金融发展超越单一的瞬时交易。

显然,这是世界各地许多发展中经济体、转型经济体和新兴经济体关切的一个主要领域,而且在许多情况下也是一个很难解决的问题。理想的情况是,一个经济体应该有一个完善的法治体系,包括有效、廉洁和独立的司法机构,以保护财产权、执行合同和解决商业纠纷的机制和制度。然而,这说起来容易得多,真正要实现起来就难得多。虽然法治制度在任何市场经济中都应是一个目标,但现实的情况是,为了支持经济增长和金融发展,可能必须寻求其他可替代性办法作为临时解决办法。保护财产权、执行合同和解决商事纠纷的可替代性制度安排的三个主要范例包括自我执行机制、商事仲裁机制和专门商事法院。

自我执行往往被视为一种需要回避的手段,如恐吓、有组织的犯罪行为和暴力等组织性行为。然而,与此同时,自我执行机制在发达经济体有着悠久的历史,并越来越多地在较弱的体制环境中试行。这方面的例子包括法律中许可扣押抵押品而事先不诉诸法律制度的规定,以及不受法院解释或行动限制的严

---

〔1〕 See R. Coase, *The Problem of Social Cost*, 17 J. L. & Econ. 53(1960), p. 17.

〔2〕 按照诺斯的观点:“信息成本是交易成本的关键,其中包括衡量交易宝贵属性的成本以及保护权利、加强监管和执行协议的成本。这些衡量和执行成本是社会、政治和经济体制的根源。”

格的法律规则。[1] 这类机制需要通过适当设计的法律和规则或其他制度加以仔细考虑和执行,但在与司法行动不一致或更糟的薄弱体制环境中也可能有效。

另一种机制是商事仲裁。商事仲裁可以提供一种手段,虽然在司法系统之外,但独立仲裁员可以在明确的、透明的规则框架内保护财产权、执行合同和解决商事纠纷。商业仲裁的价值可以从其在发达经济体的成功中看出(在发达经济体,商事仲裁往往被视为比司法解决争端更有效的制度)。同样,在许多发展中经济体、转型经济体和新兴经济体的体制环境较弱的情况下,适当设计的商事仲裁制可作为正式司法制度的可替代性办法。在这方面,虽然没有确定的金融稳定框架标准,但可以采用联合国国际贸易法委员会《国际商事调解示范法》及《颁布和使用指南》的形式提供有益的指导。联合国国际贸易法委员会《国际商事调解示范法》已成为寻求发展商事仲裁管辖权的国际标准。同时,要使这一制度真正发挥作用,就必须根据特定经济体的具体情况加以调整,并辅之以适格的仲裁员。

最后,在较为发达的体制环境中,尽管人们对司法制度安排的总体质量和效力感到关切,但有一种选择可能是发展一个商业法院系统。基本上,如果不能及时通过一般法院系统确保对财产权的有效司法保护、合同的执行和解决商事纠纷,就必须采取一种可替代性办法,它可能是发展一个单独的、专门的商事法院系统来处理商业问题。这是一些发达经济体采取的一种办法,目的是确保在出现复杂的商业问题时能够获得适当的专门知识。在某些情况下,可能有各种不同的专门法院,如只处理破产或税务事项的法院。对于发展经济体、转型经济体和新兴经济体,专门商事法院往往也是一种备选办法。在这种情况下,最初可能会出现这样的问题,即这种制度实际上是否符合现行法律制度(例如,可能存在宪法或其他方面的关切,特别是在民法法域)。同时,要建立一个有效的商事法院制度,就必须使这一制度在设计上符合法治原则,并有充足的资源和物质支持。

四、人力资本发展

在金融部门的发展中,充足的人力资源发挥着基础性作用。在这方面,可以确定三个主要方面:(1)个人储户和投资者;(2)金融部门专业人员;(3)政

---

〔1〕 See B. Black and R. Kraakman, *A Self-enforcing Model of Corporate Law*, 109 Harv. L. Rev. (1996), p. 1911.

府/监管人员。

个人需要了解金融,尤其是所涉及的风险:这不仅是为了鼓励人们参与正规金融系统,还是为了最大限度地减少欺诈和金融滥用的风险。在参与方面,更好地了解金融的作用及其潜在利益,有助于提高个人和企业对金融体系的信心,从而增加金融资源的供给,也增加对正规金融的需求(而不是依赖通常昂贵的非正规融资机制,如放贷者)。与此同时,金融体系和不成熟的参与者受到掠夺性参与者滥用的风险要高得多,如来自欺诈性投资计划的滥用风险。金融体系中不成熟的参与者被大规模滥用的风险不仅可能导致储蓄损失,而且在某些情况下还可能导致社会和政治动荡。20 世纪 90 年代中期阿尔巴尼亚就是这种情况的事例,当时一系列的金字塔计划骗取了很大一部分人的储蓄,导致对金融系统、经济和政府完全丧失信心,并导致经济、金融和政治动荡。

关于金融部门的专业人员,金融和金融中介机构的发展需要熟练的专业人员,特别是会计师(支持金融信息)以及律师和法官(支持保护财产权、执行合同和解决商业纠纷)。这类职业不仅需要适当的学术培训——如通过中等和高等教育系统——还需要适当的专业培训和监督,通常作为有组织的自律专业协会的一部分。此外,随着金融变得越来越复杂,对更有技能的金融专业人员的需求也在不断增加。除有专门的专业人员外,还有活跃和独立的媒体报道和分析的环境(自由的商业和金融报刊),金融才能发展得最好。就政府和监管人员而言,金融监管是一个日益复杂的问题,既要将风险降到最低,又要给任何经济体带来最大利益。因此,政府和监管人员,特别是那些直接处理金融部门问题的人员,如财政部、中央银行和监管机构的工作人员,既需要了解金融的政策环境,也需要了解交易和风险发展的实际背景。这种能力要求接受中等和高等教育,而且往往还需要在国际上接受教育。

从金融界对人力资本发展的需要来看,有以下三个显著的层次:(1)中等教育;(2)专业人才和高等教育;(3)提高公众认知的努力。中等教育应奠定对金融基本知识的理解,这是广大公众所必需的。高等教育和专业人员必须为金融专业人员和政府人员提供额外的专门知识,并确保有足够数量的高素质会计和法律专业人员来支持市场运作。此外,还需要开展提高公众认识的努力,以提高公众对金融体系及其利益和风险的认识,并强调随着时间的推移而可能发生的重要变化和事态发展。

第二节 金融之结构性基础

一旦建立支持产权、执行合同和人力资源开发的治理结构基础,即使在有问题的宏观经济环境中,人们也可以期望基本的金融交易和市场得到发展。为了发展正常运作的金融市场,一个经济体必须提供一些基本的体制工具来支持金融部门的发展,包括支持将财产权用于金融制度、公司法和适当的税收制度。此外,一些研究支持这种观点:对商业的过度监管阻碍经济增长。这也是世界银行在《世界商业环境调查》所关注的一个重要问题。〔1〕 然而,在金融业的发展过程中,有些规则是极其重要的——特别是加强产权(包括知识产权) ——从而使金融部门更加发达和更加稳定的规则。

首先,适当的贷款基础设施,包括担保交易法,对于银行和银行业的发展是必要的。〔2〕 充分的贷款基础设施的作用是20世纪90年代东亚和墨西哥金融问题的核心。适当的贷款法律框架鼓励延长贷款期限,改善货币匹配,促进国内金融的发展。除了基本使用财产权提供抵押品外,租赁等其他机制也可以调动以财产为基础的融资。其次,支持有关公司或法人的法律对于现代金融市场的发展是必不可少的,〔3〕可以说它是经济增长和发展所必需的资本聚合基础。再次,支持政府提供公共产品的有效财政制度,包括公平和可合理预测的税收法律制度,对于补充其他法律基础设施和廓清政府在任何经济中的作用至关重要。〔4〕 一个可持续的财政制度,包括公平和可合理预测的税法,对于国内政府的充分运作以及对鼓励投资和增长都是绝对必要的。人们普遍认识到俄罗斯不明确的和无效的税收制度对金融发展的不利影响;同样,俄罗斯的改革和精简(尽管仍有许多问题)的效力也是显著的。因此,各国政府必须建立适当的税收和财政管理制度,其中政府债务市场管理制度尤为重要。这些制度的设计应该是可以理解的,即使在其应用上,也不应对包括金融在内的私营经济活动造成严重阻碍。最后,为了支持更广泛和复杂的金融发展,法治是重要的。法治是一个范围更广的问题,不仅仅是执行合同,还涉及治理和法律制度在特定管辖范围内运作的过程。有关透明度守则中所涉及的问题以及世界贸易组织的

---

〔1〕 See http://www. ifc. org/ifcext/economics. nsf/Content/ic-wbes.

〔2〕 See J. Norton eds. ,*Emerging Financial Markets and Secured Transactions*,Kluwer,1998,p. 251.

〔3〕 See EBRD,*General Principles of Company Law in Transition Economies*,1997,p. 58.

〔4〕 See IMF,*Code of Good Practices on Fiscal Transparenty*,Apr. 1998,p. 32.

规则反映了其中的许多观点。具备了这些要素,我们就可以期待发展一个正常运转的金融系统,金融发展就可以得到适当的金融政策和宏观经济政策框架的大力支持。发达和复杂的金融体系更需要关注金融制度与法治的关系问题,创造适当的宏观经济政策环境。

一、产权之使用

适当的贷款基础设施是基于借贷("期限")和信息成本("信息不对称"和"道德风险")之间不匹配的问题。适当的贷款基础设施基本上使行业主导者能够延长其贷款期限,并通过在偿还担保方面提供更大的信心("信贷风险")来降低资本成本。一般而言,借贷基础设施对风险管理表现为两个极其重要方面:一个有效的担保系统;通过会计、审计、信用评级系统和机构以及信用信息系统开发更好的信息来源。此外,金融中介机构需要有适当管理风险的制度,通常是通过资本和其他审慎监管制度。作为风险管理的基本层次,有效的担保制度使贷款人能够使用抵押品降低信贷风险,并更有信心能够实现为支持贷款而采取不同形式的抵押品。因此,提供登记和担保制度为放款人提供了两项职能:第一,它使放款人能够减少监测费用,因为他们的投资受到保护;第二,它为作出贷款决定提供更大的确定性,从而增加作出的这类决定的数量。

为了能够将产权转化为资本,就必须利用这些产权支持金融。在最简单的层面上,一个人需要能够使用财产作为贷款的抵押或担保。抵押品或担保是贷款风险管理的最简单形式:一种贷款货币,其基础是提供同等或更高价值的财产。如果贷款未偿还,则贷款人保留财产,从而防范借款人的信贷风险。因此,抵押品鼓励贷款,但是,为了进行这种简单的有担保交易,贷款人需要知道,如果借款人违约,它可以保留财产。为了确定这一点,借款人必须实际拥有财产;法律制度也必须许可所有权转移。此外,贷款人必须有某种方式对所提供的担保进行估值。当然,这并不像说起来的那么简单,而且在发达经济体以及新兴经济体、转型经济体和发展中经济体中也存在问题,通常是以不动产担保贷款的情形下。

以抵押品为基础的更先进的借贷或担保交易涉及对财产权利和合同执行担保日益复杂的区分,这源于现有的法律和体制框架。例如,黄金或一件机器。这是最简单的抵押品。基于上述原因,使用抵押品担保交易只会提高法律和体制框架所支持的水平。如果法律制度支持,人们可以使用交由借款人实际拥有的实物抵押品。通过这种方式,借款者可以使用不动产(可能是房产),同时保留对不动产的使用。显然,这是借款人的一项优势,因为他可以借钱,同时保留拥有和使用他的有形资产，如他的房产和/或生产机械。在下一级，贷款可用于购买一块不动产或生产性机械，贷款实际由所购买的财产担保，借款人可以保留其用途，也许是为了赚取收入以偿还贷款。然而，每增加一级的复杂性，就需要更复杂的法律制度才能发挥作用。除了有形财产（可以是实物财产，也可以是可移动财产——移动财产通常需要在不动产以外进行额外的法律发展）——事实上，这是大多数新兴经济体和发达经济体贷款的最大部分的基础——人们还可以使用无形财产——如知识产权或应收款项——作为抵押品。此外，如果法律制度提供充分的法律支持，人们只能使用特定财产权，如所有财产权——英国的浮动抵押——或收入接受权，而不是收入本身。

随着抵押品供给的增加，基本资金得到了极大的加强。正常运作的金融体系当然要求最低限度地使用留给借款人的不动产。发达的金融体系通常通过广泛的抵押品来运作。同样，复杂的金融系统需要复杂的安全——例如，在资产证券化的背景下。尽管如此，即使在复杂的金融体系中，问题也依然存在。〔1〕德·索托认为，要想让房地产支持发展，就必须许可它作为抵押品发挥作用。然而，他未能区分有关财产的单独法律和体制问题（他在《资本化进程》中述及这两个问题）和将财产用作抵押品的问题（他不区分这两种问题，除非财产权的记录方式，如通过登记制度，支持将财产用作抵押品）。事实上，正是财产与支持使用财产和财产权作为抵押品（担保交易）的框架相结合，才产生了资本。〔2〕因此，在德·索托工作的基础上，产权必须存在，但如果金融要求发展超出基本水平，产权也必须可用于支持金融。不幸的是，尽管抵押品和担保交易很重要，但必须是在法律制度之间有许多不同的领域，在发达的法律制度中，这是一个技术性很强的领域。因此，担保交易才受到一些国际关注，但通常只受到高层面的关注，它涉及已建立支持更基本担保交易制度的新兴经济体。一旦这类交易得到法律和体制系统的支持（如在新兴经济体），那么努力寻求更先进的担保交易发展法律和体制支持是非常有益的。

（一）不动产

最近的研究支持这样一种观点，即以房地产为基础的金融体系实际上是金融和经济发展的基础。具体地说，在1999年世界银行的一项实证研究中，弗兰克·比阿穆杰萨提出一个理论和概念框架，以指导房地产金融对整个经济影响的实证分析。他认为，把房地产融资与金融发展和经济增长联系起来的概念框

〔1〕See J. Benjamin and M. Yates, *The Law of Global Custody*, 2nd ed., Butterworths, 2002, p. 425.

〔2〕See W. Bagehot, *Lombard Street: A Description of the Money Market*, John Wiley, 1999, p. 283.

架有五个关键性联系:(1)土地保有权保障与投资激励之间的联系;(2)土地所有权、抵押品和信贷之间的联系;(3)尽管存在土地流动性,但是土地流动性和投资是相联系的;(4)土地质量、交易和效率之间的联系;(5)劳动力流动与效率之间的联系。所有这五种联系都是支持有效的房地产融资所必需的,事实上,这五种联系都是建立在适当的法律基础设施之上。[1]

鉴于房地产金融对经济发展的重要意义,我们重点论述次级抵押贷款市场的发展,其中的二级抵押贷款市场发挥着重要作用。在1997年世界银行的一项研究中,德怀特·贾菲和贝特朗·雷劳德分析了阻碍中欧和东欧转型经济体抵押贷款市场发展的因素,并提出了加速发展的战略。他们的研究表明,转型经济体的银行由于抵押贷款的风险(信贷、利率和流动资金风险)而不愿意提供抵押贷款,并提出上一级市场必要改善的建议以及二级抵押贷款市场可能有助于解决这些问题。他们的结论是:[2]

> 然而,不管人们对亚当·斯密"那只看不见的手"的灵巧应变有何信心,如果没有政府的支持,住房融资体系就不太可能出现。发达经济体需要政府支助,转型经济体现在也需要政府支助。事实上,转型经济体面临的另一个主要障碍是,它们必须首先建立能够支持构成房地产金融体系的长期和复杂的市场关系与合同的经济和法律基础设施。

在世界银行的另一项研究中,艾哈迈德·加拉尔和奥马尔·拉扎兹认为,贷款和房地产改革要想取得成功,就必须"设计全面,且随着时间推移分阶段实施的措施"。他们认为,这种改革必须包括三个要素:[3](1)更好地界定产权、减少信息不对称和改善合同执行情况的体制改革(产权、信息、承包和执行);(2)资本市场改革,使抵押贷款特别是穷人能够以合理的利率获得贷款(金融和风险管理);(3)市场改革,减少或消除土地和房地产资产产生的商品和服务价格的主要扭曲(市场管制和财政政策)。他们的结论清楚地把抵押贷

---

[1] See F. Byamugisha, *The Effects of Land Registration ob Financial Development and Economic Growth: A Theoretical and Conceptual Framework*, World Bank Policy Research Working Paper 2240, 1999, p. 6-12.

[2] D. Jaffe and B. Renaud, *Strategies to Develop Mortgage Markets in Transition Economies*, World Bank Policy Research Working Paper 1697, 1996, p. 4, 27.

[3] See A Galal and O. Razzaz, *Reforming Land and Real Estate Markets*, World Bank Policy Research Working Paper 2616, 2001, p. 10-18, 31, 38.

款市场的发展与更广泛的房地产金融的发展联系起来，使其成为金融和经济发展的驱动因素。

关于抵押贷款市场的发展，二级抵押贷款市场有两种主要好处：(1)银行有能力摆脱与持有抵押贷款有关的风险；(2)制定信用评估和抵押品程序标准，直接提高一级市场发放新抵押贷款的效率。为了确保这些优势，他提出政府在发展次级抵押贷款市场体系和机构方面发挥重要的、往往是催化的作用。这一作用是以发达国家的类似经验为基础。目前，尽管政府在金融发展和经济增长方面发挥了明显的作用，但在制定关于使用不动产作为抵押品的法律框架方面并没有开展任何工作。与此同时，大多数经济体都以发达的英美法系或大陆法系法域的结构为基础，制定了此类交易的法律框架。

(二)担保交易

在担保交易领域，人们普遍认为，发达国家之间有关担保交易的法律存在很大的差异——这往往是英美法系和大陆法系传统之间讨论和分歧的一个重要因素。[1] 此外，由于各发达法域的制度不同，即使在今天，担保交易领域也不存在国际商定的标准或原则。[2] 为建立有效的担保交易法律制度，必须掌握法律制度的许多具体法律(财产法、债权法、破产法、民事诉讼法等)以及行政惯例和程序(如重新分配和强制执行)。研究表明，支持担保交易的法律基础设施的发展是为以抵押品为基础的信贷提供必不可少的前提条件，而这些基础设施的薄弱妨碍了金融和经济发展。[3]

关于国际标准，最完善的国际行为准则是欧洲复兴开发银行的《担保交易示范法》。同时，联合国国际贸易法委员会多年来一直致力于制定担保交易立法行为准则。后者一旦达成协议，就有可能成为这一领域中最重要的国际指导方针。除《担保交易示范法》外，欧洲复兴开发银行还制定一系列核心原则和核心术语。此外，欧洲复兴开发银行制定了处理担保法改革项目的程序。[4] 针

---

[1] See F. Dahan, *Secured Transactions Law in Western Advanced Economic: Exposing Myths*, Law in Transition 37, Aut. 2000, p. 145.

[2] See A. Goswami and H. Sharif, *Preface*, in N. de la Pena, H. Fleisig and P. Wellons, Secured Transactions Law Reform in Asia: Unleashing the Potential of Collateral, Law and Policy Reform at the Asian Development Bank 2000, Vol. 2, p. V-xii.

[3] See N. de la Pena, H. Fleisig and P. Wellons, *Secured Transactions Law Reform in Asia: Unleashing the Potential of Collateral*, Law and Policy Reform at the Asian Development Bank 2000, Vol. 2, p. 126.

[4] See J. Simpson and J. Menze, *Ten Years of Secured Transactions Reform*, Law in Transition 20, Aut. 2000, p. 35.

对成员的国特定要求，欧洲复兴开发银行专门研究担保交易法的律师在立法过程中向各国政府提供咨询和支持，其中尤其包括那些参与起草新法律或修订有关质押或抵押的现行立法的政府。具体而言，这一过程包括以下八个阶段：(1)建立共识；(2)承诺和责任划分；(3)起草法律；(4)通过；(5)实际操作；(6)接受；(7)法院申请；(8)监测。在一份相关的亚洲开发银行报告中，作者还提出了类似的担保交易法改革程序。[1]

欧洲复兴开发银行为了将其专门知识转化为易于获取的方式，开发了一项关于所有26个业务国家担保交易法的区域调查，[2]并将这一信息公布在世界银行网站上。[3] 该指南可用作一种更为详细的“框架分析”，以便为审查任何国家的担保交易法执行状况和分析可能妨碍其在市场经济中有效运作的弱点提供标准方法。这一调查有助于揭示担保法改革的特定优势和不足之处。它还表明，在欧洲复兴开发银行的《法律指标调查》中，答复者对抵押法的看法之间有很强的相关性。[4] 除欧洲复兴开发银行的工作外，亚行还在担保交易领域提供支持。[5] 世界银行还处理了其中一些与破产有关的问题。[6] 此外，联合国贸易法委员会《担保交易立法指南》于2007年完成。[7] 国际贸易法委员会和国际统一私法协会还在国际层面作出了其他重大努力。北美洲、亚洲和欧洲联盟目前也在进行一些区域试验。此外，在《美国统一商法典》第9条和《加拿大个人财产安全法》的范围内进行了重要的协调尝试。

(三)租赁和许可

除了支持将财产权作为抵押品的机制，尤其是对不动产和可移动财产而言，其他机制还有助于调动财产权用于筹集资金。最好的事例之一是租赁及其

---

[1] See J. Simpson and J. Menze, *Ten Years of Secured Transactions Reform*, Law in Transition 20, Aut. 2000, p. 133-134. 尤其是(1)编写诊断性研究报告；(2)确定改革顺序；(3)起草法律草案；(4)通过法律草案；(5)制定条例并选择登记备案制度的运作方式；(6)开展培训和提高公众认识运动。

[2] See D. Fairgrieve and M. Andenas, *Securing Progress in Collateral Law Reform: The EBRD's Regional Survey of Secured Transactions Laws*, Law in Transition 28, Aut. 2000, p. 432.

[3] See www. ebrd. com.

[4] See J. Taylor and F. April, *Fostering Investment Law in Collateral Law Reform: the Case for Refocusing Institutional Reform*, Parker Sch. J. E. Eur. L. 1, 1997, p. 4.

[5] See World Bank, *Principles and Guidelines for Effective Insolvency and Creditor Rgiht systems*, Apr. 2001, p. 83.

[6] See World Bank, *Principles and Guidelines for Effective Insolvency and Creditor Rgiht systems*, Apr. 2001, p. 3, 13-15.

[7] www. uncitral. org.

相关结构，如许可(通常指知识产权)。在租赁或许可交易中，所有人将使用(任何种类的)财产权承包给另一方。使用有关财产(可以是任何种类的财产，包括知识产权)的订约方向财产所有人支付使用该财产的费用。在许多情况下，物业使用者会利用物业本身赚取收入，以补偿物业拥有人使用物业的费用，如商业车辆或专营权。在合同结束时，所有权和占有权可以转让给财产权的使用人，也可以归还原所有人。因此，这种机制能够调动财产实施融资。在国际指导方面，国际统一私法协会一直最为积极，其《统法协会国际金融租赁公约》《移动设备国际利益公约》《特许经营示范法》最为相关。此外，国际统一私法协会已制定《租赁示范法》。

二、公司法

适当的公司法对于发展现代权力下放的金融制度是必不可少的。虽然公司法是一个庞大的法律实践和相关制定领域，但公司法的发展直到20世纪80年代末和90年代末，私有化和经济过渡的要求才真正得以详细考虑。然而，在18世纪和19世纪，这是当今发达经济体许多人辩论的主题。[1] 可以说，公司法是筹集开发资本密集型行业和项目所需资本的基础。值得注意的是，在过去三十多年中，公司法或公司法的作用及其对经济发展的重要性受到了越来越多的审视，尤其是从计划经济为主转向以市场为基础的经济体更加注重法律制度及其基础设施在支持金融发展和经济增长方面的作用。[2] 私营商业公司已成为市场经济的重要组成部分，对法律在其发展中的作用进行细致地考察有助于现代公司和金融市场的正常运作。

尽管对当代经济发展和转型的历史比较分析是有用的，但对美国和英国公司法早期发展的研究却很少，尽管英美公司结构和治理模式已成为其他国家所模仿的范式。当代美国公司法(最初是州法律，今天仍然是州法律，阿尔伯特对发行证券的公司的联邦监管有很大的影响力)大多源自英国；然而，在美国对商业公司的法律基础的正式承认比在英国发展得快。[3] 直到最近，有关向公众发行证券的公司行为的法律，在美国仍比在英国发展得更快。尽早承认对商业

---

〔1〕 See D. Arner, *Development of the American Law of Corporations to 1832*, 23 *SMU L. Rev* (2002), p. 55.

〔2〕 See R. La Lopez-de-Silanes, A. Shleifer and R. Vishhny, *Investor Protection and Corporate Valuation*, 57 J. Fin. (2002), p. 1147.

〔3〕 See A. Dubios, *The English Business Company after the Bubble Act*, 1720-1800, Commonwealth Fund, 1938, p. 372.

公司的基本法律支持,以及对向公众发行证券的公司制定单独和全面的监管,可能是伯利与梅恩斯公司(其特点是所有权分散、所有权和控制权分离)在美国比在英国或任何其他司法管辖区更早发展的原因。[1]

总体而言,美国私营公司法的发展并非有计划和即时,甚至无争议,它是按照普通法传统所逐步建立起来的、具有形式化的商业和金融企业所需要的各种支持。对于今天寻求在个别经济体中促进公司(从而也是经济)发展的人来说,要吸取的教训是集中注意经济目标、需求和问题(如公司治理),并设法建立必要的法律制度来满足这些需要和目标,同时尽量减少其本身固有的缺陷。实证研究支持公司发展对经济的作用的学者包括艾斯利·德米尔古克-昆特、伊内萨·洛夫和沃伊斯拉夫·马克西莫维奇等人,他们认为:[2]

> 在便利进入金融市场和与客户和投资者签订正式合同方面,公司比非公司业务更适合……非法人企业在正规环境中的经营具有相对优势,在这种环境中,企业可以自筹资金,并依赖于它们的声誉,而不是法律上可强制执行的合同义务。

约翰·米克莱·韦特和艾德里安·伍尔德里奇斯总结了公司的价值:[3]

> 股份制公司的核心好处是,它是私营部门生产力增长的关键:这是个人汇集资本、提高技能并将其传承的最好和最简单的结构。

为了做到这一点,《公司法》必须至少规定股东的有限责任、股份的自由转让和公司治理的问责结构。目前,虽然在公司治理的具体方面已经做了相当多的相关工作,但还没有关于公司法的国际标准。同时,国际证券委员会组织的《证券监管的目标和原则》(2003 年)附件对公司法框架应处理的主要问题提供了以下有用的概要:(1)公司组建;(2)董事和高级管理人员的职责;(3)监管收购要约和其他交易,以实现控制权的变更;(4)证券发行和要约出售的法律;(5)向证券持有人披露资料,以便作出知情的表决决定;(6)披露重大持股情

---

〔1〕 See A. Berle and G. Means, *The Modern Corporation and Private Property*, Macmillan, 1933, p. 257.

〔2〕 A. Demirguc-Kunt, I. Love and V. Maksimovic, *Business Environment and the Incorporation Decision*, World Bank Policy Research Working Paper 3317, May 2004, p. 4-5.

〔3〕 J. Micklethwait and A. Wooldridge, *The company: A Short History of A Revolutionary Idea*, Modern Library, 2003, p. 190.

况。其中,董事和高级管理人员的职责在公司治理的范围内得到更为详尽的处置,而后四个方面则在证券和衍生工具的范围内得到更加详尽的解决。在公司组建方面,法律应为公司组建规定简单、明确和透明的机制,为小型私营公司、较大的私营公司以及公营或上市公司制定分级标准,包括备案和登记要求以及财务披露和报告要求。同时,许多公司法也涉及破产问题,但其他制度安排则通过单独的立法处理破产问题。

三、可持续的财税体制

一个有效、透明和可持续的财政制度,包括税收制度,对于政府能够提供必要的公共产品(包括执行合同、解决商业纠纷和保护财产权以及维持公共秩序和稳定)是必要的。这一制度对于处理腐败问题也很重要。金融稳定论坛确定了金融政策透明度关键性标准,国际货币基金组织的《金融透明度良好行为守则》提供了有关金融透明度的一系列主要国际标准。[1] 1998 年 4 月 16 日,国际货币基金组织临时委员会(现为国际货币和金融委员会)批准了《国际货币基金组织金融交易守则》;2001 年 3 月 23 日,国际货币基金组织执行董事会批准了一份修订本,国际货币基金组织临时委员会随后批准了该守则。[2] 与其他几个领域一样,《金融稳定论坛简编》包括最初版本,但提供了与修订版条款的链接;目前国际货币基金组织使用的是修订版。审查和实施指南载于一份单独的《金融透明度手册》(不包括在《金融稳定论坛汇编》),该手册最初于 1998 年重新修订,2001 年 3 月修订并发布,与修订后的《金融透明度手册》保持一致。

《金融透明度手册》的目的是向公众和市场提供保证,政府的结构和金融状况是清晰透明的,财政政策的稳健性得到可靠的评估。《金融透明度手册》只涉及金融政策的透明度,而不涉及财政政策的效率或公共财政的稳健性。金融透明度是在对公众公开政府结构和职能、金融政策意图、公共部门账户和财政项目的基础上确定的。[3] 《金融透明度手册》以四个主要目标为基础:(1)明确政府的作用和责任;(2)公开提供关于政府活动的信息;(3)公开编制、执行和报告政府预算;(4)通过公认的数据质量标准和独立保证实现廉正。

《金融透明度手册》第一部分涉及作用和责任的明确。它涉及政府的结构和职能、政府内部的责任以及政府与其他经济部门之间的关系。正如国际货币

---

〔1〕 See IMF, *Code of Good Pratices on Fiscal Transparency*, Apr. 1998, p. 6.

〔2〕 See IMF, *Revised Code of Good Pratices on Fiscal Transparency*, Feb. 2001, p. 10.

〔3〕 See IMF, *Manual on Fiscal Transparency*, Mar. 200, p. 1-3.

基金组织所认识的,第一部分非常关注治理结构的具体情形。[1] 具体而言,它要求将政府部门与其他公共部门区别开来,并明确和公开披露公共部门的政策和管理作用(第1.1节),它包括政府的结构和职能(第1.1.1节)、政府各组成部分责任的界定(第1.1.2节)、政府与其他公共部门机构之间关系的明确说明(第1.1.4节)、以非歧视方式适用明确规则和程序,公开和透明地描述政府参与私营部门的情况(第1.1.5节)。此外,它要求政府应为金融管理制定明确的法律和行政框架(第1.2节),包括为公务员制定明确的公共道德标准(第1.2.3节)。

《金融透明度手册》第二部分涉及信息的公开提供。具体而言,它强调在明确规定的时间内公布全面的金融信息。关于过去、现在和预计的政府金融活动信息应当公开(第2.1节),公布金融信息应是政府的一项法律义务(第2.2节)。

《金融透明度手册》第三部分涉及公开预算的编制、执行和报告,它涵盖提供有关预算过程的信息类型。具体地,政府预算应具体说明财政政策目标、宏观经济框架、预算政策基础和可识别的重大金融风险(第3.1节),以便为政策分析和促进问责方式提供资料(第3.2节),应明确规定支出和收入的执行和监测程序(第3.3节),包括审计(第3.3.3节、第3.3.4节)和公开报告(3.4节)。

《金融透明度手册》第四部分涉及诚信保证和金融数据的质量以及对金融信息进行独立审查的必要性。具体而言,金融数据应符合公认的数据质量标准(第4.1节),并接受独立审查(第4.3节)。[2]

2003年3月,国际货币基金组织发布一份《金融透明度手册》经验评估报告。2003年2月24日,国际货币基金组织完成《关于标准和守则遵守情况的报告》的54项评估,其中48项公布在国际货币基金组织网站上,涵盖四个不同类别的国家(包括发达经济体国家、新兴市场国家、转型经济体国家和发展经济体国家等类别)。报告确定四个重要方面:(1)参加《关于标准和守则遵守情况的报告》的大多数国家已经或正在进行重大的金融改革。(2)寻求获得资金的国家中有很大一部分选择或计划执行《关于标准和守则遵守情况的报告》。(3)《关于标准和守则遵守情况的报告》指出了许多国家(发展中国家、新兴市

---

〔1〕 See IMF, *Assessing and Promoting Fiscal Transparency: A Report on Progress*, *Mar.* 2003, *Supp.* 2 *of SM/03/86 International Standards: Strengthening Surveillance, Domestic Institutions, and International Markets*, p. 3, 9-10.

〔2〕 See IMF, *Assessing and Promoting Fiscal Transparency: A Report on Progress*, p. 7-12.

场国家和转型经济体国家)发生的一些共同性问题:包括金融数据质量问题、预算外机制的运用、税收政策和管理不明确以及政府间关系界定不明确。(4)其中与一系列根本的体制问题有关的许多其他问题也出现在《关于标准和守则遵守情况的报告》中,必须在一定基础上持续加以解决。

截至2007年1月,国际货币基金组织和世界银行公布了80个国家的《金融透明度方案/关于标准和守则遵守情况的报告》。除《金融透明度手册》和《金融透明度辅助手册》外,国际货币基金组织还制定了一系列指导意见和税法草案,为此提供了标准指导。除税收外,发展中国家的政府证券市场也有助于支持金融的可持续性发展,尽管它们可能带来相反的风险:借贷过多。

四、法治

法律在社会组织和国家治理中发挥着诸多作用,国家治理制度至少可以追溯到亚述,即通过法律制度构建国家治理和经济组织,并使其制度化。具体而言,法律通常在治理中发挥若干不同的作用,从武力统治到法律统治。在典型的依靠武力统治的治理模式下,征服者通过武力强加他的(或他们的)意志,通常由一系列官僚或后继者实施,最终发展成贵族统治或官僚制度。通常情况下,如果征服者能在短期内成功地巩固政权,那么武力统治就会演变成一种以法律为基础的统治体制。在奥尔森的分析中,征服者建立了治理体系和经济系统运作的正式法律和规则,以确保自己获得最大的经济利益,法治制度也能够持续很长一段时间;在适当的情况下,法治制度可以使经济治理更为有效,并形成适当的经济结构。在其他治理模式中,宗教(神权政治)、习俗(通常是部落社会,尽管习俗在每个社会中都有一定的作用)或伦理(儒家学说或自由主义的无政府模式)也可能提供组织和控制的核心形式。最后,一个体制或制度也可以建立在法治的基础上。虽然法治通常包括与民主模式相关联的治理模式,但民主模式也可以包括其他模式(雅典和美洲非公民投票方式和法律规则以及宗教、习俗和道德的各种作用)。当然,法治制度也可能在非民主政治中发展,尽管它往往是在一个渐进的时期内发展起来,且并非总是能够完全取得成功。尽管在经济发展过程越来越强调法治的重要性,但在实践中法治仍然没有得到很好的理解或界定。[1] 法治在金融发展过程中的作用尤其如此。在金融活动中所适用的法治涉及金融合同的强制执行、高效的破产法和担保法的制定以及公司治理存在明确的标准等问题。法治发展的另一个重要方面是努力抑制腐败

[1] See T. Carothers, *The Rule of Law Revival*, For. Affairs, 1998, p. 95.

和加强廉正建设,它对金融部门具有重大意义。

在20世纪80年代末之前,人们普遍认为法律对金融发展并不重要;相反,经济发展的重心放在大规模的私有化和"大爆炸"式经济信息转化的各种模式上,人们理论上认为,适当的结构只是作为经济过渡进程的一部分自然发展。在此情形下,情况并非如此,许多发展经济体在没有注意包括法律在内的体制结构的情况下所实施的急剧过渡一般不能顺利完成,因为过渡进程必须与支持金融机构的发展结合在一起。因此,人们越来越重视支持转型经济体以及新兴经济体和发展经济体的组织和法治发展。不幸的是,直到现在,哪些法治因素可以推动金融部门的重大发展仍未形成普遍共识。对许多人来说,法治是建立民主社会和市场经济的基础。因此,法治的概念被确定为解决困扰转型经济体、新兴经济体和发展经济体的各种政治和经济弊端的办法,从计划经济体制向市场经济体制转变的许多问题,到帮助遏制金融危机蔓延的问题。

法治的核心要素既包括技术或程序层面的内容,在许多情况下还包括实质性的道德内容。我们可将法治概括为:(1)建立政府机构及其官员受法律指导和约束的政府管理制度,即政府对法律负责,而不是凌驾于法律之上;(2)已存在一套透明的、合理的、可预测的、有效的、公平适用的法律体系;(3)健全保护已确定为普遍人权的民事、政治和经济权利的法律、原则和程序;(4)由具有独立性和专业能力的司法机构主导公平和有效的法律制度,并使之成为法律的最后裁决者。虽然有关法治的许多观点现在已经明确加以概括,但是法治并非一个受简单定义限制的术语。相反,它包含了一系列的原则和观点。换言之,作为术语的法治在很大程度上是指程序性的而非实体性的:(1)由合法机关所创制的法律具有具体的、明确的、公开的、相互一致的、前瞻性的、能够被服从的特性;(2)通过公开的程序、有原则的推理和有组织的诉讼予以适用;(3)由不受政治控制的独立司法机构行使法律的解释权和监督权;(4)行政官员的行为与法律保持一致。

从定义我们可以看出,法治是民主治理的重要组成部分。它必须使领导人和政府机构对公众负责;包含自由言论;支持自由和公正的选举;并为公民社会提供自由行为的空间,为公民社会有效信息的自由流动提供渠道。但是法治又超越了民主治理的范畴,它以促进可持续的经济发展和金融稳定为导向。按照目前流行的观点,政府的主要经济职能是创造优良的环境,吸引私人投资和支持经济增长。法治是形成这种环境的核心组成部分,是可持续的和长期经济增长的先决条件。艾伦·格林斯潘把法治(包括受国家保护的财产权、合同法和破产法以及司法审查和执行）描述为“市场经济的根本性基础设施”。[1] 在艾伦·格林斯潘的法治清单中我们应当增加刑事执法部分，以确保一定程度的人身安全，并有效打击腐败。

实证研究日益支持法治在经济和金融发展中的价值和作用。研究表明，各国经济增长率和投资率的差异在某种程度上可归因于一国机构法治的存在和质量，尤其是支持财产权和契约权的法律机构以及第三方对这些权利的强制执行。[2] 所有研究的结论表明，实现可持续经济增长的最佳路径就是建立一个“扩大了的市场国家”——一个创造法治并得到法治支持的国家。就公司经营而言，吕克·拉伊文和克里斯托弗·伍德拉夫就有关法治问题提出建议：[3]

> 法律制度影响公司的发展前景。在法院效率较高的地方，资本从创业能力较弱的企业家转移到创业能力较强的企业家。这些结果表明，改善法院管理和执行判决的政策预计将导致公司的财力增长、对工人需求的增加和自营职业者的减少。

法治为经济活动提供一个基本框架。如果没有一套可预测的、可执行的规则和确定的司法制度，商业成本就会增加；融资成本变得更高，企业家需要更高的风险溢价，债务人就不会偿还债务，因为他们知道法律和合同没有得到一致的执行，贷款人不发放贷款是因为他们没有偿还的确定性。[4] 对执法缺乏信心以及缺乏在法院监督下公正、有效地解决争端，可能导致建立不受欢迎的可替代性机构、经济犯罪和腐败。

诚然，寻求高回报的外国投资可能流入缺乏法治的经济体。然而，正如全球金融危机所表明的，在没有法治的情况下可能存在不稳定、经济管理不善和腐败现象。最终导致外国甚至国内资金外流。法治是应对动荡资本外流的有效手段。此外，法治的存在对于那些实施了第一级经济改革——解放市场、重

---

〔1〕 See A. Greenspan, *Remakrets at the Woodrow Wilson Award Dinner*, Woodrow Wilson International Centre for Schplars, 10 Jun. 1997, p. 36.

〔2〕 See Lawrence Summers, Summers on Mexico, *Ten Lessons to Learn*, *Economist*, 23 Dec. 1995, p. 62.

〔3〕 L. Laeven and C. Woodruff, *The Quality of the Legal System*, *Firm Ownership*, *and Firm Size*, World Bank Policy Research Working Paper 3246, Mar. 2004, p. 37.

〔4〕 *See OECD*, *News Release*: *OECD Symposium on the Rule of Law and the Development of a Market Economy in the Russian Federation*, Remarkes by Kumiharu Shigehara, Deputy Secretary-General of the OECD, 25 Mar. 1998, p. 12.

写宪法、法律和法规——但仍必须解决机构改革和结构调整、国有企业私有化以及行政和司法人员再培训等更为艰巨的任务至关重要。诺斯最清楚地说明了法治与经济稳定和发展之间的联系:“虽然经济增长可以在集权政权的短期内实现,但长期的经济增长仍然需要法治的发展。”[1]

总之,金融部门的发展作为经济增长的基本先决条件和体制基础对经济发展和金融稳定极其重要。现有的国际标准和研究可以作为本国经济发展和金融稳定的指南。因此,金融部门的发展和法治对金融体系的发展具有最根本的重要性,但适当的金融政策和宏观经济政策框架对经济增长仍然具有重要意义。

---

[1] D. North, *Institutions*, *Institutional Change and Economic Performance*, Cambridge University Press, 1990, p. 104.

第四章 中央银行与金融政策

一个国家的经济发展和金融稳定除需要金融部门的稳健发展和促进经济增长的体制性因素外,还必须考虑与宏观经济政策有关的问题。在此,无论是发达经济体,还是新兴经济体、发展经济体或转型经济体,中央银行的主导作用无疑具有重要性。

与金融部门发展的体制性基础不同,宏观经济政策问题长期以来一直备受高度重视。因此,这一领域已形成一系列国际标准。然而,金融稳定论坛框架只涉及宏观经济政策的体制安排和监管框架——并不涉及政策本身,它反映了标准和守则体系的重心在于法律和体制。具体而言,金融稳定论坛框架将"宏观经济政策和数据透明度"列为其主要主题领域之一,并依次细分为四个标准领域:(1)货币和金融政策透明度;(2)财政政策透明度;(3)数据传播;(4)数据汇编。其中,前三个领域被确定为关键性标准领域。

第一节 中央银行

中央银行历来有许多不同的职能,包括货币发行、货币政策、银行监督或监管、金融稳定和最后贷款人、政府银行、黄金和外汇储备管理、债务管理、外汇管制责任以及其他各项发展和促进任务。[1] 从理论上讲,中央银行就是这样被界定的。当下,人们普遍认为,中央银行的主要职能是货币稳定。[2] 此外,中央银行还经常负责金融稳定以及金融和经济发展的某些方面。不管实际的经济政策选择对于经济发展和金融稳定具有何等重要作用,但目前对执行这类政策的适当体制设计(如促进透明度、独立性和问责制)已形成普遍共识。

---

〔1〕 See R. Lastra, *Central Banking and Banking Regulation*, London School of Economic, 1996, p. ix.

〔2〕 See R. Lastra, *Legal Foundations of International Monetary Stability*, Oxford University Press, 2006, p. 34-41.

一、金融透明度之意涵

无论立法者为中央银行选择哪些具体目标(在大多数情况下,一个或多个目标是货币稳定、金融稳定和金融或经济发展),中央银行体制及其辅助法律和体制框架应当包含下列内容:(1)一个或多个明确的目标;(2)以透明的方式独立实现这些目标;(3)建立对政府负责的框架,以透明的方式实现这些目标。在此,金融稳定论坛将国际货币基金组织的《货币和金融政策透明度守则》确定为主要国际标准。[1] 国际货币基金组织理事会临时委员会(1999 年 9 月改为国际货币和金融委员会)核准《货币和金融政策透明度守则》。[2] 国际货币基金组织执行局于 2000 年 7 月 24 日核准一份辅助文件,对此予以支持和解释。此外,它还打算与银行、证券、保险、支付和结算等相关领域的其他标准进行互动。该文件的理论基础是与透明度有关的两个前提条件:(1)如果公众了解政策的目标和手段,且当局能够为实现这些目标和手段作出可信的承诺,那么货币和金融政策的有效性就会得到进一步加强;(2)善政要求中央银行和金融机构能够负责任,尤其是在赋予货币和金融当局高度自治的情况下。就国际货币基金组织《货币和金融政策透明度守则》而言,"透明度"的定义是:

> 政策的目标、法律、体制和经济框架、政策决定及其基本原理、与货币和金融政策有关的数据和信息,以及各机构的问责条件,都在可理解、可获得和及时的基础上向公众提供。[3]

二、金融透明度守则

在处理透明度问题时,《货币和金融政策透明度守则》涵盖四个主要领域:(1)明确中央银行和金融机构的作用、责任和目标;(2)中央银行和金融机构制定和报告货币政策决定过程;(3)关于货币和金融政策的信息必须公开提供;(4)加强中央银行和各金融机构的问责和廉正保证。令人感兴趣的是,尽管国际社会对中央银行和监管当局独立性的价值(包括明确目标和适当问责)已形

---

[1] See IMF, *Code of Good Practices on Transparency in Monetary and Financial Policies*, Jul. 1999, p. 4.

[2] See IMF, *Communiqué of the Interim Committee of the Board of Governors of the International Monetary Fund*, 26 Sep. 1999, p. 9.

[3] IMF, *Supporting Document to the Code of Good Pratices on Transparency in Monetary and Financial Policies*, Jul. 2000, p. 4-5. Id.

成普遍共识,[1]但《货币和金融政策透明度守则》并未具体涉及金融机构的独立性问题。在以后修订《货币和金融政策透明度守则》时应重新考虑这一问题。这是国际货币基金组织工作人员在最新文件中所一直关注的领域。由于货币和金融政策责任通常由中央银行和一个或多个其他金融机构分担,《货币和金融政策透明度守则》分为两个主要部分:第一部分涉及中央银行的透明度和货币政策;第二部分涉及《货币和金融政策透明度守则》所称"金融机构"的金融政策透明度——这些机构可以更明确地称为"监管和监督机构",视目标的分配而定,一般包括中央银行。它涉及货币稳定(中央银行的主要作用)和金融稳定(随着2008年全球金融危机后中央银行的第二个主要作用日益增加,但也以各种方式与其他金融监管和监督机构如证券监管机构分享)。

第二节　货币稳定

货币稳定与金融稳定是中央银行的两项基本职能。货币稳定对金融稳定的作用是间接的,它们对经济发展都具有决定性的影响。罗莎·拉斯特拉将货币稳定定义为:[2]

> 维持货币的内部价值(价格稳定)和货币的外部价值(本币对其他货币的稳定性,这反过来又受到汇率制度的影响)。

这一定义突出了两个中心方面:价格稳定和外汇制度。在许多方面,这两种情况都是由于大多数国家在19世纪的某个时候采用了纸币。关于物价稳定,近年来的共识是通过各种机制控制通货膨胀。

在外汇方面,与资本自由化和汇率制度有关的两个趋势值得注意。在布雷顿森林体系之前,各国(一旦采用纸币)一般都实行固定汇率制度,其基础通常是与黄金(金本位)或其他贵金属(最常见的是白银)的固定关系。在布雷顿森林体系下,各国在资本账户基本关闭的情况下实行固定汇率制度,汇率与美元挂钩,美元与黄金挂钩。这一安排在维持货币和金融稳定方面总体上发挥了很好的作用。然而,随着布雷顿森林国际货币体系逐渐崩塌,并最终随着美国决

---

[1] See M. Quintyn and M. Taylor, *Regulatory and Supervisory Independence and Financial Stability*, IMF Working Paper/02/46, Mar. 2002, p. 43.

[2] R. Lastra, *Legal Foundations of International Monetary Stability*, Oxford University Press, 2006, p. 35.

定切断美元与黄金之间的联系而结束,资本流动逐渐变得更自由化,尽管直到20世纪80年代,资本流动仍在很大程度上受到发达国家的限制。随着20世纪70年代大多数货币与黄金之间的任何联系终结,各国所面临的挑战是设计新的汇率制度,以处理法定货币的现实情况(不是以金属货币为后盾,而是以发行当局/政府的信誉为后盾)和增加资本流动。

一般而言,大多数国家要么采用自由浮动的汇率制度,要么采用固定汇率制度(其他货币的汇率在不同的形式上固定,最常见的是20世纪80年代末的美元)。固定汇率制度包括中央银行设法通过各种手段保持货币价值的管理机制以及货币发行局等更为正式的固定安排。除了突出体制和金融部门的弱点外,过去25年一系列的金融危机也使人们越来越重视资本自由化和外汇制度。从根本上说,许多国家由于对资本流动的开放而陷入困境,而没有适当增强金融部门,同时又试图维持固定汇率制度。贝瑞·艾肯格林把这个问题定义为"不可能的三位一体":[1](1)一个国家不能有完全的资本自由化;(2)一个国家不能有固定汇率;(3)一个国家不能有对货币政策的独立控制。任何经济体最多只能拥有其中的两个。因此,历经一系列金融危机后,其发展趋势是:(1)在资本自由化之前有序地实施金融改革进程;(2)建立具有独立货币政策的浮动汇率制度。这一趋势具体体现在各国中央银行的货币稳定和金融稳定目标上。

一、货币与金融政策透明度守则

在寻求货币稳定的体制框架时,主要的国际指南是由国际货币基金组织《货币和金融政策透明度守则》所提供的标准,其主要责任主体是各国中央银行。事实上,依据《货币和金融政策透明度守则》规定,中央银行被界定为负责实施货币政策的机构。

关于中央银行货币政策的良好透明度做法,《货币和金融政策透明度守则》包括四个一般性指导领域:(1)明确中央银行的作用、责任和目标(第一部分);(2)货币政策决定的公开程序(第二部分);(3)公开提供关于货币政策的信息(第三部分);(4)中央银行的问责制和廉正保证(第四部分)。在明确中央银行的作用、责任和目标方面,应当在诸如中央银行法等立法或条例中明确界定这些作用、责任和目标(第1.1节);应当明确界定和披露货币和金融业务之间的体制性关系,并符合《货币和金融政策透明度守则》(第1.2节);应当明确界定

---

[1] See B. Eichengreen, *Financial Crises and What to Do about Them*, Oxford University Press, 2002, p. 135.

和披露中央银行代表政府的责任(第 1.3 节)。关于制定和报告货币政策决定的公开程序,用于实现货币政策目标的框架、工具和目标(如果有的话)需要公开披露和解释(第 2.1 节),如有变化应当公开宣布和解释(第 2.3 节);应当编写与实现这些目标有关的公共进度报告(第 2.4 节);在有常设货币决策机构的情况下,应公开披露有关组成、结构和职能的信息(第 2.2 节);为了反映透明度与法治固有程序之间的关系,应当公开披露关于金融中介机构为货币政策目的进行数据报告的条例(第 2.6 节),对货币条例的任何实质性修改都应当征得公众的意见(第 2.5 节)。关于公开提供货币政策信息的问题,中央银行应按照国际货币基金组织的数据传播标准定期提出报告(第三部分)。最后,在问责制和廉正方面,中央银行官员除了公开披露已审计财务报表外,还应当定期向指定的公共当局报告(第 4.1 节、第 4.2 节和第 4.3 节);应当制定公共规则,处理中央银行官员和工作人员的廉正和法律保护问题(第 4.4 节)。

奇怪的是,国际货币基金组织没有在《金融部门评估方案/标准和守则遵守情况报告》下发表货币和金融政策透明度经验的审查报告,尽管进行了大量此类审查,截至 2007 年 1 月,国际货币基金组织和世界银行已为 55 个经济体公布了《金融部门评估方案/标准和守则遵守情况报告》。

虽然现在就中央银行独立地实现货币稳定目标方面的重要性达成了普遍共识,但这是《货币和金融政策透明度守则》中没有具体包括的一个领域。[1]然而,拉斯特拉提出了有关中央银行独立性需要处理的问题:(1)独立性声明;(2)独立的职能和业务保障;(3)经济独立,特别是在政府为政府赤字和金融中介援助提供资金的压力方面;(4)监管权力。在此,独立性需要通过适当的问责和透明度机制加以平衡。

二、宏观经济数据透明度

宏观经济信息的公开、可获得性和可比性对货币和金融稳定起着重要作用。此外,它们对维持经济体的货币、政府和金融体系的信心发挥着重要作用:这是墨西哥、东亚金融危机和 2008 年全球金融危机之后所得出的一个重要结论。在此,金融稳定论坛确定了与数据传播和汇编有关的标准。数据传播的关

---

〔1〕 See R. Lastra, *Legal Foundations of International Monetary Stability*, Oxford University Press, 2006, p. 44-46.

键性标准含括两种标准,即特殊数据发布标准[1]和通用数据发布标准[2]。特殊数据发布标准、通用数据发布标准以及数据质量参考网站组成国际货币基金组织的标准发布委员会。[3]

(一)特殊数据发布标准

作为对1994~1995年墨西哥金融危机的回应,国际货币基金组织批准了特殊数据发布标准,以便成员方尤其是那些参与国际资本市场或未来希望加入的国家包括发达经济体和新兴经济体向公众提供经济和金融统计数据。[4] 1995年墨西哥金融危机之后,国际货币基金组织国际货币基金委员会在1995年4月26日会议上强调,成员方及时公布全面的经济和金融数据,提高成员方经济政策的透明度,从而增强投资者信心,减少可能导致墨西哥危机后资本大量外流的意外情况发生。特殊数据发布标准于1996年3月设立,其目的在于:[5]

> 在经济和金融日益一体化的世界中,指导国际货币基金组织成员向公众提供全面、及时、可获得和可靠的经济和金融统计数据。

虽然参与是可选的,但希望寻求国际资本的国家应当遵守规定,以满足投资者对竞争国家可比性信息的需求。在亚洲金融危机之前,情况并非如此。

(二)通用数据发布标准

通用数据发布标准旨在补充特殊数据发布标准,并作为最终参与特殊数据发布标准的基石;该体系于1997年12月建立。按照国际货币基金组织的观点,通用数据发布标准的目的有三重:[6](1)鼓励成员方提高数据质量;(2)提供一个框架,用以评估改进数据的需要,并确定这方面的优先事项;(3)指导成员方向公众提供全面、及时、方便和可靠的经济、金融和社会人口统计数据。与特殊数据发布标准相同,《〈通用数据发布标准〉指南》包括四个方面,数据涵盖

---

[1] See IMF, *Special Data Dissemination Standard*, Mar. 1996, p. 12.

[2] See IMF, *General Data Dissemination System*, Dec. 1997. p. 8.

[3] http://dsbb.imf.org.

[4] See IMF, *IMF Executive Board Approves the Special Data Dissemination Standards*, IMF Press Release No. 96/18, 16 Apr. 1996, p. 35.

[5] IMF, *IMF Executive Board Approves the Special Data Dissemination Standards*, p. 36. 特殊数据发布标准包括四个要素:(1)数据的覆盖面、周期性和及时性;(2)公众获取;(3)传播的数据的完整性;(4)传播的数据的质量。

[6] See IMF, *The General Data Dissemination System*, Nov. 2003, p. 1.

经济的实际部门、财政部门、金融部门和其他外部部门。[1] 此外，它还涵盖一系列反映联合国千年发展目标所列指标的社会人口数据。[2]

（三）数据汇编

除了主要标准和标准领域外，《金融稳定论坛简编》还包括一个额外的标准领域：数据汇编。数据汇编标准领域包括四个标准，涉及货币和金融统计[3]、政府财政统计[4]、国际收支数据[5]和国民账户数据。[6] 它们共同构成一个框架，以支持特殊数据发布标准和通用数据发布标准中的数据，并确保在这一框架基础上所形成的数据在各个经济体之间具有可比性。

（四）执行

国际货币基金组织对其数据传播倡议进行了若干次审查。在亚洲金融危机后，增加了处理国际储备和外汇流动性标准。[7] 在第三次审查后，[8]国际货币基金组织制定了数据质量评估报告和评估框架。在第四次审查后，数据质量评估框架被纳入《标准和守则遵守情况报告》数据模块。[9]

2003 年 7 月 9 日，国际货币基金组织执行局对国际货币基金组织数据发布倡议进行第五次审查。总之，国际货币基金组织总干事支持这些倡议和正在进行的改进。[10] 审查得出了关于国际货币基金组织数据标准倡议的重要结论和建议，其中包括：(1)这些标准大大改进了特殊数据发布标准成员的数据发布工作，并使通用数据公布标准成员的统计工作取得了重大进展。(2)越来越多的证据表明，特殊数据发布标准成员（签署国）对进入国际资本市场的成员（订约者）有积极影响。(3)《通用数据发布标准》应明确承认《千禧年发展目标》的各项指标。(4)编写一份《良好统计实践汇编》，为寻求改进其统计系统的国家提供指导。

---

[1] (1)数据的覆盖面、周期性和及时性；(2)公众可获取性；(3)传播数据的完整性；(4)传播数据的质量。

[2] See UN Statistical Division, *Millennium Indicators Database*, http://millenniumindicators.un.org.

[3] See IMF, *IMF Manual of Monetary and Financial Statistics*, 5th ed., Oct. 2000. p. 12.

[4] See IMF, *IMF Manual on Government Finance Statistics*, Nov. 2002. p. 10.

[5] See IMF, *IMF Balance of Payments Manual*, 1993. p. 3.

[6] See IMF, *Systems of National Accounts*, 1993, p. 6.

[7] See IMF, *Fifth Review of the Fund's Data Standards Initiatives*, 18 Jun. 2003, p. 8.

[8] See IMF, *Third Review of the Fund's Data Standards Initiatives*, 15 Mar. 2000, p. 10.

[9] See IMF, *Fourth Review of the Fund's Data Standards Initiatives*, 10 Jul. 2001, p. 7.

[10] See IMF, *Public Information Notice: IMF Executive Board Reviews Data Standards Initiatives*, 2003, p. 7.

截至2003年6月3日,对被纳入《标准和守则遵守情况报告》数据模块的审查得出的主要结论是:[1](1)拥有健全的统计编制法律和体制框架的国家总体数据质量普遍较好;(2)在大多数国家,编制综合来源数据是一项重大挑战。截至2007年1月,国际货币基金组织和世界银行发布了81个国家的《金融部门评估方案/标准和守则遵守情况报告》模块的数据传播。

第三节 金融稳定

金融稳定应是特定经济体和国际金融结构(以及相关的区域金融结构)的当务之急。目前,有关金融稳定的定义往往都是从消极意义上予以界定:没有金融危机(国内、区域和国际),它并不能指导各国经济发展和实现金融稳定目标。加利·施纳斯以积极和全面的方式界定金融稳定:[2]

> 金融稳定是指金融体系能够同时令人满意地履行三项关键职能:一是金融体系高效而顺畅地促进储蓄者向投资者的跨期资源配置和总体上的经济资源配置。二是前瞻性的金融风险正在被评估,且能够得到相对良好的管理。三是金融体系当前状况即使不能完全承受住金融和实体经济的意外冲击,但也勉强能够承受这些冲击的一部分。

此意涵所指向的目标是:[3]

> 维持金融体系的顺利运作,保持金融体系促进和支持实体经济有效运作和业绩的能力;建立机制,防止单个金融问题演化为系统性问题,或即使威胁金融和经济体系的稳定,但不损害维持经济增长和履行其他重要职能的能力。

当下金融稳定越来越频繁地被视为中央银行的一个目标,且金融稳定(与货币稳定一起)被视为任何中央银行的主要目标之一。施纳斯的定义超出了预防危机的范围,扩大到支持金融发展(从而直接支持经济增长),因此在某种程

---

[1] See IMF, *Fifth Review of the Fund's Data Standards Initiatives*, 18 Jun. 2003, p. 3-4, 18, 31.

[2] G. Schinasi, *Safeguarding Financial Stability: Theory and Pratice*, International Monetary Fund, 2006, p. 82.

[3] G. Schinasi, *Safeguarding Financial Stability: Theory and Pratice*, International Monetary Fund, p. 100.

度上包括了国家经常赋予中央银行的发展目标。同时,中央银行不是国内唯一负责金融稳定的金融机构,但在任何金融体系中,中央银行对宏观经济层面的金融稳定负有首要责任。中央银行最重要的职责应当是从总体上设计金融安全网。

一般而言,金融安全网是一套机构、法律和程序,加强金融体系抵御银行挤兑和其他系统性干扰的能力,并支持金融体系的适当运作。金融安全网的主要关切是金融稳定,建立金融安全网的目标是提高金融效率、控制系统性风险和保护消费者权益,以增强对金融体系的信心。系统性风险一般定义为:[1]

> 一种风险,即某一事件将导致对金融体系相当大一部分的冲击,且严重到对实体经济产生重大不利影响,从而使那一部分失去经济价值或令人丧失信心,并随之增加不确定性。系统性风险事件可能是突如其来的,也可能是在缺乏适当对策的情况下随着时间推移而逐渐形成的。系统性问题对实体经济的不利影响通常造成支付系统中断、信贷流动中断以及资产价值被破坏。

与此同时,设计安全网也需要巨大的潜在成本。[2] 对个别金融中介机构实行良好的公司治理和健全的风险管理,有效的市场纪律,以及强有力的审慎监管、监督和法律框架,都可以减轻道德风险;这些要素在协同使用时最为有效。[3] 精心设计的金融安全网有四个主要优势:[4] (1)这些程序有助于确保市场参与者所面临的激励措施不会受到不适当的扭曲——例如,人们普遍认为所有银行负债最终都有国家支持;(2)有明确指导方针和可行性计划,且在发生特定紧急情况时应采取何种行动,有助于限制金融行为和增加金融机构的韧性;(3)这种程序应减少对事后特别行动的需要,这些行动即使可能有效地处理当前的危机,但是也可能通过严重扭曲道德风险对未来造成刺激;(4)明确的事前程序可减少不确定性,从而具有限制储户信心丧失的额外优势。

作为一般规则,若干原则应指导安全网的设计和正在进行的运作:第一,安

---

[1] G-10, *Consolidation in the Financial Sector*, Bank for International Settlements, 2001, p. 126-127.

[2] See F. Mishkin, *Prudential supervision: Why is it Important and What are the Issues?*, NBER Working Paper 7962, Sep. 2000, p. 7.

[3] See FSF, *Guiance for Developing Effective Deposit Insurance Systems*, Sep. 2001, p. 2.

[4] See G-22, *Report of the Working Group on Strengthening Financial Systems*, BIS, Oct. 1998, p. 21.

全网应加强而不是取代私人资本、监测和关闭机制。第二,安全网必须同时考虑到总体风险和特殊风险。[1] 第三,安全网的设计应牢固地与其所处的特定金融系统和经济的特点相结合。[2] 第四,安全网每一个组成部分的设计都应规定金融索赔人的损失额。[3] 第五,为了减少不加区分地扩大公共保障风险,当局应明确说明安全网的性质和范围,并执行适当的监督和管制政策。第六,一个完整的标准将要求当局制定和定期审查管理金融危机的战略计划,并与工作人员签订有关危机管理培训协议。

一、金融安全网之设计

就本质上而言,金融安全网是金融体系中支持金融稳定的整体性体系。因此,完整描述应当包括五个要素:(1)应急计划;(2)最后贷款人;(3)金融监管和监督;(4)解决金融中介机构和破产问题的制度;(5)存款人和消费者保护机制。就中央银行的责任而言,由于中央银行作为最后贷款人的重要作用,它还必须在总体金融安全网设计和应急规划中发挥重要作用。中央银行可能参与或不参与金融监管和金融中介机构的解决方案或清算。

二、应急计划

金融安全网和金融监管都不能也不应该保证金融中介机构不会倒闭,也不应该保证金融体系参与者不会蒙受损失。作为一项一般原则,监管人员应制定应急计划,在其各自的金融系统范围内处理金融破产问题,并考虑可能出现的任何跨界紧急事件。应急计划应包括负责宏观金融稳定的机构(如我国的金融稳定发展委员会或中国人民银行)以及任何负责金融监管和监督、金融中介问题解决和破产等方面的机构以及财政部。这样的规划需要对金融体系的现状和可能出现的各种问题进行全面分析和了解。在查明可能出现的问题后,可以建立适当的机制和体制,以应对可能出现的各种紧急风险。金融安全网参与者之间的权力和责任分配是一个公共政策选择和视各国具体情况而定的问题。

---

〔1〕 See P. Brock, *Financial Safety Nets and Incentive Structures in Latin America*, Aug. 1998, p. 28.

〔2〕 See E. Kane, *Financial Safety Nets: Reconstructing and Modelling A Policymaking Metaphor*, NBER Working Paper 8224, Apr. 2001, p. 2.

〔3〕 See A. Demirguc-Kunt, *Designing a Bank Safety Net-A Long-term Perspective*, *Website Policy Note*, World Bank, 1999, p. 2.

三、最后贷款人

中央银行作为最后贷款人的职能,旨在为其他有偿付能力的金融机构提供紧急流动性资本。金融机构(尤其是中央银行)一般应为金融中介机构和金融系统开发适当的资产流动性支持系统。确保在压力条件下提供资产流动性的常规机制是最后贷款人职能。根据世界各国法律和国际条约规定,提供最后贷款人资助遵循下列规则:[1](1)只应向暂时缺乏流动性,但有偿付能力的金融中介机构提供资助;(2)应免费提供资助,但应收取罚金;(3)任何有良好抵押品的人,如符合第(1)及(2)条之规定,均应获得支持;(4)最后贷款人应做好准备,在事前提供清晰的贷款;(5)提供资助的决定仍应保留酌处权;(6)酌处权应以是否存在潜在的系统性风险为依据。虽然法律上通常不考虑最后贷款人,但事实上,这种提法显然是以支持金融交易正常运作的法律制度以及有效的监管和监督程序为前提。

"暂时缺乏流动性但有清偿能力"需要两组先决条件:(1)提供监督信息,以确定各自的条件;(2)破产之意涵界定,这通常是载于破产立法的一项公共政策选择。幸运的是,"免费但收取罚息"是相对自恰的,但事实上,最后贷款人必须有能力提供可能不受限制的支持,而这种支持往往只能通过控制货币供给(大多数中央银行控制货币供给,货币发行当局安排的央行除外)和由此产生可能的通货膨胀影响提供。"任何有良好抵押品的人"显然既需要法律判定,也需要定性判定。法律判定的基础是接受抵押品的能力——在这一点上,不同的法律制度差别很大——以及最后贷款人在破产情况下的地位问题——在处理可能破产的金融中介机构时是一个重要问题。[2]"事先预备明确贷款"要求有支持贷款的法律制度,这在很大程度上是由各国的私法制度所决定。其余两项标准只是要求最后贷款人建立有效的信息收集系统,以便作出相应的决定——如果该系统完善的话,当然就没有必要首先提供支持。

我们的论述表明,与金融危机管理有关且看似合理的做法是如何以基本法律制度为基础的。如果不具备必要的要素,制度就不能在控制道德风险时实现其预防系统性风险的目标。在世界各国最后贷款人既有隐性结构,也有显性结构,尽管在大多数情况下是中央银行,但在特定情形下,它是存款保险机构(通

---

〔1〕 See R. Lastra, *Lender of Last Resort: An International Perspective*, 48 ICLQ 339, 1999, p. 231.

〔2〕 See J. Norton eds., *Emerging Financial Markets and Secured Transactions*, Kluwer, 1998, p. 126.

常与中央银行联合)。这种支持不应提供给资不抵债的金融中介机构,特别是那些不会引起系统性关切的金融中介机构。实际上,任何这类支持都是以一种补贴或政府救助的形式,只有在得到政府批准的情况下才能实施。

四、金融中介的清算与破产

有效和及时地解决破产问题可能是精心设计金融安全网中最重要的因素之一。脆弱的金融中介机构——尤其是银行——的存在可能会破坏整个金融体系。因此,脆弱的金融中介机构要么走上恢复其金融稳健之路,要么在认为不可行的情况下及时关闭。适当执行调整和解决薄弱金融中介机构协调一致的机制对于减少金融体系内部和整个实体经济遭受传染的风险是至关重要的。同时,有效的解决办法还应当减少政府与失败的中介机构打交道的总体成本以及其他成本(从资产价值损失到金融系统规模较小的社会成本)。最后,在适当的时间内它还能极大地促进寻求采取行动的可替代性方法。因此,金融中介机构的重组和风险化解对于维护金融稳定具有重要意义。

第四节　支付与结算

在追求货币和金融稳定的过程中,中央银行通常还承担与支付和结算系统以及政府证券市场有关的某些责任。如果中央银行也有与金融和经济发展有关的目标,则可以加强这些责任。根据法律或国际性条约的规定,中央银行支付系统由一组确定的机构和一套工具和程序组成,用以确保货币在一个地理区域(通常是国家)流通。任何国家的经济都可以表现为倒金字塔中的一系列层级,其中每上一层级都由它下面的所有层级所支持。金字塔中最广泛的一层级代表实体经济和金融市场——全国商品和服务买卖。它得到该国提供支付服务的银行系统——金字塔的下一层级——支持。第三级包括数目有限的银行间资金转移系统,通过这些系统处理付款交易。支付转账的最终结算发生在银行与中央银行的账户之间,中央银行的核心作用对整个国家的经济运行至关重要。[1] 票据交换结算、净额结算和交收结算是与支付系统环境有关的三个不同过程,每个过程都有自己极为特定的目的。净额结算作为一种最大限度减少结算所需流动资金的手段,既可以作为结算后的业务,也可以作为结算前的业务。

---

〔1〕 See Ad Hoc Working Group on EC Payment Systems, *Issues of Common Concern to Ec Central Banks in the Firld of Payment Systems*, Sep. 1992, p. 8.

支付制度规定了用于在履行义务的双方当事人之间交换金融价值的程序、规则、标准和工具。支付交易分为两个部分:支付指令的流动性和资金的流动性,它们总是互相关联的,但可能遵循不同的路径和不同的时间。支付方法是使用户能够履行支付义务的工具、程序和机构。传统上,支付方法根据付款人的付款指示是直接向金融机构(通常是银行)还是通过受款人(借方转移)而被分类为信用转让者或债务转让者。支付方式有纸质支付、电子支付或两者兼而有之。另一种分类是将支付系统分为小额价值系统和大额价值系统。汉弗莱、萨托、塔拉米和韦萨利等人认为,五个属性决定一个经济体的支付结构,并说明发展经济体、转型经济体和新兴经济体在寻求使其支付系统现代化时所受影响的关键领域:[1]

1. 一个国家的地理面积和人口密度(使支付信息的交流变得容易或困难);

2. 银行系统的集中及其相互联系(许可在一个实体内部而不是在不同实体之间进行更大的资金流动);

3. 关于支付参与者的权利和责任的法律结构(降低某些支付工具的风险,但不降低其他支付工具的风险)和反不正当竞争法(影响支付服务供应商之间的合作和竞争);

4. 犯罪率等文化因素的影响(影响现金替代品的需求);

5. 影响按交易和支付工具类型分列的风险和效率之间权衡的经济因素的作用(反映在相对支付成本、用户方便、支付及时和支付可替代办法的可获得性)。

无效的付款、结算和保管制度安排破坏金融系统的正常运作。早在1994年,世界银行的一份报告就得出如此结论,[2]有效、高效的支付制度对新兴经济体的经济发展至关重要。有效的支付制度有助于促进商业发展,加强经济政策监管,控制转移大价值所固有的风险,减少用于转移支付的财政、资本和人力资源。我们认为,一个新的支付系统应该保持简单,因为许多这样的国家缺乏

---

〔1〕 D. Humphrey, S. Sato, M. Tsurumi and J. Vesala, *The Evolution of Payments in Europe, Japan, and the United States*, World Bank Policy Research Working Paper 1676, Oct. 1996, p. 128.

〔2〕 See R. Listfield and F. Montes-Negret, *Modernizing Payment Systems in Emerging Market Economies*, World Bank Policy Research Working Paper 1336, Aug. 1994, p. 312.

基础设施和银行系统的复杂性,无法从最基本的支付系统跳跃到最先进的支付系统。因此,第一项任务是解决最严重的问题。第二项任务是逐步升级现有系统,达到及时、安全和可靠的基本标准。该系统的开发应当遵循一项有约束的计划,以确保用户的需求,并组织项目团队,实施项目目标。

一、推动制定支付和决算标准的国际组织

在付款和结算方面,有两个国际组织一直在积极开展工作。第一个是支付和结算系统委员会,该委员会在十国集团中央银行行长和国际清算银行的主持下开展工作,强调与发展促进有效和可行的支付与结算系统的做法有关的问题,并为支付系统制定一系列核心原则。[1] 第二个是国际证券委员会组织的新兴市场委员会,来自 64 个新兴经济体的监管机构加入该委员会,该委员会发布了一份报告,提出新兴经济体制定清算和结算法律框架的基础。[2] 报告强调为建立有效的新兴市场,证券清算和结算制度必须要解决主要法律问题。

二、国际标准

金融稳定论坛支付和结算的关键领域包括两个核心标准:(1)“支付和结算系统委员会核心原则”;(2)一套“国际证券委员会组织建议”。

(一)通用标准:系统重要性支付体系

1998 年 5 月,支付和结算系统委员会设立了一个支付制度原则和实际做法工作组,以审议所有国家的支付制度的设计和运作应遵循的原则。[3] 它由来自十国集团中央银行、欧洲中央银行、其他 11 个国家中央银行、国际货币基金组织和世界银行的代表组成,并与非洲、美洲、亚太和欧洲的中央银行集团进行协商。2001 年 1 月支付和结算系统委员会发布《关于系统重要性的支付和结算系统核心原则》(以下简称《核心原则》)是金融稳定论坛支付和结算领域的主要标准。据金融稳定论坛称,该文件阐述了设计具有系统重要性的支付系统运行的核心原则。《核心原则》有意识地以一般方式予以表达,以帮助确保这些原则在所有国家都是有用的,且是持久的。它们并不代表任何单一系统的设计

---

〔1〕 See Committee on Payment and Settlement Systems, *Core Principles for Systemically Important Payment Systems*, Dec. 1999 revised Jan. 2001, p. 125.

〔2〕 See IOSCO, *Report of the Emerging Markets Committee*, *Towards A Legal Framework for Clearing and Settlement in Emerging Markets*, Nov. 1997, p. 37.

〔3〕 See CPSS, *Core Principles for Systemically Important Payment Systems*, Jan. 2001, p. i.

或操作蓝图,而是提出所有具有系统重要性的支付系统都应当满足的主要特征。《核心原则》第二部分深入讨论了对《核心原则》的解释以及在一些特定情形下的执行情况,包括纸质文书(如支票)和跨国界问题。《核心原则》界定了在具有系统重要性的支付系统中实现安全和效率政策目标的10项原则。该制度应在所有相关管辖范围内有充分的法律依据(原则1)。该系统的规则和程序应使参与者能够清楚地了解该系统对他们通过参与该系统而产生的每一种金融风险的影响(原则2)。该系统应明确规定信用风险和流动性风险的管理程序,具体规定系统运营者和参与者各自的责任,并为管理和控制风险提供适当的激励(原则3)。该系统应在价格日提供即时的最后结算,最好是在一天之内,并至少在一天结束时提供(原则4)。一个进行多边净额结算的系统至少应能够确保在负有最大单一结算义务的参与方无法结算时及时完成每日结算(原则5)。用于结算的资产最好是中央银行的债权;在使用其他资产的情况下,这些资产应很少或没有信用风险,很少或没有流动性风险(原则6)。该系统应确保高度的安全和业务可靠性,并应作出应急安排,以及时完成日常处理(原则7)。该系统应提供一种对用户实用、对经济有效的支付手段(原则8)。该系统应有客观和公开披露的参与标准,是公平和公开获取的标准(原则9)。该系统的治理安排应当有效、负责和透明(原则10)。该系统应设法超过原则4和原则5所列的最低限度。《核心原则》还规定了中央银行在实施《核心原则》方面的四项责任。中央银行应明确界定其支付系统目标,且应公开披露其在具有系统重要性的支付系统方面的作用和主要政策(责任1)。中央银行应确保其运作的系统符合《核心原则》(责任2)。中央银行应监督其不运作的系统遵守《核心原则》的情况,并应有能力进行这种监督(责任3)。中央银行在通过《核心原则》促进支付系统的安全和效率时,应与其他中央银行和任何其他有关的国内或外国当局合作(责任4)。此外,"支付和结算系统委员会"还就中央银行在监督支付和结算系统方面的作用发布具体指导意见。该框架虽然没有纳入金融稳定论坛的范围内,但它为中央银行提供了非常有用的指导。

关于中央银行对支付和结算系统的监督,支付和结算系统委员会概述了与中央银行支付和结算系统核心原则类似的五项一般性原则,但提供了更多细节。[1] 原则1(透明度)要求中央银行公开规定其监督政策,包括制度的政策要求或标准以及确定这些政策适用于哪些制度的标准。原则2(国际标准)要求中央银行(在相关情况下)采用国际公认的支付和结算系统标准,例如支付和

---

[1] See CPSS, *Central Bank Oversight of Payment and Settlement Systems*, May 2005, p. 12.

结算系统委员会的《核心原则》和《国际证券委员会组织建议》。原则3(有效权力和胜任能力)要求中央银行拥有有效履行其监督职责的权力和能力。原则4(一致性)要求对可比较的支付和结算系统,包括中央银行运作系统,采用一致的监管和监督标准。原则5(与其他当局合作)要求中央银行在促进支付和结算系统的安全和效率方面与其他有关中央银行和当局合作。此外,支付和结算系统委员会还提出五项"合作监督原则",以解决与跨国界和多币种制度有关的问题。[1] 合作监督原则1(通知)要求已查明跨国界或多币种支付或结算系统的实际或拟议运行情况的每个中央银行通知可能对该系统的审慎设计和管理感兴趣的其他中央银行。原则2(主要责任)要求,跨国界和多币种支付或结算系统应接受这种监督的主要负责任的中央银行的监督,并假定该系统所在的中央银行将承担这种主要责任。原则3(对整个系统的评估)要求在监督系统方面负有主要责任的当局定期评估整个系统的设计和运作情况,包括与其他有关当局协商。根据原则4(结算安排),确定一个系统的结算是否适当和未能以一种货币结算的程序是发行货币的中央银行和主要负责监督该系统的当局的共同责任。在原则5(不健全的系统)下,中央银行在对任何跨国界或多币种系统的设计或管理是否健全缺乏信心的情况下,如有必要,应阻止使用该系统或向该系统提供服务,如通过查明不安全和不健全的做法阻止使用该系统或向该系统提供服务。

(二)对证券结算系统的建议

2001年发布的《支付和结算系统委员会/国际证券委员会组织建议》联合文件确定了证券结算系统应满足的最低要求以及系统应努力实现的最佳做法,[2]其中包括证券结算、风险管理、准入、治理、效率、透明度以及监管和监督的法律框架。这些建议旨在涵盖所有证券系统,包括股票、公司和政府债券及货币市场工具以及在发达经济体、发展经济体、转型经济体和新兴经济体发行的证券。它们还旨在涵盖国内和跨境贸易的结算。该文件包括六个标题下的19项建议:(1)法律风险(建议1);(2)提前结算风险(建议2至5);(3)结算风险(建议6至10);(4)运作性风险(建议11);(5)监护风险(建议12);(6)其他问题(建议13至19)。此外,该文件还提供了实施和评估方面的指导。

---

〔1〕 See CPSS, *Report of the Committee on Interbank Netting Schemes of the Central Banks of the Group of Ten Countries*, Nov. 1990, p. 9.

〔2〕 See CPSS and IOSCO Technical Committee, *Recommendations for Securities Settlement Systems*, Nov. 2001, p. 10.

关于法律风险，证券结算系统应当有充分根据、明确和透明的法律基础（建议1）。关于提前结算风险，交易确认应不迟于交易日（建议2），滚动结算不应迟于交易后的第三日（建议3）。应当考虑核心对手方（建议4），并鼓励证券借贷（建议5）。关于结算风险，鼓励核心证券托管机构（建议6），并应实施适当的风险控制（建议7）。最后结算应不迟于结算日结束前进行，最好是实时结算（建议8），并应是安全的（建议10）。应制定适当的系统和应急计划，以减少操作风险（建议11），保管人应采用适当的程序保护客户资产，以减少保管风险，包括防止向保管人和债权人提出索赔（建议12）。核心对手方和核心证券托管机构应有适当的目标和治理结构（建议13），许可公平和公开获取客观和透明的参与标准（建议14）以及其运作的透明度（建议17）。此外，除安全和健全外，证券结算系统还应具有成本效益和效率（建议15），采用事先分配的沟通程序（建议16），并受到有效监管，中央银行和证券监管机构应共同努力（建议18）。最后，跨境关联的核心证券托管机构应设计和运行此类系统，以减少跨境结算风险（建议19）。

（三）金融稳定论坛的其他标准

除两项关键标准外，《金融稳定论坛简编》还就银行和证券小标题下列入一些其他标准。银行支付和结算标准涉及实时总结算系统[1]、外汇结算风险[2]和银行间结算。与证券相关的支付和结算标准涉及场外交易衍生品结算[3]、交易所交易衍生品清算[4]以及交付和支付系统。[5]

（四）执行

2002年年底，国际货币基金组织和世界银行审查了迄今为止《金融部门评估方案/标准和守则遵守情况报告》的经验。[6] 在支付系统方面，1999年开始对国际货币基金组织和世界银行《金融部门评估方案/标准和守则遵守情况报告》进行评估；到2002年12月，它们对42个经济体进行了57次评估。世界银行和国际货币基金组织声称，评估暴露出一些弱点，许多系统没有达到某些标准，尤其是在法律依据方面。由于这些已查明的问题，世界银行和国际基金组

---

[1] See CPSS, *Real Time Gross Settlement Systems*, Mar. 1997, p. 5.

[2] See CPSS, *Settlement Risk in Foreign Exchange Transactions*, Mar. 1996, p. 12.

[3] See CPSS, *OTC Derivatives: Settlement Procedures and Counterparty Risk Management*, Sep. 1998, p. 6.

[4] See CPSS, *Clearing Arrangements for Exchange-Traded Derivatives*, Mar. 1997, p. 3.

[5] See CPSS, *Delivery Versus Payment in Securities Settlement Systems*, Sep. 1992, p. 8.

[6] See IMF and World Bank, *Analytical Tools of the FSAP*, Feb. 2003, p. 1.

织与支付和结算系统委员会一道在这一领域制定了更多的指导方针。[1] 截至2007年1月,国际货币基金组织和世界银行已为55个经济体发布了《金融部门评估方案/标准和守则遵守情况报告》支付系统模块。

三、发展中的支付和结算系统

在开发支付和结算系统方面,支付和结算系统委员会提供了一些有益指导。[2]《支付和结算系统委员会指南》虽然没有列入《金融稳定论坛汇编》,但也可视为将发展纳入其他国际金融标准领域的模式。该文件包括在四个主要标题下有关发展国家支付系统的14项指导方针。根据《支付和结算系统委员会指南》,国家支付系统的主要要素包括:(1)用于在金融中介机构的付款人和受款人账户之间启动和指导资金转移的支付工具(如支票);(2)支付基础设施,用于支付工具的交易和结算、支付信息的处理和沟通,以及支付和接收中介机构之间的资金转移;(3)向消费者提供支付账户、工具和服务的金融中介机构以及为这些金融中介机构经营支付交易、结算和清算服务网的企业和组织;(4)各种支付工具和服务的生产、定价、交付和获取的公约、条例和合同等市场安排;(5)由立法者、法院和监管机构所制定的法律、标准、规则和程序,这些法律、标准、规则和程序界定和管理支付转移过程的机制和支付服务市场的行为。

首先,应将中央银行置于中心位置,因为它对健全的货币体系负有总体责任,包括发展使用货币作为一种有效的支付手段(准则1)。其次,由于可供最终用户使用的支付账户、工具和服务是由银行和其他类似的金融中介机构通过合作系统提供的,因此应促进健全的银行系统的作用(准则2)。关于规划,需要认识到复杂性,规划应以全面了解国家支付系统的所有核心要素和影响其发展的主要因素为基础(准则3)。在此基础上,重点是确定并遵循和考虑国家支付系统所有用户的支付需求和经济能力(准则4)。需要确定明确的优先事项,以便战略性地规划和优先发展国家支付系统(准则5)。总体而言,确保有效执行战略计划是目标(准则6)。关于体制框架,由于扩大和加强支付服务的市场安排是国家支付制度演进的重要方面,需要促进市场发展(准则7)。国家支付系统中相关利害关系人之间的有效协商有助于发展(准则8)。再次,中央银行对支付系统的有效监督往往需要与其他当局作出合作安排(准则9)。为

[1] See IMF, *World Bank and CPSS*, *Guidance Note for Assessing Observance of Core Principles for Systemically Important Payment Systems*, Feb. 2002, p. 6.

[2] See CPSS, *General Guidance for National Payment System Development*, Jan. 2006, p. 5.

了促进法律确定性,有必要为国家支付系统建立一个透明、全面和健全的法律框架(准则 10)。关于基础设施,最好通过扩大和改进零售支付基础设施,扩大消费者、企业和政府可利用的高效和安全的非现金支付工具和服务的可获得性和选择(准则 11)。对于大额价值的支付系统,发展应主要基于金融市场的需要和时间紧迫的银行间支付的增长(准则 12)。为了保证金融系统的安全和效率,支付和证券系统应在证券和大额价值系统之间保持一致(准则 13)。最后,零售、大额和证券系统核心流程的结算过程应从业务上进行协调,以有效管理相互关联的流动性需求和结算风险(准则 14)。

支付和结算系统委员会还为支持准则 3 和准则 4 提供了一份清查工作要素清单。此外,支付和结算系统委员会概述了支付系统法律框架的核心要素,包括:(1)支付工具;(2)支付义务的结算;(3)抵押品和信贷;(4)支付网的组织和参与;(5)证券结算系统;(6)法律冲突解决;(7)中央银行监督;(8)有关国际法律标准。支付工具的法律框架包括与货币、支票和可转让票据、贷方转账、卡票据、电子支付和商业以及证据有关的法律。结算支付义务的法律框架包括与净额结算和创新以及结算有关的法律。担保和信贷的法律框架包括与信贷和质押和担保有关的法律。

第五节　市场运作:政府证券市场

根据国际清算银行全球金融体系委员会的数据,在过去六十年的金融危机之后,国际清算银行全球金融体系委员会表示:[1]

> 人们似乎越来越一致地认为,需要有深度和流动性强的金融市场,特别是政府证券市场,才能确保整个金融体系健全和有效率。

过去二十年来,世界各地的债务证券市场受到越来越多的关注。一国政府一旦建立了可持续的财政和税收制度,就可以考虑发展政府证券市场。政府证券市场除了协助政府进行流动性管理(通过定期提供短期政府证券)外,还支持支付和重新设置系统的运作(提供在最终结算前确保支付风险的手段)以及宏观经济政策和货币政策。它们还通过制定收益率曲线,向金融部门参与者提供有用信息。此外,一旦短期政府证券市场开始运作并提供一条有效的收益率曲

---

〔1〕 Committee on the Global Financial System (CGFS), *How Should We Design Deep and Liquid Markets?*, The Case of Government Securities, 1999, p. 1, 2-4.

线,政府可能延长其借款的基准,从而提供长期融资的手段,并为投资机会提供支持。

虽然尚未完全达成共识,但全球金融体系委员会已就政府证券市场这一中心议题提出了建议。《指导意见》载有五项指导原则,用以指导提供更具体的政策建议:[1](1)维持具有竞争性的市场结构;(2)市场应具有较低的碎片化程度;(3)尽量减少交易成本,以符合市场稳定的程度;(4)确保健全、稳定和安全的市场基础设施;(5)鼓励市场参与者的异质性。根据这些指导原则,全球金融体系委员会为建立深度和流动性强的政府证券市场提出了五项建议:(1)制定协调一致的债务管理战略计划(确保适当分配到期日债务和发行频率,以此作为确定关键到期日基准问题的手段);(2)征税(尽量减少税收对流动资金的影响);(3)确保主权发行人和发行时间表的透明度,并鼓励交易信息透明,同时适当加以注意;(4)通过适当的交易规则和基础设施解决交易和结算做法的安全和标准化问题;(5)发展相关市场,包括回购、期货和期权市场。按照全球金融体系委员会的观点,中央银行在市场发展和金融稳定方面具有显著的作用。

第六节　金融发展

尽管中央银行经常被赋予金融和经济发展目标,然而即使在有限地制定货币稳定和金融稳定目标政策时也可能需要发挥某些发展作用,如政府证券市场支持货币政策的实施,抵押品发展支持金融稳定,或支付系统发展支持货币稳定和金融稳定。

总之,金融稳定和金融部门发展必须具备某些先决条件。国际金融标准倡议(处理宏观经济问题的倡议)解决了其中一些先决条件,但许多最重要的领域尚未得到重大或足够的发展。尼尔·弗格森强调四种机构作为金融实力的基础的重要性,称之为“权力矩阵”[2]:(1)税收官僚机构;(2)代议制议会;(3)国债;(4)中央银行。这些机构是从战争的需要发展而来的,首先是在英国,后来引入美国,并被两国的竞争对手采用,直到今天——尽管通常不被承认——它们是金融的本质,也是经济和政治权力存在的本真。尽管如此,为了支持正常

---

〔1〕 See Committee on the Global Financial System, *How Should We Design Deep and Liquid Markets?*, The Case of Government Securities, p. 2-4.

〔2〕 See N. Ferguson, *The Cash Nexus: Money and Power in the Modern World*, 1700-2000, Basic Books, 2001, p. 420.

运行的市场经济和以市场为基础的金融体系，必须提供各种法律和制度的支持。有了这些支持，一个基本的以市场为基础的金融部门就可以发展起来。然而，为了支持金融稳定和经济增长，我们有必要超越金融发展这一基本水平，解决金融基础设施和金融监管问题，以支持金融的正常运作和发展。

第五章　金融基础设施

发达和复杂的金融体系正常运作必须具备必要的法律、体制和市场基础设施等基本要素，我们称为基本金融基础设施，它包括破产制度、公司治理以及会计和审计系统等金融信息框架。只要这些基础设施得到了适当措施的支持，以保护市场的完整性，就能维持人们对金融体系的信心。只有在基本设施和配套基础设施都到位的情况下，金融监管和监督与按适当顺序排列的金融自由化才能发挥作用，既而支持发达和复杂的金融体系。尽管我们的阐述并非详尽无遗，但是金融发展的核心领域尤为重要。因此，当政府完善适当的"第三级"金融监管和监督路径时，必须充分考虑有效金融体系发展所必需的相关要素和环境。第一，充分的公司法和证券管理，包括良好的公司治理原则，对于现代公司、私有化和现代分散金融系统的发展是必不可少的。需要向未来的出资人保证，公司实体运作所依据的立法和合同框架充分保护了他们的合法利益和期望。七国集团、经济合作与发展组织和最近十多年来的国际金融危机都强调了有效的公司治理的重要性。此外，它的影响可以直接从投资者的视角审视非投资公司的决策，在此方面被人们认为是有问题的。第二，需要有效的破产法律制度，包括有关金融中介机构的规定，以便重新分配资本和关闭效率低下的企业，从而改善治理和业绩。[1] 东亚的经验再次强调了正常运作的破产程序的重要性，它不但对经济复兴，而且对在企业破产的情形下充分保护投资者的权利也具有重要意义。第三，金融市场需要数据和信息。会计和审计准则是向市场提供数据和信息的核心。会计和审计也得到其他信息基础设施的支持，包括信用信息系统、信用评级机构、自由的商业和金融报刊。第四，金融市场是建立在人们的信心基础上。金融信任的一个核心方面是尽可能防止利用金融系统实施犯罪行为。重点领域包括腐败、洗钱和资助恐怖主义以及金融市场的欺诈和不当行为。这些要素在某种程度上由国际标准处理。作为基本要素，它是金

---

〔1〕 See Asian Development Bank, *Law and Development at the Asian Development Bank*, Apr. 1999, p. 7-36.

融监管制度在市场经济中正常运作所必备的条件。

第一节　破产法律框架及其标准制定

一个正常运作的破产管理法律框架对于现代市场经济的运作至关重要,并与现代市场经济发展过程中的大多数主要关切领域有关。如果没有管理破产市场参与者退出交易的有效机制,整个公司和部门就不可能良好运作。同样,如果放款人对其作为有担保债权人在其借款人清算中的地位没有充分的认识,并且有足够的手段强制执行担保,金融部门就不会进行大规模的贷款活动。十国集团认为,公司破产制度的总体目标是减少不确定性、提高效率以及公正和公平待遇。[1] 因此,正常运作的破产制度有助于降低借贷风险和偿债成本,从而增加信贷的提供和一般投资的执行。[2] 此外,适当管理的破产制度是促进市场纪律的宝贵工具。有效的破产制度为最终确定非竞争性市场参与者及其控制下的退出提供了手段。换言之,它规定了对竞争力最低或以其他方式不成功的市场参与者的有效惩罚。在一定程度上这是具有相当作用的预防因素,因为它为经营所有者提供了强有力的激励,使其努力实现高效的和具有成本效益的业绩,从而避免在破产情况下由第三方代表其债权人进行管理。总体而言,破产制度是确保以可预测、公平和透明的方式在市场经济参与者之间分担风险的一种手段。因此,正常运作的破产制度是任何市场经济融资法律和体制环境的核心。

虽然存在透明、可执行并因此可靠的破产规则是市场经济法律环境的一个必要因素,但一个经济体的具体情况很可能需要修改。破产规定本身不太可能真正推动工业重建,因为这些规定的有效执行取决于许多其他因素,它包括一套完整的关于抵押品的规则、公司治理、确保透明度的规则(例如,通过公司登记)。独立和适当的破产管理制度,主要是负责执行法律框架和监督破产公司财产的管理或清算。

一、破产法律框架之形成

传统的西方破产法概念首先是为了债权人的利益而对破产管理人进行清

---

〔1〕 See G 10, *Report of the Contact Group on the Legal and Institutional Underpinnings of the International Financial System*, Dec. 2002, p. 12.

〔2〕 See IMF Legal Department, *Orderly and Effective Insolvency Procedures: Key Issues*, 1999, s. 2; C. Averch, *Bankruptcy Laws: What Is Fair?*, Law in Transition 26 (Spr. 2000), p. 26-27.

算。因此,破产公司的重组虽然常常得到立法的明示促进,但通常只有在其对大多数债权人有利的情况下才被构想出来。也就是说,如果将破产公司重组作为正在运作的核心,就会提高企业的整体价值,从而提高债权人的可用资产,即这种重组在经济上是合理的。虽然这一原则在发达市场经济中可能是完全合法的、适当的和有效的,但它在其他环境中的应用很可能面临严重的问题。在一个由不透明的企业集团主导的经济环境中,企业集团在某一特定经济中占相当大的比例,公共政策方面的考虑可能会阻止一家公司的破产,而该公司的倒闭将以牺牲公众利益为代价,使数以千计的工人失业。虽然发达市场经济很可能对清算和重组之间的决定保持被动,但如果公共政策有此要求,经济部门可能觉得有理由偏爱于后者,并确实可能要求制定有利于重组的破产规则,即使违背大多数债权人的意愿也非如此不可。事实上,正如所谓的"伦敦办法"所表明的,即使是完全自由化的经济体,如大不列颠联合王国,过去也赞成改组企业,并在涉及公共利益的情况下避免彻底清算。一方面,在没有清算某些类型资产的市场经济体中,破产公司的清算似乎既不可取,也不切合实际;另一方面,破产企业的清算将导致经济实际上完全消退。因此,实施一种现代的、可预测的破产制度是非常可取的,因为适当的破产立法对任何市场经济的运作都至关重要,它还有助于鼓励国际投资,从而鼓励将一个经济体纳入国际经济和金融体系的尝试。

二、制定有关破产标准的国际组织及其作用

一些国际组织和协会已参与制定现代破产法和与其相关制度的标准。其中许多活动的重心是制定一系列跨国界破产案件的标准,如联合国国际贸易法委员会制定的《跨国界破产示范法》和欧盟 2000 年制定的《破产条例》。其中,由国际货币基金组织法律部组建的一个工作组提出了一份文件,其中载有制定可行性现代破产法极为详尽的原则。

"金融稳定论坛"的主要标准:有效的破产和债权人权利制度的原则和准则。目前,在破产领域没有国际商定的关键标准。但是,世界银行协调制定一项商定标准,并与联合国国际贸易法委员会合作制定一个执行框架。2001 年 4 月,世界银行董事会批准了"有效破产和债权人权利制度的第一套原则和指南"。[1] 考虑到根据《关于遵守标准和守则倡议的报告》进行破产评估的进一

〔1〕 World Bank, *Principles and Guidelines for Effective Insolvency and Creditor Rights Systems*, Apr. 2000, p. 16.

步反馈和经验教训,一套经修订的原则已经拟订。世界银行还编写了一份技术性文件,其中载有更详细的执行准则,以此作为原则的补充。此外,在其他国际机构(包括基于世界银行、国际货币基金组织和亚洲开发银行)所做的工作,联合国国际贸易法委员会已正式审定破产立法指南,该指南结合示范条文、建议和解释性说明,在 2007 年与《世界银行原则》修订本一起发布。按照《世界银行原则》,有效的公司破产原则应旨在:[1]

1. 与一国更广泛的法律和商业制度相结合;

2. 通过提供重组优先权,使企业的资产价值最大化;

3. 在清算和重组之间保持审慎的平衡;

4. 规定公平对待境遇类似债权人,包括境遇类似外国债权人和国内债权人;

5. 规定及时、有效和公正地解决破产问题;

6. 防止寻求迅速判决的个别债权人过早分割债务人的资产;

7. 提供一种透明程序,其中载有收集和分发信息的激励措施;

8. 重新配置现有债权人的权利,并以可预测的和既定的程序尊重债权人的优先权;

9. 建立跨国界破产框架,承认外国程序。

为支持这些目标,世界银行所概述的 35 项破产原则涵盖了五个主要领域:(1)债权人权利的法律框架(原则 1 至 5);(2)公司破产的法律框架(原则 6 至 16);(3)公司重组(原则 17 至 24);(4)非正式解决方式和结构调整(原则 25 至 26);(5)实施破产制度的体制和管理框架(原则 27 至 35)。迄今为止,国际货币基金组织和世界银行公布了根据这些标准开展的《关于遵守标准和守则倡议的报告》(哥伦比亚和斯洛伐克共和国),并在综合《综合金融部门评估方案》的范围内多次开展这项工作。《联合国国际贸易法委员会指南》[2]最近版本分为两个部分:第一部分涉及破产法主要目标和结构的设计,第二部分包括破产法的核心条款。

---

〔1〕 UNCITRAL, *Report of Working Group V (Insolvency Law) on the Work of its Thirtieth Session*, New York, 29 Mar. -2 Apr. 2004, A/CN. 9/551, United Nations, 30 Apr. 2004, p. 3-7.

〔2〕 See UNCITRAL, *Draft Legislative Guide on Insolvency Law*, A/CN. 9/WB. V/WP. 70, United Nations, 30 Sep. 2003, p. 6.

第二节 公司治理

在过去的几十多年里,有大量关于公司治理的著述和评论。虽然公司治理对任何市场经济或金融体系的运作都是极其重要问题,但它肯定不是新问题:亚当·斯密在1776年就提出了这些问题;沃尔特·白芝浩在1873年描述了与此相关的一系列典型问题,尽管是在银行业的语境下;[1]1932年小阿道夫·贝勒、嘉丁纳·米恩斯对这些问题进行了较为详细的分析。20世纪90年代初,人们对这些问题的关注再次开始具体化,在美国安然和欧洲的帕玛拉特等备受瞩目的公司倒闭后,人们对这些问题的关注再次升温。

公司治理被定义为处理公司股东、董事会、管理层和其他支持者之间的一系列关系。[2] 近年来,各种组织和利益集团一直在推动公司治理标准的制定。例如,一些机构投资者一直在推广一种以股东利益为重心的公司治理模式,主要强调改善对管理行动的影响和控制。其他一些支持者强调,除股东外,企业对包括雇员、供应商和他们经营的社区以及地方和国家政府各利益攸关方负有更广泛的责任。作为起点,改善公司治理的目的是提高资本市场的效率和吸引力,因为美国成功地发展了分散所有权的公营公司(伯利和米恩斯公司),加强了股票证券市场的效率和吸引力。然而,最根本的问题在于,公司受到贝利与米恩斯模式所描述的股东与管理层之间典型的委托——代理利益冲突的困扰。[3] 这种冲突在涉及广泛分散的股权以及管理层(控制者)和所有者(股东)之间的潜在冲突中最为明显,这是美国和联合王国最典型的市场(盎格鲁—美国公司所有权、控制权和治理模式)。重点通常放在少数股东的权利上。在家族控制或国家控制的背景下出现的问题,虽然乍看起来不同于传统的贝利与米恩斯公司,但实际上更为明显,因为所有权和控制权在很大程度上结合在一起,从而降低了非控股股东影响管理的能力。最终的结果就是控股股东和非控股股东之间的潜在利益冲突。只要控制人(无论是家庭还是国家)的利益与公司的利益相同,这两种模型在许多情况下都是非常有效的。当控股人的利益与

---

〔1〕 See W. Bagehot, *Lombard Street: A Description of the Money Market*, John Wiley, 1999, p. 257–265.

〔2〕 See EBRD, *Sound Business Standards and Corporate Practices: A Set of Guidelines*, Sep. 1997, p. 12.

〔3〕 See A. Berle and G. Means, *The Modern Corporation and Private Property*, Macmillan, 1933, p. 156.

法团的利益不同,而控权人可以利用法团谋取个人利益而损害公司整体利益的情况下,便会出现问题。如果非控股股东认为控股人没有为他们的利益服务,他们就不太愿意投资于这些公司。其最终结果是一个潜在的治理问题,导致股价下跌、资本成本上升和信心下降,从而缩小金融系统预期值的范围和效率,降低经济增长率。

良好的公司治理的基本意义是以公司业绩为前提。投资者愿意为治理良好的公司(公司治理溢价)的股票支付更高的价格,因为治理良好的公司比治理不善的公司表现得更好。股价上涨降低了公司的资本成本,从而提高了公司在特定市场上的竞争力。较高的股价也增加了特定市场对投资者(包括国内和国际投资者)的吸引力。此外,投资者更有可能投资于治理良好的公司和市场(善政增加对市场的信心),通过金融系统加强资金转移,从而提高其规模和效率,进而促进经济增长。

一、金融公司治理的实证分析

麦肯锡公司很好地说明了这一情况:[1]

> 在美国和其他地方,股东积极性的增强源于这样一种信念:更好的公司治理将带来更高的股东回报。然而,学者们一再试图证明两者之间存在无可辩驳的联系,但都失败了,正如二者关系的复杂性一样。

为了调查投资者对公司治理的实际价值,麦肯锡与世界银行和定期机构投资者合作,开展一系列服务,以了解发达经济体和新兴经济体的股东如何看待和评价公司治理。这些调查收集了200多个机构投资者对投资意愿的回复,这些机构投资者负责大约3.25万亿美元的资产;40%的答复者在美国,其余的来自世界各地。调查的主要结果如下:(1)3/4的投资者表示,在对公司进行投资评估时,董事会的做法至少与财务表现同样重要。(2)超过80%的投资者表示,他们愿意为一家治理良好的公司的股票支付比一家管理不善的公司的股票更高的价格(为了调查的目的,一家治理良好的公司被定义为:①董事会中有大多数与管理层没有关系的外部董事;②对董事进行正式评估;③对投资者索取治理问题信息的要求作出回应。公司持有大量股份,而董事薪酬的很大一部分是以股票/期权的形式支付)。(3)投资者说,他们愿意为一家治理良好的公司

---

〔1〕 Mckinsey & Co. , *Investor Opinion Survey on Corporate Governance*, Jun. 2000, p. 1.

支付的实际溢价因国家而异。数字从17.9%（联合王国）到27.6%（委内瑞拉）不等。当地投资者愿意平均支付20.2%的溢价；外国投资者愿意平均支付26.3%的溢价。（4）根据证据，机构投资者表示愿意为善政支付的溢价数额似乎反映了他们认为有改进余地的程度。在亚洲和拉丁美洲，麦肯锡的结论是，较高的溢价反映了需要更基本的信息披露和更强的股东权利。根据这项调查，麦肯锡得出结论：〔1〕

> 尽管仍难以衡量投资者表示愿意为治理良好的公司支付的溢价对市场价格的影响，但他们准备支付的金额无疑会影响到公司的良好治理。除了精确的衡量之外，大多数投资者表示，他们在做出投资决策时已经考虑了公司的治理，这一事实是支持公司治理改革的有力论据。

麦肯锡建议，希望吸引更多外国投资者的政策制定者也应发挥自己的作用，因为公司本身不能产生必要的重大变革，特别是在新兴经济体。在监管层面，公司治理框架应鼓励治理模式，或至少不应阻碍这些模式。具体地说，有两个领域被选为最重要的跟踪领域：（1）改进信息披露，（2）加强股东权利。在针对这些领域时，良好的公司治理取决于某一公司的原籍国普遍存在的更广泛的法律和监管环境：〔2〕

> 强有力的法律制度与个别公司治理的质量密切相关，这意味着加强监管将有助于通过提高投资者信心和鼓励公司投资来振兴经济。

在法律制度对投资者保护不健全的国家，公司估值与公司治理之间的关系更需要加强。〔3〕研究还表明，投资机会更好、所有权更集中、更依赖外部融资的公司拥有更好的公司治理，而在对投资者不太友好的法律制度中，这种关系更强。在许多发展中经济体、新兴经济体和转型经济体中，公司治理一直是一个重要的持续性问题，在货币化和稳定的最初挑战之后，公司治理可能是最重

---

〔1〕 Mckinsey & Co., *Investor Opinion Survey on Corporate Governance*, Jun. 2000, p. 2, 10, 11.

〔2〕 A. Durnev and E. Han Kim, *To Steal or Not to Steal? The Interplay of Firm-specific Factors and Legal Regimes in Corporate Governance and Firm Valuation*, Oxford University Press, 2002, p. 43.

〔3〕 See L. Klapper and I. Love, Corporat Governance, *Investor Protection, and Performance in Emerging Markets*, World Bank Working Paper 2812, 2002, p. 5.

要的问题。良好的机构治理——由董事、管理人员和工作人员进行监督和控制——的基础是一项健全的业务战略和一个称职和负责任的高级管理人员。显然，管理能力和商业头脑在新兴经济体、发展中经济体和转型经济体已经发展起来，并将随着时间、经验和教育的发展而不断发展。此外，良好的治理要求全面的内部控制程序和政策，包括确保工作人员为公司利益行事，不从事内幕交易、披露专有信息或以客观评估潜在回报和风险以外的理由提供信贷的手段。保持良好的机构治理还要求对业主、董事和高级管理人员有足够的激励措施，并在行为不当时接受适当的法律制裁。与质量管理的发展不同，这些要求可以受到法律框架的影响，最明显的是通过财产法、合同法、公司法和会计准则。

与金融中介有关的问题，却出现了特殊情形。在世界各地，政府对金融中介机构的所有权往往是管理失败的基础，因为政治压力可能将审慎和商业考虑置于其他目标之后。[1] 由于世界各地发展中经济体、转型经济体和新兴经济体的许多金融中介机构仍在国家手中，这些问题很可能会继续存在。管理失败的另一个主要原因，往往是银行问题的根源，是内部贷款或向相关企业贷款，而贷款决定并不完全基于借款人的信誉。这是一个困扰新兴经济体、发展中经济体和转型经济体以及发达经济体的金融中介机构的问题，也是最难解决的问题之一。如果存在外部股东（存款人、债权人、投资者和在投资信托基金中有足够直接利害关系的其他行为者），则更有可能维持良好的机构治理，以承担实现一些勤勉的公司所转售的一些成本和努力。然而，这种关系显然需要一个完善的法律和司法框架才能有效。如何做到这一点？最直接的方法之一是在某些明确的破产案件中要求金融中介机构的管理层和所有者承担赔偿责任。当然，这也就意味着，必须有一种有效的破产制度。次级债的有效市场还鼓励人股东以与私人股东大致相同的方式行使监管。此外，银行债权人拥有有效的对手方评估和风险控制制度的良好银行间市场，以及减少信贷额度或增加对管理不善的银行的风险收费能力，都有助于促进监督。

二、制定有关公司治理标准的国际组织及其作用

虽然关于公司治理的争论已经进行了近十年，但在过去几十年的金融危机之后，这一问题最近已成为一个令人相当关切的问题。由于这一关切，七国集

---

〔1〕 See P. Honohan, *Banking System Failures in Developing and Transition Countries: Diagnosis and Predictions*, BIS Working Paper No. 39, Jan. 1997, p. 12.

团授权经合组织制定一套全面的公司治理原则，作为这一领域的主要指导原则。[1]

三、金融稳定论坛之关键性标准：公司治理原则

经合组织多年来一直积极参与公司管理领域的工作，从 1996 年开始委托进行一项关于公司管理的研究。这项研究的目的是审查和分析国际公司管理问题，并为经合组织的进一步倡议提出议程和优先事项，导致设立了公司管理问题商业部咨询小组，该小组于 1998 年 4 月编写了一份报告。[2] 根据七国集团的任务规定，经合组织理事会于 1998 年 4 月 27 日至 28 日举行部长级会议，呼吁经合组织与各国政府、其他有关国际组织和私营部门一道制定一套重要的管理标准和准则。为了实现理事会的目标，经合组织设立了公司治理问题特设工作小组，以制定一套不具有约束力的原则来体现成员方对这一问题的意见。由此产生的文件中所载的原则[3]是以经合组织成员方的国家举措和以前在经合组织内开展的工作，包括经合组织企业部门公司治理监督小组的工作所取得的经验为基础。在编写过程中，经合组织的一些委员会以及非经合组织国家、世界银行、国际货币基金组织、商业部门、投资者、工会和其他有关方面也参与其中。

经合组织理事会于 1999 年 5 月通过了这些原则。此外，1999 年 6 月 21 日，经合组织和世界银行签署了一项谅解备忘录，构想这两个组织之间进行合作，以领导制定公司管理的国际准则。[4] 2002 年，经合组织理事会部长级会议支持对"原则"进行评估和修订，经广泛的国际和公众协商后，经合组织于 2004 年批准并公布了"原则"。[5] 本文件分为两部分。这些原则载于文件的第一部分，涵盖六个领域：(1)确保有效的公司治理框架的基础；(2)股东的权利和核心所有权的职能；(3)股东的公平待遇；(4)利益攸关方的作用；(5)披露和透明

---

[1] See www. oecd. org.

[2] See OECD Business Sector Advisory Group on Corporate Governance, *Corporate Governance: Improving Competitiveness and Access to Capital in Global Marketss, A Report to the OECD by the Business Advisory Group on Corporate Governance*, 1998, p. 23.

[3] See OECD Directorate for Financial, Fiscal and Enterprise Affaires, Ad Hoc Task Force on Corporat Governance, *OECD Principles of Corporate Governance*, SG/CG (99)5, Apr. 1999, p. 57.

[4] See World Bank and OECD, Memorandum of Understanding between the World Bank and the OECD, *A Framework for Cooperation between the Organization for Economic Cooperation and Development and the World Bank*, Paris, 21 Jun. 1999, p. 9.

[5] See OECD, *OECD Principles of Corporate Governance*, 2000, p. 5.

度;(6)董事会的责任。每一节由一个单一的原则作为主标题,然后是若干次级原则。文件的第二部分载有对这些原则及其理由的说明和评论,并对发展趋势和其他模式进行了分析。对于这类文件来说,不同寻常的是,“经合组织原则文件”因此纳入了它们自己的方法或准则。第一项原则涉及公司治理的基本基础,包括激励结构、符合法治的法律和监管要求、透明度和可执行性、明确规定监管责任以及相关的透明度、独立性和问责制。第二项原则涉及保护股东权利和股东影响公司行为的能力。列出了基本权利,包括确保所有权和登记、转售或转让股份、获取相关信息、分享剩余利润、参与基本决策和股东大会以及公平和透明地转让控制权的权利。关于公平对待股东的第三项原则强调,控股股东、董事会和管理层应公平对待所有股东,包括外国股东。禁止内幕交易和滥用职权的自我交易。该原则要求披露董事会成员和管理层在影响公司的交易中可能拥有的重大利益。利益相关者原则(原则4)指出,公司的竞争力和成功是团队合作的结果,体现了包括雇员在内的一系列不同资源提供者的贡献。该原则承认法律规定的利益攸关方的权利。它鼓励公司和利益攸关方积极合作,创造财富、就业机会和财务状况良好的企业的可持续性。披露和透明度原则(原则5)要求及时和准确地披露与公司有关的所有重大事项,包括财务状况、业绩、所有权和治理。其中包括一份基本披露清单。应遵循高质量的会计、披露和审计标准,并支持制定高质量、国际公认的会计和审计标准。传播信息的渠道应为用户提供公平、及时和具有成本效益的获取信息的机会。最后一项原则(原则6)要求董事会对管理层进行有效监督,并要求董事会对公司和股东负责。因此,董事会成员应在充分知情的基础上,本着诚意、尽职尽责、保障公司和利益攸关方的最佳利益行事。该原则规定,它们还应考虑到其他利益攸关方的利益。董事会成员的其他职责包括审查战略和规划,管理潜在的利益冲突,确保遵守法律,并确保公司会计、报告和通信的完整性。审计委员会应能够独立于管理层作出客观判断,并要求获得准确、相关和及时的信息,以履行其职责。

除经合组织外,欧洲复兴开发银行于1997年10月15日出版了《健全的商业标准和公司惯例》,以帮助该区域的公司了解放款人和投资者在考虑该区域潜在的贷款或投资机会时所关注的一些更广泛的问题。这些标准规定了企业在与客户、股东、放款人、雇员、供应商、他们经营的社区以及政府和地方当局打交道时应考虑的准则。这种关系建立在一家拥有健全的战略、精干的管理、有价值的资产和可行的市场的公司成功的基本要求之上。

四、执行

经合组织设立了一个治理指导小组，成员包括经合组织所有成员方的代表，以指导和协调有关公司治理的工作。其工作的一个重要部分是监督全球外联活动。这些活动是与世界银行合作开展的，也旨在鼓励非成员方使用和执行经合组织的原则。值得注意的是，《经合组织原则》是国际货币基金组织/世界银行有关公司治理《关于遵守标准和守则倡议的报告》和有关《金融部门评估方案》方面的基础。迄今为止，六个有关公司治理《关于遵守标准和守则倡议的报告》已经完成，并在国际货币基金组织网站上公布（每个网站都是有关《金融部门评估方案》的一部分）。鉴于公司治理对金融发展和经济增长的重要性，这是一个应得到特别是世界银行和区域开发银行更多关注的领域。

第三节　金融信息

有效金融市场的前提条件是具备完善的信息。在金融实践中，并不存在完美的信息；然而，信息越好，金融市场的功能就越强大。因此，信息问题是金融系统中最严重的不完善之处；同样，信息成本也是金融体系中最大的交易成本之一。法律和体制框架可在提高发达经济体、新兴经济体、转型经济体或发展中国家的信息质量方面发挥极其重要的作用，无论其金融发展水平如何。

有效的金融监管和监督以及支持金融交易的法律基础设施取决于及时提供可理解和可靠的金融信息。没有以可靠的会计和审计标准为基础的金融信息，就不可能发展金融中介机构和金融交易。无论是国家还是地区，特别是发展中国家和转型经济体在会计实践方面存在显著差异，而这些差异可能掩盖同行业中的国家、部门和公司之间的相对金融状况。发展中国家和转型期国家的许多国有公司并未以任何有意义的方式留存这种制度，而发展适当的评估和会计制度是金融部门发展过程中所面临的主要问题之一。[1] 为了使金融交易超越基本抵押贷款或基于关系的贷款，必须发展适当的金融信息系统，尤其是与会计和审计有关的系统。此外，贷款和信用评级机构的信用信息系统也很重要。为反映对金融信息的重视，迄今为止，国际货币基金组织和世界银行公布《关于遵守标准和守则的倡议报告》，涵盖 45 个经济体的会计和审计业务报告。

---

〔1〕 See D. Cairns, *Improving Financial Reporting in Transition Economies*, Law in Transition 8, Spr. 1999, p. 135.

一、会计

会计准则为任何类型的投资者选择需要的公司估值提供了必要的沟通手段。从过去近三十年来的金融危机中我们得出的一个重要教训是,信息尤其是金融信息的透明度对于任何金融体系,无论是国内还是国际金融体系的稳定和正常运作都具有重要意义。会计准则提供了交流金融信息的基本手段,因此对金融透明度至关重要。从历史来看,会计准则主要由主权国家制定。因此,实际上,来自不同国家金融报表的编制者和使用者基本上使用不同的语言来编制、交流和解释金融信息。[1] 因此,根据不同会计准则编制金融报表的国际可比性受到限制,因为很难理解和翻译这些信息的含义,也难以确定是否披露了所有重要的金融和非金融信息。[2] 此外,从编制金融报表的会计师和所涉公司的视角来看,世界各国会计准则的不一致也阻碍了国际证券发行、交易所上市和跨国并购。当下存在的国家会计准则的不协调性给金融报表使用者和编制者造成了极大困难,并对金融市场,尤其是资本市场的国际化进程形成障碍。[3]

1987 年,美国证券交易委员会总会计师办公室对国际会计和审计标准进行调查发现,世界各国在许多方面存在重大差异。一般而言,当时不同国家的会计规则系统可分为两类:(1)商业融资更多地由贷款而不是股本提供的国家,会计规则以税收考虑为主,而且法律制度习惯上是对会计等事项采用载有详细规则的守则;(2)在公平资金来源更为重要的国家,会计计量不受税收因素的支配,因为税收减免可以独立于报告机制而享有,而英美法系国家占主导地位。[4] 总体而言,在证券交易委员会进行研究时,似乎没有任何一种制度具有值得世界各国采用的明显优点。

由于信息与世界证券市场稳定之间的重要联系,协调统一的任务对于金融市场极其重要,尤其在证券监管领域。[5] 总体而言,根据不同会计准则编制金

---

〔1〕 See Cheney, *Western Accounting Arrives in Eastern Europe*, 170 J. Accountancy 40, Sep. 1990, p. 128.

〔2〕 See B. Carlsberg, *Harmonizing Accounts Worldwide*, *Financial Times*, 12 Jan. 1996, p. xii.

〔3〕 See T. Evans, M. Taylor and O. Holzmann, *International Accounting and Reporting*, Macmillan, 1985, p. 85-86.

〔4〕 See US SEC, *Staff Report: Internationalization of the Securities Markets*, S. IV-8, 1987, p. 33.

〔5〕 See B. Thomas, *International Accounting and Reporting-Developments Leading to the Harmonization of Standards*, N. Y. U. J. Int'l L. & Pol'y, 1983(15), p. 517.

融报表的效用有限,因为要理解这些信息的含义既困难又费时。在解决国际金融体系结构缺陷的国际努力中,强调了这一主题的重要性。因此,国际证券组织委员会和国际会计准则理事会已采取重大举措,制定国际商定的会计准则。

股票市场和其他交易市场的全球化正在推动会计准则走向国际统一。此外,企业和资本市场要求一致性和更高的质量,从而消除对监管套利和托底竞争的担忧。有趣的是,围绕安然公司、世通公司和帕玛拉特公司倒闭的辩论似乎也集中在特定抽象问题上,如基于规则的体系(如美国准则)和更多基于判断的体系(如英国准则和国际金融报告准则)。

巴塞尔委员会和国际证券委员会组织出版和批准了各种金融监管原则,突出了这些需求。《国际证券组织委员会目标和原则》建议采用高标准的会计和披露标准,以实现其目标。[1] 具体而言,为了提供充分的市场信息,证券发行者必须满足"充分、及时和准确地向投资者的决策披露金融结果和其他信息材料"要求。[2] 此外,还应制定法律保障措施,以确保公司证券持有人得到公正和公平待遇。这种会计和审计标准必须具有高质量和国际上可接受的质量标准。

可靠的会计制度是投资者和在企业中有实际或潜在利害关系的其他人提供所需信息的核心,以评估其过去的业绩,帮助预测未来的业绩,并确定该企业的金融实力。有效的会计准则应满足四个基本需要:准确性、相关性和透明度、全面性以及及时性和定期性的规定。[3] 如果金融报表是按照国际上普遍接受的会计准则和原则编制和列报,那么金融报表包含可理解信息的最佳保证就是金融报表按照国际公认的会计准则和原则编制和列报。国际会计准则理事会在公布《国际金融报告准则》方面的工作既有助于形成国家最佳标准的内容,也有助于提供特定金融中介机构和其他企业用于编制账目的准则。[4] 确保这类金融报表可靠性的最佳保证是,这些金融报表按照国际上广泛接受的标准进行审计,因为适当的审计机制对于确保有效应用和维持会计准则以及监测内部控制程序的质量至关重要。因此,内部和外部审计都是必要的。实证研究支持有效会计准则的价值:克拉珀、拉伊文和拉詹发现,保护投资者的法规如会计准

---

〔1〕 See Basel Committee, *Core Principles for Effective Banking Supervision*, Sep. 1997, p. 9.

〔2〕 See IOSCO, *Objectives and Principles of Securities Regulation*, 2003, p. 6.

〔3〕 See G-10, *A Strategy for the Formulation, Adoption and Inplementation of Sound Principles and Practices to Strnghthen Financial Systems*, *Report of the Group of Ten Working Party on Financial Stability in Emerging Markets*, *Financial Stability in Emerging Market Economies*, Apr. 1997, p. 25.

〔4〕 See www. iasb. org.

则,“往往会改善获得信贷的机会”[1]。

提供信息的有效制度对于利益攸关方的监测也至关重要,以原则和规则为基础的会计准则在此尤为至关重要,因为它们有助于比较世界各国的业绩。此外,严格的会计和审计标准还有助于防止洗钱和其他金融犯罪,从而支持市场廉正。鉴于这类问题可能对特定金融中介机构和对整个金融体系的信心产生潜在的灾难性影响,它是世界各国的一项重要职能。在此,金融行动特别工作组提出了建议,并确立了作为出发点的原则和准则。[2]

(一)制定有关会计标准的国际组织及其作用

国际会计准则理事会和国际证券组织委员会是制定国际上可接受会计准则的主要行为者。国际会计准则委员会最初于 1973 年由 10 个工业化国家的会计机构商定成立,到 1989 年已扩大到包括来自 80 个国家大约 100 个会计机构。[3] 国际会计准则委员会于 2001 年更名为国际会计准则理事会,致力于协调和改进会计原则。它执行每项任务特别困难,原因有两个:第一,国际会计准则理事会寻求在全世界范围内实现统一标准;[4]第二,由于国际会计准则理事会没有正式地位,其制定的准则也基本上是建议性。[5] 此外,国际会计准则理事会准则总体上是概括性,许可采取其他做法。因此,它们没有必要在不同的实施法域实现统一性。

国际会计准则理事会的总体目标是制定和公布金融报表列报中应遵守的会计准则,并促进其在全世界得到接受,并通过制定和支持《国际金融报告准则》,普遍致力于改进和统一有关金融报表列报的条例、会计准则和程序(2001 年以前,《国际金融报告准则》被称为《国际会计准则》)。这些准则对世界各国或国际会计准则理事会成员本身没有约束力,国际会计准则理事会也没有执行权力。在与证券交易所上市有关的金融报告中,国际会计准则缺乏单一的金融语言所造成的障碍对国际资本的形成过程尤其重要。在 1993 年前,国际证券组织委员会一直拒绝核准各项《国际会计准则》,认为应首先完成一套全面处理

---

[1] L. Klapper, L. Laeven and R. Rajian, *Business Environment and Firm Entry: Evidence from International Data*, World Bank Policy Research Working Paper 3232, Mar. 2004, p. 5.

[2] See Financial Action Task Force on Money Laundering, *The Forty Recommendations*, OECD, 1996 revised Jun. 2003, p. 15.

[3] See S. Collins, *The Move to Globalization*, J. Acct. (1989), p. 83.

[4] See *IASC Moves to United Worldwide Standards*, 22 J. Acct. (1988), p. 26.

[5] See L. Herbert, *Developments in the Harmonization of Accounting Standards*, 3 J. Comp. corp. L. & Sec. Reg. (1981), p. 175.

所有主要金融报告问题的核心标准。1993 年国际证券组织委员会认同:[1]

> 一套合理完整的会计准则(核心准则)的必要组成部分,这套准则包括一套全面的跨境提供和上市企业的原则。

国际证券组织委员会的清单认同了 40 个核心标准。然而,国际会计准则理事会(当时的国际会计准则委员会)不愿意开展这一进程,直到 1995 年 7 月,国际会计准则理事会和国际证券组织委员会公布了一项到 1999 年必须完成一套全面的核心标准的联合协议。[2] 根据该协议,国际会计准则理事会和国际证券委员会组织同意合作,为全球证券上市制定一套全面的核心标准,并提交国际证券委员会组织供成员认可。总体而言,两个组织的目标是编制符合此类国际规则的金融报表,这些报表可在全球范围内作为使用国家会计准则的可替代性办法在跨境证券上市中参阅,从而提高市场效率。

(二)金融稳定论坛关键性标准:国际会计标准

国际证券组织委员会 1993 年清单所列的核心标准分为五大类:总表、损益表、资产负债表、现金流表和其他。一般准则涉及下列几个方面:(1)会计政策披露;(2)会计政策变化;(3)金融报表中应披露信息。涉及与损益表有关的核心标准:(1)收入确认;(2)建筑合同;(3)生产和采购成本;(4)折旧;(5)减值;(6)税收;(7)特别项目;(8)政府赠款;(9)退休福利;(10)其他雇员福利;(11)研发;(12)利息;(13)套期保值。[3]

管理资产负债表标准包括:(1)不动产、厂场和设备;(2)租赁;(3)库存;(4)递延税金;(5)外币;(6)投资;(7)金融工具/资产负债表外项目;(8)合资企业;(9)意外情况;(10)资产负债表日后发生的事件;(11)流动资产及流动负债;(12)业务合并(包括商誉);(13)研发及商誉之外的无形资产。[4]

单一标准详细说明了现金流表的内容。其他相关核心标准包括:(1)合并金融报表;(2)在高通胀经济体中的子公司;(3)联营公司和股权会计;(4)分部报告;(5)中期报告;(6)每股收益;(7)关联方披露;(8)停业;(9)基本错误;

---

[1] P. Pacter, *International Accounting Standards: the World's Standards by* 2002, CPA J. Online, 1998, p. 7.

[2] See S. Burkholder, *International Accounting Standards Panel Accelerates Release of Rules*, 28 Sec. Reg. & L. Rep. (1996), p. 540.

[3] See IAS, *Financial Instruments: Recognition and Measurement*, 1984, p. 6.

[4] See IAS, *Contingencies and Events Occurring after the Balance Sheet Date*, 1 Jan. 1980.

(10)估计数变化。[1]

国际会计准则理事会的提案是由国际证券委员会组织[2]的成员提交和批准,国内当局和巴塞尔委员会[3]等其他国际机构和组织也对其进行审查。虽然不能保证国际证券委员会组织认可全面的国际会计准则,但国际证券委员会组织确实承诺对已完成的项目进行审查,在国际会计准则理事会核心准则工作方案完成后,国际证券委员会组织对由此产生的准则进行评估。国际证券委员会组织的评估是在最终标准草案完成后开始的,并获得了大量批准。这些标准随后获得国际证券委员会组织正式成员的批准,并建议在成员方实施。[4] 因此,显然有可能最终采用由国际会计准则理事会制定并经国际证券委员会组织批准的核心准则,然后被美国证券交易委员会接受,以便在美国资本市场接受。

国际会计准则理事会的核心方案已得到国际证券委员会组织的批准、巴塞尔委员会审查和提出主要建议,并被金融稳定论坛列为健全金融体系的关键性标准之一。[5] 此外,它们已被世界各地的许多证券交易所接受。作为世界上最大的资本市场之一,欧盟在2005年之前将《国际金融报告准则》作为所有欧盟上市公司报告的基础,而美国已通过今后在市场上使用《国际金融报告准则》。[6] 值得注意的是,随着对安然公司、世通公司、帕玛拉特公司和其他公司(如壳牌和美国国际集团)的持续辩论,要求采用美国和欧盟商定的一套会计准则的压力加大。不过,已有两个具有权限的管辖区专注于各自的国内市场(包括适用外国问题的标准),不准备同意任何偏离各自立场的行为。然而,国际会计准则理事会所面临的根本问题是,今后应负责制定国际会计准则,还是应负责协调统一现有的国家会计准则(从而让特定司法管辖区负责制定会计准则)。至少,国际会计准则理事会为这一论题提供成熟的论坛。《国际金融报告准则》的发布限制了制定国家会计准则的机构可能的选择范围。国际会计准则理事会及其核心准则的作用将会增加,尤其是考虑到七国集团的支持及其将这一领域的国际责任分配给国际会计准则理事会,国际监管准则制定组织如巴塞尔委

---

[1] See IAS, *Related Party Disclosures*, 1 Jan. 1986, p. 5.

[2] See IOSCO Technical Committee, *IASC Standards-Assessment Report*, May 2000, p. 12.

[3] See Basel Committee, *Report to G7 Finance Ministers and Central Bank Governors on International Accounting Standards*, 2000, p. 9.

[4] See IOSCO, *Resolution and List of IASC 2000 Standards*, May 2000, p. 6.

[5] See FSF, *International Standards and Codes to Strengthen Financial Systems*, Jun. 2001, p. 10.

[6] www. iasb. org.

员会、国际证券委员会组织和国际保险监督员协会负责进行审查。[1] 国际会计准则理事会和《国际金融报告准则》越来越重要,突出体现在欧盟决定对欧盟上市公司的金融报告采用这些准则,以及美国更多地接受有关国外问题采用《国际财务报告准则》的一些讨论。世界各法域对《国际金融报告准则》的回应可分为三类:(1)在一些没有发达的国家会计制度的经济体中,《国际金融报告准则》与国内准则处于大体相同的地位;(2)另一些经济体的会计制度基本上与《国际金融报告准则》相一致;(3)还有一些经济体拥有完善的会计准则,这些准则在很大程度上与《国际金融报告准则》相抵触。鉴于现在已得到普遍接受,且统一金融准则从总体而言具有必要性,世界许多国家可能更多地使用《国际金融报告准则》。

二、审计

确保金融报表可靠的最佳保证是,这些报表是按照国际广泛接受的标准进行审计。审计机制对于确保有效应用和维持会计准则以及监测内部控制程序的质量至关重要,内部和外部审计都是必要的。

(一)制定有关审计标准的国际组织及其作用

与会计准则一样,最重要的国际举措是欧洲联盟和国际金融组织的举措,即国际会计师联合会国际审计实务委员会的举措。

1977 年组建的国际会计师联合会国际审计实务委员会是由代表会计师的国家会计组织组成的国际组织。国际会计师联合会国际审计实务委员会组织负责制定和发布关于普遍接受的审计做法和审计报告内容的准则。[2] 总体而言,国际审计实务委员会面临的问题与国际会计准则理事会所面临的问题非常相似。然而,国际审计实务委员会的重点是制定审计准则,而不是会计准则。换言之,国际审计实务委员会负责制定和发布关于公认的审计做法和审计报告内容准则。

(二)金融稳定论坛关键标准:有关审计的国际标准

不同于国际会计准则理事会,国际审计实务委员会编制并编纂了一套完整

---

〔1〕 See G-7, *Declaration of G7 Finance Ministers and Central Bank Governors*, 30. Oct. 1998, p. 5.

〔2〕 See IFAC, *Preface to International Auditing Guidelines of the International Federation of Accountants*, AICPA Professional Standards, § 8000. 01-02, 1 Jul. 1979, p. 35.

的《国际审计准则》。[1] 这些标准是全面的，似乎正在得到更多经济体的接受。[2] 此外，国际审计实务委员会于1997年年底发布了一套关于报告可信度的标准草案，[3]解决欧盟审计工作所提出的许多备受关注的问题。2005年，成立了公共利益监督委员会，以监督国际审计师联合会在审计业绩标准、独立性和其他审计道德标准、审计质量控制和保证标准以及教育标准等领域的国际准则制定活动，并监督国际审计师联合会的成员机构合规方案。所建立的公共利益监督委员会是一个社会团体，与国际审计实务委员会共同工作，确保国际审计实务委员会和它的其他委员会所制定的审计标准以公众利益为重。

国际审计标准可分为九类：(1)一般标准；(2)责任；(3)规划；(4)内部控制；(5)审计证据；(6)利用他人工作；(7)审计结论和报告；(8)专门领域；(9)国际审计实务说明。按照"金融稳定论坛"的观点，《国际审计准则》是：[4](1)一般标准包括导言、术语汇编和框架。(2)处理责任标准包括目标、审计条件、质量控制、欺诈和错误以及对法律和法规的考量。[5] (3)规划标准包括总体规划、业务知识和重要规划标准。(4)内部控制标准包括风险评估、计算机信息系统和服务组织。(5)标准涵盖有关审计证据各类问题。(6)标准涉及对其他机构的审计报告使用，包括其他审计员、内部审计和专家的工作。(7)审计结论和报告标准包括审计员的报告、比较和其他资料。(8)制定具体的标准，以处理专门领域的问题，如特殊目的约定、商定程序约定和汇编信息约定。最后，国际审计实务委员会有一系列《国际审计实务报表》涉及银行间确认、微型计算机、数据库、与银行监管人员的关系、对小型实体的审计、对国际商业银行的审计、与管理部门的沟通、风险评估和计算机信息系统内部控制、计算机辅助审计技术和环境事项等各种问题。[6]

三、其他问题：信用评级和信用信息系统

信用评级系统和机构发挥类似作用，因为它们减少了进行初步研究和随后

---

[1] See IFAC, *Bound Volume: International Standards on Auditing-Codified*, 1998.

[2] See Oliverio and Newman, *Accounting in the Global Business Enviornment*, 12 CPA J., Des. (1997), p. 52.

[3] See IFAC/IAPC, *Exposure Draft: Reporting on the Credibility of Information*, 1998, p. 37.

[4] See http://www.fsforum.org/Standards/Standards60.html.

[5] See ISA250, *Consideration of Laws and Regulations in An Audit of Financial Statements*, 2005, p. 6.

[6] See ISA, *The Consideration of Environmental Matters in the Audit of Financial Statements*, 1997, p. 2-10.

监测的需要,从而降低信贷成本,增加贷款和贷款成熟度。伊娜萨·娜芙和纳塔菲卡·米兰科分析认为:[1](1)私营信贷登记的存在与较低的融资限制和较高的银行融资份额有关,对中小型企业尤其具有影响;(2)更有力的法治与更有效的私营信贷登记有关;(3)公共信贷登记(通常由中央银行为金融稳定目标维持)不会产生同样的效果,尽管它们可能有利于较年轻的公司,而且在金融稳定方面也有其他好处。

第四节 市场的完整性:反腐败、洗钱与金融犯罪

三十多年前,北美以外地区对与金融市场完整性有关的问题关注极其有限,经常辩论这一问题是否具有重要性,尤其在执法方面。当下,这场辩论基本上得到解决,其普遍共识是,有关市场完整性的问题是经济发展的核心问题。在此,有三个值得注意的方面:(1)反腐败(尤其是与政府有关的腐败);(2)反洗钱和打击资助恐怖主义;(3)规制金融犯罪。总体而言,金融发展最好是在充满信心的环境中进行,对政府和市场廉正的关切直接影响这一环境。

一、反腐败

当下,治理是金融和经济发展的重要主题。治理被界定为治理方式,而不是某种可易于评价的东西;然而,治理是经济增长和发展、民主和法治发展以及经济发展和转型进程的根本。[2] 反腐败可视为治理的重要方面。一般认为,腐败在新兴经济体、转型经济体和发展经济体乃至发达国家中普遍存在;然而,在转型经济体和发展经济体中,这一问题往往具有预见性和严重性。对外国投资者和本地企业家的调查以及私营风险评级机构和区域分析师的评估,都倾向于将腐败的广泛程度列为决定外国投资者,尤其是直接投资的外国投资者所面临的总体国家风险的重要因素。因此,它是若干商业风险评级机构必须考虑要素。

据评论人士称,不受制约的腐败削弱了新兴经济体、转型经济体和发展经济体对市场改革的普遍支持。[3] 这一结论得到世界银行对腐败影响发展的研

---

〔1〕 See I. Love and N. Mylenko, *Credit Reporting and Financing Constraints*, World Bank Policy Research Working Paper 3124, Oct. 2003, p. 127.

〔2〕 See EBRD, *Transition Report*, OCT. 1997, p. 3.

〔3〕 See C. Gray and W. Jarosz, *Law and the Regulation of Foreign Direct Investment*, Colum. J. Transnat'l L. 1(1995), p. 27.

究和经验的审视和支持。[1] 根据对处理这一专题的相关经济和其他部门工作及其自身的内部经验审查,世界银行认为,腐败以五种方式给借贷者增加了成本:(1)政府收入损失和过度支出破坏宏观经济稳定;(2)外国直接投资可能减少,尤其是贿赂成本过高和结果不可预测;(3)小型企业家的成长受到不利影响;(4)利用腐败逃避管制危及发展环境;(5)穷人因无力支付必要的贿赂而受苦受难。

经验表明,武断的、自私自利的或腐败的官僚干预会扼杀新兴经济体、发展中经济体和转型经济体的投资和增长:"腐败本身不仅是最严重的;它还破坏自由竞争,因此是危及转型的根本问题之一。"[2]此外,随着金融中介机构和企业在国际上和直接在新兴经济体、转型经济体和发展中经济体日益活跃,它们不仅必须直接处理腐败的实际代价和问题,还必须直接处理国际、国内和域外处理腐败及其伴随的风险、责任和成本的努力。有趣的是,在所有可以(且在许多情况下)已经得到解决的腐败问题中,金融稳定论坛只强调这一领域的两个关键标准:反洗钱和打击资助恐怖主义。这可能就是为什么国际货币基金组织/世界银行《关于遵守标准和守则倡议的报告和有关金融部门评估方案》框架在金融标准下包括反洗钱/打击资助恐怖主义行为,而不是更广泛的金融稳定框架标题"市场完整性"的原因之一。伊斯特利简明扼要地陈述了截至2021年的现状:[3]

> 像世界银行和国际货币基金组织这样的国际金融机构几十年来几乎没有关注腐败问题。直到最近,腐败才成为这些机构关注的热点。即便如此,我们也常常不愿说出腐败一词;治理问题是我们使用的官僚主义术语。

(一)国际努力

打击腐败的国际努力进展缓慢。据卡尔·米森写道:

> 采取国际行动打击腐败的必要性可能从未像今天这样紧迫过。这并不是说以前没有感到这种需要,也不是说以前从未提倡过国际行动……可能会有更多的组织主张采取特定措施解决这个问题。然

[1] Scc World Bank, *Poverty Reduction and Economic Management*, Sep. 1997, p. 2.
[2] EBRD, *Transition Report*, OCT. 1997, p. 4.
[3] W. Easterly, *The Elusive Quest for Growth: Economists' Adventures and Misadventures in the Tropics*, MIT Press, 2021, p. 251.

而，到目前为止，除了相互鼓励阶段，或从技术上讲软性法律建议阶段之外，还没有任何其他努力取得进展。在跨国打击腐败情形下，与其他情况不同，这是不够的。仅仅提出建议注定是徒劳的。原因很简单：执行建议的国家永远不能肯定其他国家也会这样做。[1]

重要的是，今天，国际努力日益正常化，这是重要发展，因为直到最近这些努力更多是自愿，而非正式性的：

迄今为止，国际行动在很大程度上代表了“软”法而不是“硬”法的演变。最近开始出现从“软”法向实体法过渡的第一步，商业实践也开始出现。[2]

腐败领域的早期国际努力包括1976年联合国大会通过的一项决议，该决议谴责包括贿赂在内的所有商业腐败做法。联合国经济及社会理事会成立了一个反腐败行为特设政府间工作组，[3]并于1979年发表一项协定草案，规定所有签字国禁止向外国官员行贿，包括“受贿”。[4] 这些尝试毫无结果。[5] 经济及社会理事会在联合国跨国公司中心的主持下，于1990年完成了《跨国公司行为守则》。[6] 关于守则的谈判于1992年停止。在更名的国际投资和跨国公司委员会的主持下，进一步向联合国贸易和发展会议提出建议。[7]

1996年，美国提出《联合国关于跨国商业活动中贪污贿赂行为宣言》的提案，呼吁会员国将国内和国际贿赂行为定性为刑事犯罪，并禁止对贿赂进行税收扣减。该提案于1996年7月23日获得经社理事会通过，并于1996年12月16日获得联合国大会通过，成为《联合国反对国际商业交易贪污贿赂行为宣

[1] S. Derning, *Foreign Corrupt Practices*, Int'l Law. 695(1997), p. 698.

[2] UN General Assembly, Thirteenth Session, G. A. Res. 3514, p. 9.

[3] See UN Economic & Social Council, *Economic and Social Council Resolution* 2041 (LXI) of 5 Aug., 1976, p. 12.

[4] See UN Economic & Social Council, *International Agreement in Illicit Payments*, UN Doc. E/104/1979, 25 May 1979, p. 32.

[5] See *ABA Section of International Law and Practice Reports to the House of Delegates*, *Corrupt Practices in the Conduct of International Business*, 30 Int'l Law, 193(1996), p. 194-195.

[6] See UN Economic & Social Council, Second Session, *Development and International Economic Cooperation: Transnational Corporations*, UN Doc. E/1990/94, 1990, p. 23.

[7] See UN General Assembly, Forty-ninth Session, G. A. Res. 49/130, Supp. No. 49, p. 152, UN Doc. A/49/130, 1994, p. 56.

言》(以下简称《宣言》)。[1]《宣言》规定,成员方必须保证以有效和协调的方式拒绝减免税收,并将贿赂外国公职人员的行为定性为刑事犯罪。根据世界银行的说法,《宣言》关于将外国贿赂定为犯罪并终止其税收减免的措辞虽然不具有法律约束力,但它标志着国际社会在这一问题上达成了广泛的政治协议。此外,1996 年 2 月,联合国大会建议经社理事会采取措施防止非法付款。

经合组织在许多方面比联合国做得更加成功。经济合作与发展组织在 1976 年发布了指导方针,呼吁成员国自愿规避非法支付。[2] 也是在 1976 年,经合组织制定《多国企业准则》。[3] 此外,1994 年 5 月 27 日,经合组织当时的 26 个成员方政府同意在国际商业交易中针对贿赂方面采取集体行动,呼吁成员方采取有效措施,制止、预防和打击贿赂外国公职人员的行为。[4] 经合组织《关于国际商业交易中贿赂问题的建议》是各国政府之间为打击外国官员贿赂行为而达成的第一项多边协定。它需要采取的措施包括审查刑事、民事和行政法律和条例,并采取实现这一目标具体的和有意义的步骤。它还呼吁加强国际合作和非成员方与成员方共同努力消除国际商业交易的贿赂行为,并提供后续机制。

1995 年秋,经合组织金融事务委员会批准了一份报告,呼吁各成员方停止对其公司在海外行贿的做法进行减税。这一行动导致 1996 年 5 月部长级会议通过《关于向外国公职人员行贿可予扣减的建议》。该建议呼吁经合组织成员方重新审查这种待遇,以期否决这种扣减。[5] 此外,经合组织国际投资和多国企业委员会跟踪调查每个成员方执行 1994 年《建议书》的进展情况,并于 1996 年报告说,"有必要以有效和协调的方式将贿赂外国公职人员的行为定为犯罪"。[6] 当时,半数以上的经合组织成员方认为,出于税收目的,贿赂可以作为

---

〔1〕 See UN, *General Assembly Endorses Outcome of UNCTAD IX, Adopts Anti - Corruption Declaration, Stresses Challenges of Global Financial Integration*, GA/9206 Press Release, 16 Dec. 1996, p. 34.

〔2〕 See OECD, *Regulation of Foreign Investment*, OECD/GD, 1976(16), p. 92.

〔3〕 See OECD, *Declaration on International Investment and Multinational Enterprises*, 1976, p. 13.

〔4〕 See OECD, 829th Session, *Recommendation of the Council on Bribery in International Business Transactions*, 27 May 1994, p. 11.

〔5〕 See OECD, *Recommendation of the Council on the Tax Deductibility of Bribes to Foreign Public Officials*, C(96)27/Final (17 Apr. 1996).

〔6〕 OECD Committee on International Investment and Multinational Enterprises, *Implementation of the Recommendation on Bribery in International Business Transaction*, OECD/GD(96)(83), p. 13.

一种商业开支予以扣除。[1] 在1996年5月会议上，经合组织的部长们作出政治承诺，以有效和协调的方式将贿赂定为犯罪，并审查便利定罪的方式和适当的国际文书，于1997年审议各项建议。成员方同意向工作组报告每个工作组为执行这些建议所采取的行动。1996年，经合组织理事会通过了一项关于终止对外国贿赂进行税收减免的建议，各成员方已在其法律框架内修订立法，以回应这一建议。在1996年5月举行经合组织发展援助委员会高级别会议上，该委员会建议各成员制定或要求制定《关于双边援助供资采购的反腐败规定》。1996年法国里昂首脑会议上，七国集团决心打击国际商业交易中的腐败行为。它把腐败视为不利于透明度和公平，并造成沉重的经济和政治代价。1997年科罗拉多州丹佛首脑会议上，七国集团进一步阐述了这一主题：[2]

> 我们敦促国际货币基金组织和多边开发银行加强行动，帮助各国打击腐败，包括采取措施确保法治，提高公共部门的效率和问责制，提高机构能力和效率，所有这些都有助于消除经济和金融刺激以及腐败行为的机会。我们支持和鼓励国际金融机构努力促进各自职权和责任领域的善政。

重要的是，这一政治协议在国际上导致了重要的实际事态发展。[3] 1997年5月部长级会议上，经合组织理事会赞同经合组织腐败问题工作组编写修订《关于打击国际商业交易中贿赂行为的建议》，重申致力于以有效和协调的方式将贿赂外国公职人员定为犯罪，并敦促迅速执行1996年《关于终止对外国贿赂进行税收减免的建议》。理事会建议各成员方在1998年4月1日之前向其立法机构提出刑事定罪建议，并争取在1998年年底之前予以公布。大会还决定就拟定于1997年年底前完成的一项公约展开谈判，以期该公约于1998年尽快生效。

1997年11月21日，经合组织29个成员国和5个非成员国（阿根廷、巴西、保加利亚、智利、斯洛伐克共和国）通过了《禁止在国际商业交易中贿赂外国公职人员公约》。该公约于1997年12月17日在巴黎签署，并提供所有签署国承

---

〔1〕 See US Senate, *Hearings of the Senate Caucus on International Narcotics Control and the Senate Finance Committee Subcommittee on International Crime*, 104th Cong., 1996, p. 15.

〔2〕 G-7, *Denver Summit Statement by Seven: Confronting Global Economic and Financial Challenges*, 22 Jun. 1997, p. 57.

〔3〕 See Statement of G7 Finance Ministers and Central Bank Governors, Washington DC, 26 Apr. 1999, p. 15.

诺禁止和反对贿赂外国公职人员的框架协议，于1999年2月15日生效。

在正式的国际政府间组织之外，一些国际非政府组织在监测和打击腐败方面采取了重要措施。最引人注目的是1993年5月成立的国际透明度组织。国际透明度组织是一家国际性非营利非政府组织，旨在遏制国际和国家商业交易中的腐败行为。该组织总部设在柏林，在70多个国家设有分会，并在敦促各国政府和国际组织采取措施遏制国际商业活动中的腐败行为方面发挥重要作用。其目的是通过国际和国家联盟遏制腐败，鼓励各国政府制定和执行有效的法律、政策和反腐败方案；提供公众对反腐败方案的支持，并加强国际商业交易和公共采购的公共透明度和问责制；鼓励在国际商业交易中的所有当事方在其“行为标准”指导下以最高的廉正标准运作。

（二）透明度国际发布年度腐败预防指数

腐败预防指数借鉴了广泛的国际调查和从互联网上收集的数据。该指数并不是对一个国家“腐败程度”的绝对评级；相反，它报告了世界各地的商界人士、政治分析家和公众对全球腐败程度的看法。该组织还就腐败的各个方面编写了若干出版物。其中包括《透明国际资源手册》，它汇集了世界各国政府和组织为处理这一问题所做的许多努力。[1] 此外，包括世界银行集团及其成员、国际货币基金组织、区域组织、国家和私营公司在内的国际金融机构以及各种国际金融组织也在积极开展行动。关于洗钱和资助恐怖主义的金融行为，所有这些努力越来越多地集中于设在经合组织的金融行动特别工作组的工作上。

（三）来自经验中的教训

腐败问题很难解决和根治。然而，根据世界各地尤其是亚洲的经验，可以确定若干重大步骤：（1）减少腐败的高级别政治承诺是必不可少的第一步。（2）财政改善和可持续，贪污可能是公营部门薪酬水平偏低的结果，政府在改善公营部门的薪酬水平前，必须要有一个可持续、简单的税收体制和财政制度，才能确保足够和可持续的收入，这些问题更是凸显出来。在此，一个可遵守的税收制度要求合理的支付水平，也鼓励对政府和法律的尊重。（3）在实现可持续财政之后，将政府人员的工资（尤其是司法人员的工资）提高到合理水平，以减少对官员腐败的激励。（4）有严厉的反腐败法律，并对先前存在的罪行实行大赦。在提高公共部门工资水平的同时，还需要颁布严厉的反腐败法律。在此，可以从经合组织的《关于公职人员受贿公约》和世贸组织有关公共采购守则中获得指导。这类法律应同时颁布，同时大赦已存在的罪行。（5）应建立独立

---

〔1〕 See J. Pop ed., *The TI Source Book*, Transparency International, 1996, p. 214.

的腐败执法机构。反腐败法的颁布和特赦的启动,需要建立独立的腐败调查和执行机构,以实施新的法律制度。

二、反洗钱和打击资助恐怖主义

在反洗钱和打击资助恐怖主义方面,主要的国际指导是来自经合组织的金融行动特别工作组。

(一)反洗钱:金融行动特别工作组40项建议

《四十项建议》(1990年发布,1996年修订,2003年再次修订)确定了反洗钱工作的基本框架,旨在使其得到普遍适用。[1]《四十项建议》涉及四个主要领域:(1)法律制度(建议1至3);(2)金融中介机构及相关企业和专业(建议4至25);(3)体制方面(建议26至34);(4)国际合作(建议35至40)。法律制度需要包括洗钱这一刑事犯罪(建议1和2)以及没收措施和相关事项(建议3)。关于市场参与者,保密法不应妨碍执行(建议4)。中介机构应进行适当的客户尽职调查(了解你的客户程序)和保存记录(建议5至12)以及报告可疑交易和其他法律预防措施(建议17至20)。此外,还应采取适当的制裁和其他法律预防措施(建议17至20)。同时,不应对涉及非合作法域的交易采取特别措施(建议21至22),应通过金融监管制度支持这些不同的措施(建议23至25)。体制要求涉及主管当局、权力和资源(建议26至32)以及法人和制度安排的透明度(建议23至25)。国际合作包括签署和执行若干国际公约(建议35)以及为司法协助和引渡作出适当的制度安排(建议36至39),并为非正式和正式合作提供明确的和有效的途径(建议40)。

(二)打击资助恐怖主义:反对资助恐怖主义的建议

金融行动特别工作组谈到了资助恐怖主义的问题,并在2001年9月11日美国发生恐怖主义袭击之后立即着手处理这一问题。这些建议于2001年10月31日发表,涉及下列八个方面[2]:(1)批准和执行有关的联合国文书;(2)把资助恐怖主义和相关洗钱定为犯罪行为;(3)执行冻结和没收恐怖主义资产的措施;(4)扩大可疑交易的报告范围包括与恐怖主义有关的交易;(5)国际合作;(6)对金融传输服务发放许可证和适用反洗钱/打击资助恐怖主义规则要求;(7)记录和监测资金转移要求;(8)对实体尤其非营利性组织的监管,使其不会被滥用。除了"40+8建议"外,金融行动特别工作组还提供了评估方法,金

---

〔1〕 See FATF, *The Forty Recommendations*, Jun. 2003, p. 9.

〔2〕 See FATF, *Special Recommendations on Terrorist Financing*, Oct. 2001, p. 12.

融行动特别工作组、相关区域机构、国际货币基金组织和世界银行正在使用这一方法。[1] 截至2007年1月，国际货币基金组织和世界银行公布了36份反洗钱/打击资助恐怖主义《关于遵守标准和守则倡议的报告》，表明这两个机构及其主要合作国家对这一领域作出的巨大承诺。

三、规制金融犯罪

一般而言，与金融犯罪有关的问题是金融稳定论坛框架内处理的问题，尤其与洗钱和资助恐怖主义有关的问题。此外，金融稳定论坛还强调与国际合作有关的一些高级原则。1999年5月发布的《改进金融犯罪和滥用管制国际合作的十项关键原则》规定，在涉及金融犯罪和滥用监管的案件中改进执法当局和金融监管当局之间的国际合作原则。

总之，我们阐述了支持正常运作、发达或复杂的金融系统所需要的法律和体制基础设施的复杂社会环境。尽管世界上并非存在真正完善的经济体系或金融体系，但我们所阐述的这些内容有助于促进金融稳定和经济发展，从而促进经济增长。

---

〔1〕 See FATF, *Methodology for Assessing Compliance with the FATF* 40 *Recommendations and the FATF* 8 *Special Recommendations*, Feb. 2004, p. 8.

第三篇

金融规制与监管

第六章 银行:规制、监管与发展

金融中介机构脆弱与金融监管问题已成为金融危机发生的重要因素,其中包括20世纪80年代发展中国家债务危机与美国储蓄和贷款危机、20世纪90年代国际信贷银行和巴林银行倒闭、90年代墨西哥和亚洲金融危机以及2008年次贷危机。这些问题导致旨在支持金融稳定的广泛国际努力。针对最近国际努力的一个中心问题:金融市场及其监管。具体而言,它涉及国际金融标准所涵盖的主要领域:银行、证券、保险、养恤金、小额融资和金融集团。一般而言,这些国际标准仅仅只涉及金融稳定,不涉及发展的作用。

加强金融市场和中介机构(包括银行、保险公司、证券中介机构和养恤金)的有效审慎监管和监督对于任何经济体的金融稳定和有效运作都至关重要,因为金融系统在募集和分配储蓄与投资方面发挥着核心作用。金融中介就其性质而言,对任何市场经济来说,都会带来非常普遍的危险,尤其是系统性风险。因此,监管和规制是必要的。然而,在20世纪90年代之前,有关这方面法律和体制发展的影响在很大程度上被世界许多国家所忽视。自20世纪90年代中期以来,随着严重的金融危机出现,这种情况才发生了变化。[1] 监管当局对金融体系的监督包含金融监管,包括制定和执行有关金融行为的规则和标准以及对特定中介机构的持续监督。监管和规制在促进稳定的和有效的金融体系方面发挥着至关重要的作用,应当通过制定基本的"游戏规则",并确保遵守这些规则,努力支持和加强市场的运作,而不是取代市场的运作。[2] 随着严重的金融危机出现,世界各国开始把注意力不仅集中于宏观经济因素上,还集中在金融规制和监管的重要性上。

在最基本的一级,审慎监管有助于增强公众的信心,而分散的金融系统正

---

〔1〕 See M. Goldstein and P. Turner, *Banking Crises in Emerging Economies: Origins and Policy Options*, BIS Economic Paper No,46, Oct. 1996, p. 25.

〔2〕 See C. Goodhart, P. Hartmann, D. Llewellyn, L. , Rojan-Suarez and S. Weisbord, *Financial Regulation: Why, How and Where New?*, Routledge 1998, p. 310.

是建立在这种信心的基础上。此外,规制和监管是有效管理和市场纪律的必要补充。然而,金融系统的各组成部分有不同的目的和要求。金融监管和规制的任务是确保金融中介机构以审慎的方式运作,并持有足够的资本和准备金,以支持其业务中可能出现的风险。此外,如果规则过于宽松、侵扰性太强、设计不当、过时或执行不当,其本身就可能成为金融脆弱性的根源。因此,强有力的和有效的金融监管和规制提供了必要的公共产品。然而,在新兴经济体、转型经济体和发展经济体甚至比发达经济体的需求更大;需要金融监管和规制来支持金融和金融体系的发展。不幸的是,只有通过金融危机的负面影响才能使人清楚地认识到这一点,也使大多数人看到了金融监管和规制不力不仅对经济转型和发展,而且对政治稳定和公共秩序都会造成极为实际的风险。因此,设计所有监管或监督制度的基本指导原则是,制度安排应当寻求支持和加强市场运作,而不是取代市场。新兴经济体、发展经济体和转型经济体的监管当局并非总是易于理解它们的作用以及它们对中介和市场的作用。幸运的是,当下的情况比 20 世纪 90 年代初和 2008 年要好得多,但必须成为持续培训和教育举措的重点。从最广泛的意义上说,监管或监督当局从整体上必须追求三个广泛的目标:(1)明确界定受监管和监督的中介机构类型以及每一个监管和监督机构对这些中介机构的管辖权;(2)建立可靠、有效和完整的市场基础设施;(3)促进金融系统的有效运作和公平竞争。就广义而言,这些目标可以作为金融改革的路线图:第一阶段,必须建立监管机构,并界定其权力范围,通常是通过中央银行法、其他银行法或建立特定监管机构的法律。第二阶段,必须让这些监管机构了解金融市场是什么以及它的作用;否则,它们将无法支持其需求,并保护公众免受风险的影响。第三阶段,为了促进金融体系的运作和竞争,需要为金融体系的参与者及其相互之间、与监管机构和一般公众的关系制定规则(银行法、证券法、保险法等)。

在这一广泛框架内,应强调监管和监督的核心方面。第一,监管当局需要既独立又能负责任。[1] 它也适用于中央银行,无论它们是否负有监管责任。[2] 理想情况下,应在建立监管机构或中央银行与政府之关系的法律中加以界定。第二,监管当局必须具有许可权以及审慎监管、综合监管、获得准确和

---

〔1〕 See E. Hüpkes, M. Quintyn and M. Taylor, *The Accounntability of Financial Sector Supervisors*, IMF Working Paper WP/05/51, Mar. 2005, p. 6.

〔2〕 See R. Lastra, *Central Banking and Banking Regulation*, London School of Economics, 1996, p. 137.

及时信息的权力,并具有采取补救行动的能力。一般而言,应在设立监管机构的法律或管辖特定金融市场的立法(如银行法)中以列举方式作出规定;尽管这方面规则很重要,但在立法中应当明确规定一般原则。最后,监管当局必须有充分的权力和资源,与其管辖范围内的其他当局和外部当局就金融中介机构或活动的地位进行合作和交流信息,这是经常被低估的因素。理想的情况是,有关金融的立法应被视为设计金融系统总体计划的机会——例如,许可什么中介机构存在、许可它们做什么、由谁来监管它们以及负责任的当局如何与彼此和政府的关系。不幸的是,世界上许多国家很少这样做。在此,值得一提的是,我国已经展示了一个尝试以连贯性(和有计划的)方式处理金融监管和发展尝试。[1]

为了实现这些总体目标,从务实的角度来看,金融监管通常应寻求旨在解决市场失灵问题的机构和系统,提高金融市场效率,保护消费者,防止金融体系的不稳定。当下,人们一致认为,从经济角度来看,金融监管试图解决金融完全由市场力量支配时出现的各种问题("市场失灵")。在此,金融监管应当力求解决四个具体问题:(1)反不正当竞争行为(竞争监管);(2)市场不当行为(市场廉正监管);(3)信息不对称(审慎监管以及用于支持消费者保护/市场廉正监管);(4)系统不稳定(金融稳定监管)。金融部门的弱点在历次金融危机爆发时已经完全显露出来,尤其在过去三十年中。因此,国际组织和世界各国尤其在处理金融监管和监督以支持金融稳定以及金融发展和经济增长方面开展了大量工作。如果金融中介机构和市场得到支撑市场经济和以市场为基础的金融体系的适当法律和体制环境支持,它则发挥最佳作用。对于高度发达或复杂的金融体系,首先必须解决复杂的法律和体制问题所处的社会语境,以便最大限度地实现支持经济增长所必需的金融稳定和经济发展两大目标。

第一节　银行业的发展

有效监管方法在银行活动和非银行活动之间有很大的不同,反映了这些活动的性质和风险——包括公共财政风险,如储户救助费用——之间的根本差别。出于这一原因,世界各经济体必须认真考虑它们对银行和银行业的做法。在传统观点下,银行业基本上是将许多分散的小额储户流动存款转变为向借款人发放流动性较低的贷款。这些贷款是在银行——客户关系和私人信息的基

〔1〕 See J. Norton eds., *Financial Regulation in Greater*, Kluwer, 2000, p. 256.

础上发放的(从而缓解了信息不对称问题)。然而,这种流动性存款和非流动性贷款的组合可能不稳定,因为如果一家银行的流动性或偿付能力受到质疑,那么储户可能会对其发起挤兑,由于储户有关银行的信息有限,这种风险会进一步增加。银行业的审慎监管为银行挤兑的破坏性纪律提供了一种审慎的可替代性方案,且往往伴随着政府提供的存款担保。

在市场经济体系中,银行危机往往发生在金融市场自由化的最近时候,主要是当监管没有升级到能够应付扩大的经济时。在新兴经济体、发展经济体和转型经济体中,面临的挑战一直是在金融活动扩大的同时建立健全的金融机构。这种同步无疑是难以实现;毫不奇怪,发展经济体、新兴经济体和转型经济体发生了多次银行危机。20 世纪 80 年代和 90 年代新兴经济体和发达经济体金融危机严重凸显,引起严重的经济动荡,使许多企业和银行资不抵债;同时,即使在发展经济体和转型经济体的发展进程中,银行业危机也依然存在。当下,银行普遍存在的互联贷款是一种共同因素;新的(或私有化的)金融中介机构迅速扩大其活动是另一种因素,它是外币金融中介借款与本地货币的无对冲转贷相结合的产物,尤其是用于房地产和基础设施开发(或投机)。在每一次事件中,当对银行的审慎监管存在严重漏洞时,轻率的风险敞口或欺诈变得更加肆无忌惮。

在大多数新兴经济体、发展经济体和转型经济体,银行比证券市场更是新企业和既有企业资金的主要提供者。此外,作为经济体的主要储蓄渠道,银行也发挥着重要作用。因此,重要的是要建立法律和监管框架,使银行能够有效地将储蓄输送到企业,同时也最大限度地减少系统受到腐败和不稳定因素的影响。尽管世界各地许多经济体的银行系统存在重大问题,但从长远来看,这些国家金融系统的发展很可能取决于稳定的和有效率的银行系统的呈现,这与世界主要经济体发展的历史经验相一致。[1] 但与此同时,随着金融结构的多样化,包括证券市场和保险职能的发展,金融稳定将得到加强。具有争议的是,这是基于市场的更加发达和成熟金融体系的一个特点。一般而言,市场经济中的银行中介机构提供基本的支付、结算和清算服务;作为调动私人储蓄和其他资本资源的主要渠道,并向商业和工业企业提供贷款,使私人储蓄和其他资本资

---

〔1〕 See C. Hadjiemmanuil, *Central Bankers' "Club" Law and Transitional Economies: Banking Reform and the Reception of the Basel Standards of Prudential Supervision in Eastern Europe and the Former Soviet Union*, in J. Norton and M. Andenas eds., Emerging Financial Markets and the Role of International Financial Organization, Kluwer, 1996, p. 180.

源用于生产在创造经济增长所依赖的货币供应起着至关重要的作用。[1] 由于这些原因,银行和证券市场不但是相辅相成的,因为两者都有助于调动储蓄和分配投资,从而扩大金融体系的规模,而且竞争对手也是如此,因为它们都寻求吸引同样的资源(稀缺储蓄),并将这些资源加以最有效的利用,使各自的金融中介机制提供它们所需要的利润。适用于银行的审慎监管标准和相关标准通常涵盖下列领域:(1)准入要求;(2)所有权和控制结构,包括银行在公司集团中的地位;(3)银行治理要求;(4)审慎标准,包括资本充足率和流动资金要求、风险管理和控制机制以及各种信贷限额;(5)防止洗钱和资助恐怖主义等犯罪行为;(6)会计和报告要求;(7)与外国银行监管机构合作对外国银行分行和代办处的许可证发放、审慎监督和清算的特殊标准;(8)倒闭和退出制度;(9)客户支持计划(如存款保险和工业担保基金)。

审慎监管还与处理系统稳定的监管密切相关,传统上包括:(1)可持续的宏观经济环境(货币稳定);(2)审慎健全的金融中介体系(金融稳定);(3)最后贷款人贷款机制(金融稳定);(4)直接监管货币体系(货币稳定和金融稳定)。因此,为了实现金融发展和稳定的总体目标,我们必须认识和分析它们之间的相互关系。总体来说,目标是建立一个有竞争力、综合和高效率的银行系统,对其进行适当的监管,并有效地调动储蓄,为支持经济增长提供资金。这样的银行部门将支持经济增长,并把金融危机的风险降至最低。这一总体目标包括两个核心要素:一是金融稳定;二是支持经济增长和减贫的金融发展。

金融稳定的重要性(通常视为没有金融危机)在过去20多年一系列金融危机中得到进一步强调,尤其是1997~1998年的亚洲金融危机和2008年次贷危机。支持金融稳定的方法主要有两种:(1)金融监管;(2)完善金融中介运作机制。在金融稳定方面,虽然造成不稳定的因素是特定金融中介所无法控制的原因(如货币或经济危机,最好通过适当的宏观经济政策和有关的体制框架加以解决),如果特定金融中介以审慎安全和稳健的方式管理自己的业务,那么特定金融中介机构内部的问题所引发的危机就会减至最低,从而提高金融稳定。因此,应向金融中介机构提供适当的激励(经济和监管)以及对其能力发展的支持,使它们能够随着时间的推移改进自己的业务。因为改善业务不仅可以降低金融危机的风险,而且可以加强金融中介机构在金融中介和资源配置中的作用,从而支持经济增长。因此,金融监管和监督对于防范金融危机至关重要,不

---

[1] See Norton eds., *Emerging Financial Markets and the Role of International Financial Organization*, Kluwer, 1996, p. 179.

但通过监管机构提供保护，而且通过监管和监督向金融中介机构提供激励和指导，以加强其自身的运作能力。关于支持经济增长的金融发展，有三个核心要素：(1)有效的支付和结算手段；(2)调动储蓄；(3)资源配置。这三方面的基础是信心：(1)储户和借款者对金融体系和金融中介机构的信心，使他们将储蓄放在正规金融体系中，并将其用于融资；(2)金融中介机构对彼此的信心。在许多方面，储蓄者、借款人和金融中介的这种信心来自对监管机构和监督系统的信任，而这反过来又取决于其有效性。

第二节　国际标准

在阐释金融稳定和银行业发展时，我们的研究点始终是金融稳定论坛确定的关键国际标准和相关指导。

一、金融稳定论坛关键标准：有效银行监管核心原则

在银行监管和规制领域，由十国集团中央银行行长组成的巴塞尔银行监管委员会一直非常活跃，尤其是它们制定的《有效银行监管的核心原则》。本文件于 1997 年 9 月发布，并于 2006 年修订，是与非十国集团监管当局密切合作所编写，旨在作为所有国家、国际监管当局和其他公共当局的基本参考文本。在制定核心原则之前，巴塞尔委员会历来最积极地制定国际商定的金融机构资本充足率最低标准以及对外国银行的监督。[1] 在此，资本充足率标准应有最低限度：如果风险较高，则实际适用的资本率标准需要更高，这是因为易受外部干扰、宏观经济表现不佳的历史或金融体系不发达所致。

在简要概述 1997 年“核心原则”之后，巴塞尔委员会与包括转型经济体和新兴经济体在内的其他 16 个司法管辖区的监管机构一道，制定了 25 项基本原则，作为银行监管政策和结构的基础，概述了有效银行监管的基本指南，并为所有国家和国际上的监管当局和其他公共当局提供基本参考。这些原则随后在巴塞尔委员会现有文件汇编中列举，这些文件在“核心原则”中相互参照，目的是扩大这些原则的适用，并解释其适用状况。随着更多文件的发布，这些文件

---

〔1〕 See J. Norton, *Development International Bank Supervisory Standards*, Martinus Nijhoff, 1995, p. 168.

将定期更新。[1] 此外,还规定了执行方法。[2] 而执行"核心原则"的详细指南则是通过巴塞尔委员会对多年以来不断发表的声明汇编提供。二十五项核心原则可分为七个部分:(1)有效银行监管的先决条件(原则1);(2)许可证和结构(原则2至5);(3)审慎规定和要求(原则6至15);(4)持续的银行监督方法(原则16至20);(5)信息要求(原则21);(6)监管人员的正式权力(原则22);(7)跨境银行业务(原则23至25)。虽然这些原则在涵盖范围和问题方面很有启发性,但它们必须由国内当局执行。

作为一项先决条件,有效的银行监管制度要求为有关人员划定明确的目标和责任以及业务独立和充足的资源。这一前提条件还应包括对银行组织的授权和持续监督、充分的监管权力以及监管机构之间保密和信息共享的法律安排。法律框架必须明确界定许可银行所开展的活动,并限制对监管实体适用这一条件,同时对许可证发放和所有权变更提出明确要求,无论是通过合并还是转让。

审慎监管的权力和责任必须包括适当的最低资本率要求和适当评估银行的贷款、投资、资产质量和贷款拨备政策。此外,监管人员必须确保存在适当的管理信息系统,并遵守对单个或多个相关借款人的风险敞口的限制。这种监督必须扩大到防止关联贷款和其他非正常交易的要求。除了信用风险监控之外,监管者还必须监控银行的系统性风险,将其作为银行整体风险管理系统的一个方面——在缺乏银行业经验的动荡市场中,这是一项特别困难的任务。同时,还必须确保充分的内部控制,包括适当的"了解您的客户"机制和道德标准,以防止洗钱和金融犯罪。除了最初的系统之外,实施中的监管还需要现场和非现场监测,包括与银行管理层的定期接触,以便对每个机构的业务全面了解。它必须包括单独和综合的信息收集和分析以及对受监管的中介机构所提供的信息的独立验证,必须对银行集团进行综合监督。为了使这种持续的监督有效,每一家银行必须根据一致的会计准则和惯例,最好采用国际标准,保持良好的记录。为了有效地进行监督,监管者必须有足够的权力,在银行不符合监管标准的审慎要求下,及时采取纠正行动,它包括在极端情况下吊销银行执照的能力。最后,由于银行活动日益具有跨国性质,而且这类活动在国际金融体系中可能带来更大风险,银行监管人员必须对其授权的国际活跃银行组织实施

---

〔1〕 See Basel Committee, *Compendium of Documents Produced by the Basel Committee on Banking Sopervision*, Apr. 1994, p. 15.

〔2〕 See Basel Committee, *Core Principles Methodology*, Oct. 1999, p. 7.

全球化综合监管。在此,一个重要组成部分是与其他主管方,尤其是东道国监管者进行联系和分享信息。东道国监管机构也必须要求外国银行在当地开展业务时要求其以与国内银行相同的高标准开展业务。

二、金融稳定论坛的其他标准

除《巴塞尔核心原则》外,金融稳定论坛还在其《金融稳定论坛简编》中列入巴塞尔委员会的一些其他文件。这些措施可分为五类:(1)一般描述;(2)资本充足率;(3)跨境监管;(4)信息披露和透明度;(5)风险管理。除核心原则外,一般类别还包括银行客户尽职调查标准和用于协助执行和评估遵守核心原则情形的方法。[1] 在资本充足率上,金融稳定论坛框架包括 1988 年《巴塞尔协议》[2] 及其针对市场风险的各种修改。[3] 在任何可能情形下,《巴塞尔Ⅱ资本协议》最终作为可替代性方案加以补充,该协议旨在适用于所有在国际上活跃的银行,并适用于所有银行。[4] 与此形成对照的是,1988 年《巴塞尔协议》仅仅只是适用于十国集团国家的国际活跃银行。在跨界监管方面,金融稳定框架包括《巴塞尔协议》[5] 及其随后的发展。[6] 在披露和透明度方面,《金融稳定论坛框架》包括银行透明度[7] 和会计准则指导。[8] 最后,在风险管理方面,《金融稳定论坛框架》包括信用风险管理[9]、与对冲基金等高杠杆机构互

---

〔1〕 See Basel Committee, *Customer Due Diligence for Banks*, Oct. 2001, p. 5.

〔2〕 See Basel Committee, *International Convergence of Capital Accord to Measurement and Capital Standards*, Jul. 1988, p. 3.

〔3〕 See Basel Committee, *Amendment to the Capital Accord to Incorporate Market Risks*, Apr. 1998, p. 7.

〔4〕 See Basel Committee, *International Covergence of capital Measurements and Capital Standards: A Revised Framework*, Jun. 2004, p. 12.

〔5〕 See Basel Committee, *Principles for the Supervision of Banks' Foreign Establishments*, May 1983, p. 9.

〔6〕 See Basel Committee, *Minimum Standards for the Supervision of International Banking Groups and their Cross-border Establishments*, Jul. 1992, p. 13.

〔7〕 See Basel Committee, *Enhancing Bank Transparency*, Sep. 1998, p. 7.

〔8〕 See Basel Committee, *Sound Practices for Loan Accounting, Credit Risk Disclosure and Related Matters*, Jul. 1999, p. 14.

〔9〕 See Basel Committee, *Principles for the Management of Credit Risk*, Sep. 2000, p. 10.

动[1]、操作风险[2]、内部控制系统[3]、电子银行和电子货币[4]、利率风险[5]和衍生工具的指导。[6]

三、执行

2002年年底,国际货币基金组织和世界银行审查了《金融部门评估方案/标准和守则遵守情况报告》,审查从1997年实施标准以来所取得的经验。[7] 在银行监管领域,1997年开始进行评估;到2002年12月,根据《金融部门评估方案》进行了63次评估。这些审查得出了一些结论:除非满足有效监管的先决条件:(1)稳定的宏观经济政策;(2)完善的法律和司法基础设施;(3)有效的市场纪律;(4)有效解决(退出)银行的程序;(5)有效安全网,否则,有效的监督和充分遵守是不可能。不幸的是,《巴塞尔核心原则》实际上并未包括这些原则。监管机构的独立性(原则1)尤其重要。在信贷政策和相关贷款方面,特别需要改进合规情形。贷款评估和拨备做法往往比规则薄弱,使人们对资本充足率问题产生怀疑;合并也往往薄弱。为了显示银行业和《巴塞尔核心原则》的重要性,截至2007年1月,国际货币基金组织/世界银行公布处理77个国家银行业务的《金融部门评估方案/标准和守则遵守情况报告》——所有这些都是在1997年框架下执行。

第三节　巴塞尔核心原则

经过几年努力,巴塞尔委员会于2006年发布《巴塞尔核心原则》修订版,供公众协商。[8] 此外,巴塞尔委员会还发布一份经修订的《协商核心原则》方

---

[1] See Basel Committee, *Sound Practices for Bank's International with Highly Leveraged Institutions*, Jan. 1999, p. 6.

[2] See Basel Committee, *Operational Risk Management*, Sep. 1998, p. 2.

[3] See Basel Committee, *Framework Internal Control Systems in Banking Organizations*, Sep. 1998, p. 8.

[4] See Basel Committee, *Risk Management for Electronic Banking and Electronic Money Activities*, Mar. 1998, p. 15.

[5] See Basel Committee, *Principles on the Management of Interest Rate Risk*, Sep. 1997, p. 11.

[6] See Basel Committee, *Risk Management Guidelines for Drivatives*, Jul. 1994, p. 4.

[7] See IMF and World Abnk, *Analytical Tools of the FSAP*, Feb. 2003, p. 16.

[8] See Basel Committee, *Consultative Document: Core Principles for Effective Banking Supervision*, Apr. 2006, p. 19.

法,以支持经修订的《核心原则》。[1] 2006年《巴塞尔核心原则》首先建立在一系列"先决条件"的基础上,这些"先决条件"强调银行和银行业在市场经济中发挥作用所具备的基本要素,它是银行监管的基本要素。有关监管涉及25项原则:(1)目标、独立性、权力、透明度和合作(原则1);(2)对银行活动的监管(原则2至18和22);(3)银行监管者的作用(原则19至21和原则23至25)。因此,这些先决条件和原则为支持银行业发展提供最新的基准,尤其是结合2006年方法和相关工作阅读时。

一、银行业之先决条件

要使银行监管有效地支持金融稳定和经济发展,就必须具备若干先决条件。2006年《巴塞尔核心原则》规定了一些重要的先决条件:(1)健全和可持续的宏观经济政策;(2)完善的公共基础设施;(3)有效的市场纪律;(4)提供适当程度的系统保护机制(公共安全网)。当考虑银行发展(而不是稳定)时,这些是必须考虑的基本问题。

2006年《巴塞尔核心原则》将"完善的公共基础设施"定义为:(1)一贯执行和公平解决争议的商业法律制度(如公司法、破产法、合同法、消费者权益保护法、私有财产法);(2)符合国际标准的会计和审计准则;(3)高效和独立的司法、会计、审计和法律专业人员;(4)监管其他金融部门;(5)安全而有效的付款和结算系统。这些问题不仅是银行业的核心问题,还是经济增长的核心问题。

根据2006年《巴塞尔核心原则》规定,有效的市场纪律要求:(1)提供高质量的财务信息;(2)有效激励公共部门和私营部门行为者;(3)设计市场运作的适当框架;(4)支持有效的公司治理和适当的行为机制;(5)政府不干预商业决策。这些问题也是市场经济运作的核心问题,它突出了体制和法律基础设施在金融和经济增长中的作用。

二、目标、独立性、权力、透明度和合作(原则1)

巴塞尔核心原则1涉及与银行监管机构的目标、独立性、权力、透明度和合作等相关的要求。根据《2006年方法》,巴塞尔核心原则1包括六个组成部分:[2] (1)职责和目标;(2)独立性、问责制和透明度;(3)法律框架;(4)法律权力(在"巴塞尔核心原则"第23条中有所扩大);(5)法律保护;(6)合作(在巴塞

---

[1] See Basel Committee, *Consultative Document: Core Principles Methodology*, Apr. 2006, p. 5.

[2] See Basel Committee, *Consultative Document: Core Principles Methodology*, Apr. 2006, p. 6-10.

尔核心原则 18、24 和 25 中得到进一步阐释)。

三、银行活动(原则 2 至 18 和原则 22)

巴塞尔核心原则 2 至 18 和原则 22 为银行监管提供了框架结构。它们要求处理下列要素:被许可的银行活动(原则 2);许可标准(原则 3);重大所有权的转让(原则 4);重大收购(原则 5);资本充足率(原则 6);风险管理程序(原则 7);信贷风险(原则 8);问题资产、准备金和储备金(原则 9);较大的风险限额(原则 10);对相关方的风险(原则 11);国家和转移风险(原则 12);市场风险(原则 13);流动性风险(原则 14);操作风险(原则 15);利率风险(原则 16);内部控制和审计(原则 17);滥用金融服务(原则 18);会计和披露(原则 22)。[1] 此外,《2006 年方法》还就巴塞尔委员会在其中大多数方面的其他工作提供了重要的补充资料。同时,由于资本的重要性,在这个问题上需要花费一些时间。

(一)1988 年《巴塞尔资本协议》:8%标准

1988 年,巴塞尔委员会就十国集团之间监管国际活跃银行的银行资本商定办法达成一项秘密协议(随后公布)。[2] 1988 年《巴塞尔协议》虽然希望仅仅适用于在国际活跃的 10 国集团银行,但在随后的 15 年中成为世界各地银行资本监管的国际标准,并在 100 多个国家通过正式的国内法律得到执行。简而言之,1988 年巴塞尔协议的目的在于:(1)通过要求银行持有最低额的风险资本减少系统性风险;(2)限制监管竞争和监管套利,从而为活跃在国际上的银行提供公平的竞争环境。从本质而言,第一个目标是对 20 世纪 80 年代债务危机所造成的问题作出回应,即大型国际银行向发展中国家提供大量贷款,随后这些国家违约引发了一场国际系统性银行危机的真正风险。20 世纪 80 年代后半期,世界上最大的 10 家银行中大多数银行只有通过审慎监管和金融重组(对国际银行及其发展中国家借款者都是如此)才得以避免破产。

1988 年《巴塞尔协议》是相当简单的框架,它侧重一个方面:资本与银行信贷风险的关系。其核心是一个方程式:总资本除以经风险调整后的总资产,必须至少等于 8%。因此,可以简单定义为两大主要组成部分:资本和经风险调整的资产。据 1988 年框架,资本可分为两种形式:一级资本和二级资本,其中一级资本必须至少占资本总额的 50%。二级资本本质上是股权,注入各种形式的

---

〔1〕 See Basel Committee, *Consultative Document*; *Core Principles Methodolog*, Apr. 2006, p. 6-35.

〔2〕 See Basel Committee, *International Covergence of Capital Measurement and Capital Standards*, Jul. 1998, p. 3-10.

次级债务。总风险调整资产主要由银行的贷款组合构成。贷款(和有关债务)又分为四个“子类型”:第1类、第2类、第3类和第4类。每一类别以简单的风险分类为基础,将不同形式的债务松散地组合在一起,并对资产赋予一定的权重:

第1类:主要是经济合作与发展组织国家和地方政府证券——0%;第2类:主要是银行间债权——20%;第3类:主要是以不动产为担保的债务——50%;第4类:所有其他义务,包括最重要的私营部门公司债务——100%。除主要资产(如贷款)外,1988年《巴塞尔协议》还规定了为资本的目的将某些表外债务纳入经风险调整的资产总额机制。资产负债表外债务再次分为四个序列,每个序列有不同的换算系数:100%、5%、20%和0%。总体上,这一简单的框架虽然在风险计算方面并不十分精准,却为世界大多数经济体提供了银行监管的核心要素。随着时间的推移,为了应对各种国际银行危机,巴塞尔委员会通过各种修正对1988年《巴塞尔协议》进行某些重大修改,其中最重要的修改可概括为:(1)《巴塞尔资本协议》关于在资本中列入一般准备金/一般贷款损失准备金的修正案(1991年11月),其中更准确地界定了一般准备金/贷款损失准备金;(2)1988年7月《资本协定》修正案(1994年7月),其中重新界定了有资格获得经合组织加权的国家,取消在过去五年内重新安排外债偿还期国家的资格;(3)处理资产负债表外项目的潜在风险(1995年4月),修订了资产负债表外项目的处理办法,以便在计算“附加项目”时确认净额和扩大附加项目的矩阵;(4)修订《资本协定》,将市场风险纳入其中(1996年1月,1997年9月修订),其中对市场风险采取了两种备选办法(标准化办法和基于内部模型办法);(5)修正1988年7月《巴塞尔资本协议》(1998年4月),在符合特定条件下,降低受监管证券公司债权的风险权重,并在部分案文中以“贷款”取代“债权”。此外,巴塞尔委员会意识到1988年《巴塞尔协议》所存在的诸多问题(尤其涉及风险分类的方式),也是亚洲金融危机证明的结果,因此于1999年开始拟订新的资本协定。

(二)《巴塞尔协议Ⅱ》:三大支柱

经过大约五年的讨论、磋商和市场测试,巴塞尔委员会于2004年发布最后商定框架。2005年,委员会发布一份略有修订和更新的版本以处理贸易活动的某些方面,并于2006年发布一份综合文件,将1988年《巴塞尔协议》的不变内容及随后的修正案纳入单一框架。

《巴塞尔协议Ⅱ》旨在为银行提供以风险为基础的监管和风险管理(内部和市场)的整体系统,侧重于五大类风险:(1)信贷;(2)市场;(3)业务;(4)流动性;(5)法律。该框架包括四层:(1)风险识别;(2)风险测量;(3)风险披露;(4)内部风险管理。遵循这一框架,巴塞尔协议Ⅱ支柱框架通过基于三个"支柱"要素实施若干变革:第Ⅰ支柱涉及最低资本要求;第Ⅱ支柱涉及监管审查;第Ⅲ支柱通过披露要求处理市场纪律问题。这一系统是一个进化的系统,可随时间的推移而发展。这三大支柱旨在支持以下两个基本目标:一是"加强国际银行体系的健全和稳定";二是"通过促进银行业采用更强有力的风险管理办法,保持足够的一致性,使资本充足率监管不会成为国际活跃银行之间竞争不平等的重要根源"。[1] 与1988年《巴塞尔协议》一样,《巴塞尔协议Ⅱ》旨在适用于国际活跃银行的综合活动,最初是十国集团,随后逐渐纳入其他系统。为了实现这些目标,《巴塞尔协议Ⅱ》纳入若干重要内容,包括以菜单为基础的资本收费办法、评级机构和通过银行自身内部模式更多利用信用评估、更多认识各种风险缓解技术、对操作风险的新收费以及与监管审查和对银行规定新的市场披露义务有关的新要求。

关于第一支柱(修订最低资本要求),基本公式、所需最低比率和资本定义基本保持不变。主要变化与分母有关,分母是风险加权资产、市场风险和操作风险费用的总和。市场风险基本上与《1996年修正案》保持不变,采用标准化办法和基于内部评级的备选办法。对于新的操作风险收费有三种选择:基本指标、标准化和先进计量方法(本质上是基于内部评级)。在资本方面,有两种不同的方法和两种基于内部评价(基础和高级)。标准化方法在风险权重(往往根据外部机构的评级)以及新的业务要求具有更大的特殊性。此外,它许可更多使用信用风险缓解技术,如抵押品、担保和信用衍生工具以及资产负债表净额结算。两种内部评级方法以银行内部风险模型为基础,包括与使用内部评级模型(资格)、数据要求和最低收费有关的规则。就资产类别而言,单独要求涉及:(1)公司、主权和银行风险敞口;(2)零售风险敞口;(3)股权风险敞口;(4)购买应收款;(5)证券化。第二支柱包括四项核心原则。第一,银行应有根据其风险状况评估其总体资本充足率的程序以及维持其资本水平的战略(原则1)。第二,监管机构应审查和评估银行的内部资本充足率方法和战略以及它们监测和确保遵守监管资本比率的能力。如果对这一进程的结果不满意,监管机构应采取适当的监管行为(原则2)。第三,监管者应期望银行的经营超出最低监管资本限额,并应有能力要求银行持有超过最低限额的资本(原则3)。第四,监管

---

〔1〕 Basel Committee, *International Covergence of Capital Measurement and Capital Standards: A Revised Framework-Comprehensive Version*, Jun. 2006, p. 2-18.

者应设法在早期阶段进行干预,以防止资本低于支持某一特定银行的风险特征所需的最低水平,并应在资本得不到维持或恢复情形下要求迅速采取补救行动(原则4)。第三支柱涉及监管审查程序,监管者应通过这一程序监测银行的活动。支柱三与2006年《巴塞尔核心原则和相关方法》中概述的框架直接相关。

(三)《巴塞尔协议Ⅲ》:资本和流动性改革方案

《巴塞尔协议Ⅲ》于2014年公布,旨在试图消除《巴塞尔协议Ⅱ》中最糟糕的部分,它是一套新的监管资本、流动性和公司治理标准。《巴塞尔协议Ⅲ》框架修订并强化《巴塞尔协议Ⅱ》确立的三大支柱。此外,还增加几项新的资本和流动性要求:(1)资本留存缓冲,增加最低要求的资本,旨在作为额外缓冲,以保护目前最低所需资本;(2)反周期资本缓冲是对最低资本要求的补充,它限制银行参与整个系统的信贷增长,旨在减少它们在信贷低迷中的损失;(3)对具有全球系统重要性银行征收资本附加费,并加强跨境监管和解决规定;(4)杠杆率,衡量吸收亏损资本(支柱Ⅰ资本)相对于银行表内和表外总风险敞口的最小金额的指标;计算不良贷款率的银行总风险敞口的定义与银行财务报表中显示的非风险加权总资产衡量标准相近,但并不完全相同;(5)流动性覆盖率,为现金或高流动性资产的充足性设定最低标准,以满足30天压力期间的资金需求;(6)净稳定融资比率——一种较长期比率,旨在监测整个资产负债表的期限错配。总体上,全面实施《巴塞尔协议Ⅲ》的最低资本金要求在于:自2015年1月1日起,普通股一级资本的最低限额定为4.5%,而T1的最低限额为6.0%,这就意味着T1的额外资本最多应占总股本的1.5%。与《巴塞尔协议Ⅱ》相比,最低总资本要求仍将保持在8.0%不变。最低总资本要求水平意味着T2资本将最多占总风险加权资产的2.0%。自2016年1月1日起,对全球系统重要性银行收取最高3.5%的资本附加费。[1]

---

[1] 根据国际结算银行的资料,全球系统重要性银行的附加费由0%(适用于非全球系统重要性银行)至3.5%(适用于最具系统重要性的全球系统重要性银行)不等。到目前为止,没有一家全球系统重要性银行被分配到3.5%的最高附加费水平。全球系统重要性银行为附加费用(费用水平显示在圆括号内)如下:汇丰银行(2.5%)、摩根大通(2.5%)、巴克莱(2.0%)、法国巴黎银行(2.0%)、花旗集团(2.0%)、德意志银行(2.0%)、美国银行(1.5%)、瑞士信贷(1.5%)、高盛(1.5%)、三菱UFJ FG(1.5%)、摩根士丹利(1.5%)。中国农业银行(1.0%)、中国银行(1.0%)、纽约梅隆银行(1.0%)、西班牙对外银行(1.0%)、法国巴黎银行集团(1.0%)、法国农业信贷银行集团(1.0%)、中国工商银行有限公司(1.0%)、荷兰国际集团(1.0%)、瑞穗集团(1.0%)、北欧银行(1.0%)、桑坦德银行(1.0%)、法国兴业银行(1.0%)道富银行(1.0%)、三井住友银行(1.0%)、瑞银(1.0%)、联合信贷银行(1.0%)和富国银行(1.0%)。

（四）从“巴塞尔协议Ⅲ”迈向“巴塞尔协议Ⅳ”

2017年12月通过《巴塞尔协议Ⅲ》的改革，引入主要创新：（1）“增强信用风险和操作风险标准化方法的稳健性和风险敏感性”；（2）“限制内部模型方法使用，对基于内部评级的信用风险方法用于计算资本金要求的某些投入加以限制，并取消对操作风险的内部模型方法的使用”；（3）“引入杠杆率缓冲，以进一步限制全球系统重要性银行的杠杆率”；（4）“根据巴塞尔银行监管委员会修订后的《巴塞尔协议Ⅲ》标准方法，用对风险更为敏感的下限取代现有的《巴塞尔协议Ⅱ》的产出下限”。[1] 尤其是，“银行风险加权资产必须按下列较高者计算：使用银行根据巴塞尔资本框架获得监管批准使用的方法（包括标准化方法和基于内部模型的方法）计算总风险加权资产；仅使用标准化方法计算总风险加权资产的72.5%”。[2]

四、监管者（原则19至21和原则23至25）

《巴塞尔核心原则》第19条至第21条和第23条至第25条涉及银行监管者的作用，包括监管方法（原则19）、监管技术（原则20）、监管报告（原则21）、矫正和重述权力（原则23）、综合监管（原则24）以及与母国的关系（原则25）。[3] 除巴塞尔委员会有关银行监管的主要国际标准外，还就银行问题和支持解决这些问题的框架制定了更多的标准和指导。

第四节　解决银行问题的框架体系

银行业监管的另一个重点是提供适当的安全网和退出机制——目前《巴塞尔核心原则》（1997年和2006年）对此已做了充分处理，但认为“监管”并未严格涵盖这些原则。银行系统崩溃对社会造成的高昂代价是几乎所有发达国家通常以存款保险的形式为储户提供特定安全网的主要原因。它涉及在银行系统的稳定受到威胁时可能动用公共资金。虽然其用意通常是尽量减少公共资金的潜在损失，但现实情况是，在明显的或实际系统不稳定的情形下，世界各国

〔1〕 Basel Committee on Banking Supervision：High Level Summary of Basel Ⅲ Reforms，2017，p. 25. www. bis. org.

〔2〕 Basel Committee on Banking Supervision：Finalising Post-Crisis Reforms，2017，p. 16. www. bis. org.

〔3〕 See Basel Committee，*Consultative Document*：*Core Principles Methodology*，Apr. 2006，p. 39-40.

政府不仅在潜在或实际存在系统风险的情形下支持稳健的个别银行，而且往往支持不健康的银行，无论其是否具有系统重要性。这种制度安排（或对事实上政府保障的普遍信念）不可避免地造成道德风险，因为它们使利益攸关方可能至少获得部分赔偿，以免因中介机构失灵而蒙受损失。这些问题在20世纪80年代的美国储蓄和贷款危机中得到了清楚的说明，过去25年来，这些问题一直体现着银行业脆弱性特征。起初，储户保障计划，尤其是存款保险制度，并不是存在于真空中，而是整个金融安全网的组成部分。其核心是，在任何特定经济体中建立金融安全网的目的就是最大限度地减少系统性风险，促进金融稳定与经济发展。具有核心意义的是，金融安全网的所有部分都是相互关联的，在设计时必须以综合方式共同努力。按照马里恩·乔瓦诺莉的观点：〔1〕

> 审慎监管、清算、金融当局的潜在责任和存款担保计划等议题相互关联，形成大量相互关联的议题，需要在全球范围内加以解决。

一般而言，法律和法律基础设施不但在建立有效的金融安全网方面具有基础性作用，而且在金融稳定和经济发展方面也具有根本作用。〔2〕 2001年阿里斯·德米尔古克·昆特和爱德华·凯恩分析了存款保险和金融稳定之间的关系。

> 对存款保险的跨国实证研究有力地支持这样一种假设，即在制度薄弱的环境中，设计不当的存款保险制度往往会增加未来发生银行危机的可能性。〔3〕

虽然基于这一结论的方法和结果可能受到批评，但他们建议各国政府在采用明确的存款保险计划之前解决透明度、威慑性和问责制等弱点，尤其注重银行监管、保护财产权、合同可执行性以及会计和披露质量。同样，詹姆斯·巴特、杰拉尔德·卡普里奥和罗斯·莱文也特别指出：〔4〕

---

〔1〕 M. Giovanoli, *Preface*, in M. Giovanoli and G. Heinrich eds. , International Bank Insolvencies: A Central Bank Presperctive, Kluwer, 1999, p. xv.

〔2〕 See A. Demirgüc-Kunt and R. Levine, *Financial Structure and Economic Growth: A Cross-country Comparion of Banks, Markets and Development*, MIT Press, 2001, p. 38.

〔3〕 A. Demirgüc-Kunt and E. Kane, *Deposit Insurance around the Globe: Where does it works*, world Bank, Jul. 2001, p. 24.

〔4〕 J. Barth, G. Caprio and R. Levine, *Bank Regulation and Supervision: What Works Best?*, World Bank, Aug. 2001, p. 87.

……迫使准确信息披露并限制设计不当的存款保险的道德风险激励机制法规和监管做法,可以极大地提高银行的业绩和稳定性。

我们在分析储户保障计划时,首先必须将其放在适当的语境下,即作为旨在防止系统性风险和维持金融稳定的整体金融安全网的一个方面。一般而言,金融安全网是从具体的监管目标(广义而言,包括处理和防止系统性风险的一般目标)发展而来,形成了传统的监管和监督程序。在此过程中,主要机关及其职能可分为:(1)货币政策机关;(2)监督机关;(3)最后贷款人机关;(4)存款保险机关;(5)破产机关;(6)刑事机关;(7)立法机关和政府(制定政策);(8)司法制度(争端解决、合同执行和司法审查);(9)国际承诺(如世界贸易组织《服务贸易总协定》)。

从历史来看,银行监管是为了应对银行业务的性质引发危机而设定的,而银行业务的性质是建立在对信贷和期限风险管理的基础上的那部分准备金制度——只要储户对自己在各银行的资金安全保持信心,这种制度就能发挥相当大的作用。当然,风险在于,一家银行的倒闭可能导致具有传染性的信心丧失,导致银行挤兑,不但可能导致个别银行的崩溃,而且可能导致整个银行系统的崩溃(系统性风险),进而导致经济活动普遍崩塌。对这一经典而非常真实的问题之回应是亨利·桑顿和沃尔特·白芝浩分别于1802年和1873年所提出的需要"最后贷款人"理论的发展。[1] 最后贷款人提供流动性支持,使银行能够满足储户的要求,避免银行倒闭,从而支撑信心,阻止潜在的系统性崩溃。

当然,问题在于同样经典的"道德风险"理论。具体而言,在此种情况下,道德风险有两个组成部分:第一,由于政府承诺提供援助,可能激励管理层承担额外(可能过多)的风险;第二,潜在的费用给公共财政带来风险。理想情况下,第二种支持不应存在,当局往往过于积极地采取支持措施,从纯粹的流动性支持(不包括公共支出)转向更一般的偿付能力支持(需要非常高的公共支出)。对这一问题的反应是发展可称为传统的银行监管和监督程序。在此提法下,传统监管程序的目标表面上很简单:预防和解决金融中介危机。不幸的是,虽然目标简单,但它的成就却并非如此。然而,预防和解决银行危机的传统提法的内容值得审查。在最基本的情况下,此提法涉及两套进程:针对事前的评估程序和针对事后的评估程序。

---

[1] See H. Thornton, *An Enquiry into the Nature and Effects of the Paper Credit of Great Britain*, J. Hatchard, 1802, p. 12.

事前评估措施侧重于两个相关目标:第一,支持健全的管理和内部控制(管理良好的银行不太可能成为危机或危机蔓延的对象);第二,监管和监督(银行管理层,也可以说是公共当局需要遵守规则;同时还需要对银行管理进行监督,以确保它实际上遵守规则)。体例上的问题涉及行政程序和规则与基于自由裁量权的方法(如迅速矫正行为)。当然,尽管两者表面上看起来相对简单,但我们只是在最近十年才开始就其内容达成一致意见。

事后评估措施的重点是增强信心、遏制传染蔓延和解决日积月累的问题。即时采取的措施侧重于暂停赎回存款(从来不受欢迎),通过最后贷款人机制(处理流动性不足)提供支持以及各种储户保护机制,其中最重要的是存款保险(解决破产问题)。此外,还需要采取其他事后措施处理特定中间人的破产问题。在个人中介破产方面,有四个主要机制:(1)组织"一揽子"救援计划;(2)提供开放式财政援助;(3)兼并或收购(公营或私营);(4)清算和清偿。最后,在特定情形下,还需要采取措施解决系统性破产(与"普通"银行破产完全不同的问题),但这些措施很少,都是在现实情形到来之前才组织起来的。[1] 我们在考虑法律的作用时,需要更深入地审视传统危机管理过程中所出现的问题。

一、储户保护计划

解决危机且提高储户信心必须设计特定机制。其基本想法是,可以建立某种储户保护计划,以支持危机时期的信心,并协助解决正常的银行破产问题。近年来,越来越多的经济体转向这类制度,尤其是存款保险制度。有三个相互关联的法律和政策问题是从法律视角解释存款保险的基本问题:第一个问题是存款保险的强制性,而不是中央银行作为最后贷款人角色不可预知的特性。第二个问题是显性保险和隐性保险的区别。第三个问题是根据明确的存款担保计划为储户提供保险的优先债权人地位。

存款保险为特定存款人提供担保。另外,最后贷款人的支持是有条件的。在发生危机时注入流动性不是强制性的,而是可自由裁量的,即由中央银行当局斟酌决定。因此,明确的存款保险为投保的储户提供了法律上的确定性。在央行提供紧急流动性援助方面,总是存在一定程度的不确定性(一些经济学家将其称为"结构化的含混不清")。还应指出的是,虽然明确的存款保险主要保

---

〔1〕 See D. Hoelscher and M. Quintyn et al., *Managing Systemic Banking Crises*, IMF Occasional Paper 224, Aug. 1993, p. 9.

护储户，但最后贷款人的职能主要保护金融系统（系统性考虑因素）。为了最大限度地减少发生重大危险的风险，必须界定每一种体制安排可以做什么、不能做什么或不应该做什么。明确的存款保险可以保护投保的储户，但它不能——也不应该——保护其他储户或债权人、股东或经理。明确的存款保险不能保护银行，因为它只能在银行关闭后才能被激活。最后贷款人：[1]

> ……在没有其他资金来源的情况下，可以在很短的时间内提供紧急流动资金——预先快速兑现。央行不应在未经财政当局明确批准的情况下长期放贷，也不应承诺提供资金。

作为起点，任何形式的储户保护都可以是隐性的，也可以是显性的；任何司法管辖区显然都有可能根本没有这样的制度；虽然有些人认为，任何制度实际上都不是政府的隐性保证，即使政府由于政治原因不能提供显性支持，然而已设法袖手旁观。在大多数情形下，任何一种存款保险制度实际上只是一种隐性的政府担保，至少对最大金融中介机构的储户来说就是这样。虽然隐性担保肯定会引发许多问题，但这些问题通常都是政治性的，而非法律上的。显性的担保制度通常采取两种形式之一：（1）所有存款的明确总括担保；（2）明确、有限的存款保险制度，每一项都提出了各种法律问题。显性的存款保险，即依法设立存款担保计划，并就“保险”或保护的程度、计划的规则和受保护的存款/储户的类型制定规则，可成为保护性银行监管的有用工具。事实上，显性存款保险传统上有两个目的：保护消费者和防止银行挤兑。此外，显性的存款保险制度存在的第三个理由是，它许可公共当局易于关闭银行，因为公共当局在政治上可接受清算资不抵债的中介机构，并使不成熟的储户受到保护。

根据显性的存款保证计划，储户只有在银行关闭，并在许多情况下被清算后才能获得付款（但事实上，有充分的理由认为，应在关闭后尽快付款，而不是为清算、破产解决等目的而扣留款项）。由此，如果银行保持营业，就不可能有存款保险。既而显性的存款保险以银行破产为前提，不符合“大而不能倒”的理论（即某些中介机构，由于其在金融系统中的重要性，不可避免地构成系统性风险，因此必须特别谨慎对待）。

与显性的存款保险不同，隐性的存款保险可能是对所有类型的储户（无论有保险还是无保险）、其他债权人、股东甚至经理的一种“全面担保”——因为它

---

〔1〕 R. Lastra, *Legal Foundations of International Monetary Stabilit*, Oxford University Press, 2006, p. 344.

是隐含的，其确切含义只能从先前的行为中推断出来。隐性的存款保险通常假定银行仍在营业（要么是因为“太大而不能倒”，要么是因为政治上很难关闭这家银行），从而产生普遍的道德风险激励。虽然显性的存款保险是事后执行（在银行关闭之后），但隐性的存款保险往往是在银行仍在经营期间执行。

显性的存款保险计划只会对纳税人造成非常有限的损害，而对于存款保险计划的资金来源可能根本不会有所损害，但在实践中肯定不一定能做到这一点。然而，隐性存款保险可能将负担转嫁到纳税人身上，因为救助方案往往由政府提供资金。这类援救方案的使用不仅会导致道德风险的考量，而且还可能影响竞争，尤是在适用“太大而不能倒”原则的情形下。显性的“一揽子”担保既可以采取正式的法律形式（日本、墨西哥、土耳其、中国台湾地区），也可以仅仅是政府的声明或政策（韩国、马来西亚、瑞典、泰国）。对于信心而言，两者都可能足够清晰和有力；如果政府决定取消担保，转而建立一个明确的、有限覆盖的存款保险体系，就会出现困难。核心问题是保证的可信性：政府是否能够调动足够的财政资源和政治承诺来履行保证？一些国家（包括日本、韩国、瑞典和土耳其）似乎已成功地从“一揽子”担保过渡到有限、明确的制度。显性的存款保险是一种仅限于一种“优先债权人”的担保，即投保的储户。在显性的存款保险下，未投保的储户、其他债权人、股东和经理不受保护。因此，显性的存款保险更符合市场纪律，因为未投保的储户和其他债权人有兴趣在仍在运作的情况下监督银行的偿付能力。同时，显性的存款保险，通过限制对“有保险的储户”的保护，使未投保的储户、一般债权人、次级债务持有人、股东和管理层面临更大的风险，从而鼓励他们监测和限制银行的风险。这些激励措施非常重要，尤其是对股东而言，他们的有限责任使他们更容易在高风险/高回报的基础上放贷，同时通过高杠杆限制他们自己的风险敞口。在没有公开的银行援助情形下，管理层也倾向于审慎经营银行，否则就有可能被撤职。当然，显性的存款保险必须设定在使国家当局能够接受银行清算的政治后果层面。

2001 年 9 月，金融稳定论坛核可了其存款保险工作组的报告，作为考量采用明确且有限覆盖的存款保险制度的司法管辖区的国际指导。报告建立在三个一般性结论基础上：(1) 显性和有限的存款保险比隐性的存款保险更可取，因为它厘清对储户和债权人的义务，并限制可能导致任意行动的自由裁量决定范围；(2) 存款保险制度必须有妥善的设计、良好的实施和公众的理解，使其具有公信力和避免道德风险；(3) 要使存款保险制度更有效，存款保险制度必须成为精心设计的金融安全网之一部分，并得到强有力的审慎监管、有效的执法以及健全的会计和披露制度的支持。

根据金融稳定论坛的报告,存款保险制度的主要目标是:一是促进一国金融体系的稳定;二是保护对金融不太熟悉的储户,使其不会在银行倒闭时损失存款。工作组为考量采用或改革明确而有限覆盖的存款保险制度的国家制定了20个“关键指南”。关键指南可分为四个主要主题:(1)存款保险制度的语境问题,具体有:①语境;②道德风险。(2)采用和维持存款保险制度的程序,尤其是:①公共政策目标;②情形分析;③过渡:存款保险全面保障;④自我评估方法。(3)结构和设计特点,尤其是:①授权和权力;②结构;③治理;④人力资源和法定赔偿;⑤安全网参与者之间的相互关系;⑥成员资格;⑦覆盖面;⑧资金;⑨公众意识;⑩跨界问题。(4)决议、偿还、索赔和追溯,尤其是:①未能解决的问题;②偿还存款人;③索赔和追溯;④存款人排序、抵押和抵销权。因此,金融稳定论坛在此提供了必要的指导,尽管它既没有列入金融稳定论坛的标准清单,也没有列入国际货币基金组织和世界银行的框架体系。

二、银行破产

除立即采取措施处理银行危机(如最后贷款人职能)外,还需要建立一些制度处理有关银行破产的特定事件。不过,在那些不打算让任何银行破产的司法管辖区,显然没有一套制度是必要的。

一般而言,银行破产的目标有三个:(1)公平对待所有债权人;(2)最大化破产财产的价值;(3)减少系统性风险——这三个目标有可能发生冲突。然而,在通常情形下,不同的功能通常嵌入在不同的机构中。主要当局及其职能可分为:(1)破产当局;(2)监督当局;(3)最后贷款人;(4)货币政策当局;(5)存款保险当局;(6)刑事当局。[1]

一方面,传统方法的可用性在很大程度上取决于各种法律制度。“一揽子”救援建议的组织通常不需要特定的授权。另一方面,提供公开援助的能力可能受到法律的明确限制。在特定司法管辖区,公营机构或私营机构都可能进行合并或收购,有些司法管辖区专门制定针对金融中介机构合并/收购的具体法例,而另一些司法管辖区(尤其是普通法司法管辖区),针对这类问题主要通过有关公司法加以解决。然而,在大多数情形下,有关许可证或授权的银行法律或条例会出现问题。最后,清算和清偿的提供情况各不相同,有些法域有完全独立的银行破产制度(如美国),而在另一些法域,银行破产基本上是通过一般

---

〔1〕 See Gregor Heinrich, *Current Developments in Monetary and Financial Law*, Vol. 2, 30 October 2003, p. 283-285.

公司破产制度处理的，尽管通常由银行法律或条例以某种方式加以修改（如英国）。更令人关切的事通常发生在后一类法域，破产法和破产制度并不总是过于有效。值得注意的是，无效的破产制度也可能成为有效庭外解决方式的障碍。

除个别银行破产外，处理系统性破产的措施通常只有在实际情形下才能制定。不幸的是，金融安全网总体设计的薄弱不但可能导致这些问题，而且法律基础设施的支持薄弱也会使解决这些问题变得更加困难。由此，我们在强调储户保护计划的重要意义的同时，必须考量世界各地不同司法管辖区实施的多样性。实证分析表明，法律和体制设计对储户保护职能的有效运作和整个金融安全网的有效运作起核心作用。当然，从最近世界各地金融危机的经历（不但是过去30年，而且是过去一个世纪）中我们可以得出的教训是，机构（尤其是法律组织、法律机构和金融监管机构）对于预防和处理金融危机以及金融部门的发展和经济增长具有至关重要的意义。正是在此情形下，对这些机构的缔造者和负责实施的结构设计者的作用进行制度设计就变得至关重要。

总之，安全、有效和能产生预期效果的银行部门对支持金融发展和经济增长是绝对必要的。不安全的银行系统可能导致系统性金融危机和经济崩溃，如1997～1998年亚洲金融危机和2008年次贷危机。因此，我们首先必须考虑的是：预防风险目标是通过建立有效的金融安全网维持金融稳定，其重心是：(1)金融稳定；(2)银行监管；(3)保护储户。同样，如果其他金融中介机构（如小额融资机构、放债人和货币兑换商）正在开展银行业务，因而产生与银行类似的风险，也应同样加以处理。同时，正在发展的银行及其相关的内部机构对支持储蓄和金融资源分配也很重要。在此的重点是制定规则和激励措施，通过金融体系的基础、有效银行监管（尤其是安全有效的支付系统）的先决条件以及有效监督银行和类似的中介机构，如监督小额融资提供者、放债人和货币兑换商等，支持银行和相关中介机构安全、高效地开展银行业务以及控制他们参与银行业务的程度。在大多数发展经济体、新兴经济体和转型经济体，银行部门在经济中的金融资源分配和储蓄方面发挥重要作用，凸显银行部门在金融稳定和经济增长方面的核心作用。与此同时，其他“类似银行”的中介机构，如小额融资机构、放贷机构和货币兑换机构，也往往非常积极地参与发展经济体、新兴经济体和转型经济体的金融体系之中，并在金融资源的积累和分配方面发挥极其重要作用。因此，其重要性在于，必须有一个全面的制度处理各种不同类型的中介机构从事银行活动的风险，并支持发展不同形式的中介机构在经济增长和金融发展中起积极作用。总体上，在金融稳定语境下支持银行业发展的主要挑战和优先事项可概括为:(1)化解风险;(2)通过人力资本开发、教育和适当的监管,改善金融中介业务,增加中介服务;(3)通过改善金融中介和监管职能及其教育,增强信心;(4)通过增强信心使金融正规化;(5)加强对监管和执法的信心,发展适当的金融基础设施(尤其是支付系统、包括短期政府证券在内的货币或银行间市场,提高金融信息的质量和透明度),将金融业务联系起来;(6)以同等方式对待类似金融服务的提供者(避免监管套利),并为从事银行类活动的非银行机构提供渐进的发展系统。

一般而言,银行业务有三种基本形式:(1)基于关系的银行业务;(2)基于抵押品的银行业务;(3)基于现金流的银行业务。基于关系的银行业务在世界各地的所有金融系统中都很常见,是解决贷款中存在信息不对称问题的一种手段。同时,虽然基于关系的银行业务可能是一种极为有效的业务形式,但如果贷款不谨慎和基于商业判断也会带来风险。毕竟,亚洲金融危机的最大根源之一是"裙带资本主义",其特征不是基于商业判断,而是基于政治支持和立场。因此,商业判断必须成为基于关系的银行业务之基础,以支持金融稳定和经济增长。以抵押品为基础的银行业务也许是世界上最常见的银行业务形式。抵押品是一种可以减少贷款固有风险的机制。但是,以抵押品为基础的贷款也会产生自身的风险:大量的银行危机是由商业地产价值过高的抵押贷款带来的。因此,以抵押品为基础的贷款在通过减轻风险鼓励融资方面再次发挥重要作用,尽管它是一种需要谨慎使用的工具,且由于存在危险,是银行监管的一个主要重心。在这三种主要技术业务中,基于现金流的银行业务可能对经济增长具有最大的潜在经济效益,但是也需要最复杂的体制框架才能发挥作用。在体制框架中尤其重要的是高质量的金融信息制度和可靠的合同执行制度以及发达的结构环境。《巴塞尔协议Ⅱ》至少有助于支持更多基于现金流的贷款,因为它的实施表明金融监管和金融发展之间存在某种内在联系。

第七章 非银行融资：证券、保险、养老金和小额信贷

银行监管的传统重点一直存在系统性风险。因此，直到最近，银行业比非银行业金融受到监管机构和研究人员的关注更多。同时，在大多数发展经济体、新兴经济体和转型经济体，银行占金融的大部分，是支持经济增长和金融发展的一个核心点。在许多方面，银行业的这种优势往往是由于银行（及其相关活动）比许多形式的非银行业金融更容易在较弱的体制环境中生长和发展。大多数形式的非银行业融资——尤其是证券、保险和养老金，除了小额金融以外——往往需要更为强有力的体制环境，才能发展和运转良好。与此同时，在许多复杂的金融体系（包括国际金融体系）中，非银行业金融现在占金融业的大部分，在过去60年中，银行业所占份额稳步下降，而证券、保险和养老金所占份额在同一时期稳步上升。因此，从发展视角来看，不但在发展经济体、新兴经济体和转型经济体，而且在发达经济体（欧洲大陆就是最好的事例），对发展证券、保险和养恤金的关注也越来越多。由于许多国家所面临的体制环境挑战以及为了支持广泛的经济增长，需要在所有经济体获得资金的机会扩大到尽可能广泛的客户，因此也对一个新的领域——小额信贷——给予极大的关注。除发展旨趣之外，注意力还集中于证券、保险和养恤金，因为这些领域表明它们本身也是系统性风险的潜在来源。因此，从金融稳定视角来看，也是令人关切的问题。在此的事例包括1999年亚洲金融危机、巴西和俄罗斯金融危机之后长期对冲资本管理濒临崩溃（在这场危机中，崩溃可能会对国际金融体系产生系统性影响）以及包括联合王国和澳大利亚在内的一些司法管辖区的保险公司崩溃和2008年次贷危机（严重影响到它们的客户，因此也影响到当选的政府）。此外，许多发达国家（以及一些发展经济体、新兴经济体和转型经济体）正面临人口迅速老龄化以及对退休和养恤金稳定性的相当关切，从而引起人们对养恤金稳定性和发展的极大关注和兴趣。

第一节　证券及衍生工具

与银行活动不同的是，证券活动是以市场为基础，需要透明和公开披露信息，市场才能正常运作。这些信息不但对证券市场的股票和债券的准确估值是必要的，而且对于证券的持有人保护自己的权利和发挥公司治理作用也是必要的。然而，阿尔巴尼亚等国家的证券监管失败所造成的社会混乱清楚地表明，证券业监管失败也存在相当大的风险。促进市场透明度的标准和机构的失灵导致投资者对资本市场缺乏信心。在许多国家，个人投资者对其证券市场和投资缺乏信心。此外，在世界许多国家，基本上不受监管的大型投资基金（如长期资本管理）的失败，在一定程度上导致投资者对市场失去信心。世界许多法域尚未制定健全的规则，要求向投资者提供与公开发行投资基金有关的信息。反过来，投资者也无法评估他们作出投资决定所需要信息的准确性。证券监管框架的失败也使新兴经济体、发展经济体和转型经济体可能发生严重的金融欺诈和市场操纵行为，对金融部门的发展前景产生不利影响。当然，我们在研究金融稳定背景下的证券发展时，首先必须考虑金融稳定论坛在这方面所确定的关键性标准。

一、金融稳定论坛的关键标准：证券监管目标和原则

作为国际金融标准倡议的一部分，国际证券委员会组织被授权制定国际上可接受的证券监管原则和标准，该组织发布和通过了《证券监管目标和原则》。[1] 国际证券委员会组织分别于2002年[2]和2003年[3]发布了略有修订和更新的版本。国际证券委员会组织的目标和原则被金融稳定论坛公认为证券监管领域的关键性标准，并反映国际证券委员会组织的一致意见，即应当有某些原则构成有效的证券和衍生品市场监管体系的基础。该文件是国际证券委员会组织执行委员会、技术委员会和新兴市场委员会的共同努力，并于1998年9月在国际证券委员会组织年会上获得正式通过。

国际证券委员会组织的目标和原则确定证券监管的三个主要目标：(1)保护投资者；(2)确保市场透明和有效率；(3)减少系统性风险。为了实现这些目

---

〔1〕 See IOSCO, *Objectives and Principles of Securities Regulation*, Sep. 1998, p. 5.

〔2〕 See IOSCO, *Objectives and Principles of Securities Regulation*, 2002, p. 9.

〔3〕 See IOSCO, *Objectives and Principles of Securities Regulation*, May 2003, p. 5.

标,国际证券委员会组织制定一些原则,作为证券和资本市场法律框架的一部分予以执行。[1] 国际证券委员会组织的目标和原则分为三个部分:第一部分对文本进行介绍,对证券监管的目标和原则进行阐述,并对每一项目标都作了简要的讨论;第二部分介绍监管者的可欲性和自律组织的潜在作用,且考虑了监管机构的执法和市场监督工作以及监管机构之间密切合作的必要性;第三部分讨论证券监管目标的实际影响,尤其是证券、集体投资计划、市场中介机构、二级交易市场以及交易的清算和结算等问题。第二部分和第三部分的每一个实质性部分都有一个分格框的分节,其中简要列出为实现各项目标而应遵循的原则。

首先,证券监管机构的责任应当明确和客观,监管机构在行使其职能和权力时应在业务上独立并接受问责。监管机构必须拥有充分的权力、适当的资源和履行其职能的能力,包括必须遵守最高专业标准的工作人员,包括适当保密和披露个人利益的工作人员。此外,监管机构在行使其职能时,必须采取明确和一致的监管程序。为了确保执法得当,监管机构必须拥有全面的检查、调查和监督权力,以支持全面的执法权力。

其次,作为监管制度的一部分,适当利用与相关自律组织市场的规模和复杂性相适应的情势,将证券交易所等机构包含在内,且这些机构对其各自的主管领域行使直接监督责任。然而,任何自律组织在行使任何权力和下放责任时都应接受监管机构的监督,以遵守公平和保密的标准。无论监管机构与任何自律组织之间的责任分工如何,总体而言,监管系统应确保有效和可信地使用检查、调查、监视和执法权力,并实施有效的合规计划。作为一个方面,需要建立明确和适当的权力机构和机制以便与国内和国外的对口单位分享信息和进行合作。

再次,关于市场中介机构,监管必须规定最低准入标准、初始资本要求和持续资本要求以及其他审慎要求(如处理市场风险和资产负债表外活动的要求)。还必须要求市场中介机构遵守旨在保护客户利益的内部组织和业务行为标准,并根据这些标准,中介机构的管理层对这些事项必须承担主要责任。[2] 适当的领域包括风险管理、控制和监管安排。[3] 此外,需要制定处理市场中介机

---

〔1〕 See IOSCO, *Objectives and Principles of Securities Regulation*, May 2003, p. 6-9.

〔2〕 See IOSCO, *Objectives and Principles of Securities Regulation*, May 2003, p. 1-10.

〔3〕 See IOSCO, *Risk Management and Control Guidance for Securities Firms and Their Supervisors*, May 1998, p. 6.

构失灵的程序以最大限度地减少对投资者的损害和损失，并遏制可能通过传染性恐慌对金融系统构成系统性风险的信心冲击。更具体的要求涉及集体投资计划（如单位信托或共同基金）所构成的特殊风险，包括对希望推销这类计划的人实行许可证发放和监管；必须有关于这类计划的法律形式和结构的法律规则包括对客户资产的隔离和保护；单位的风险披露和资产评估、定价和赎回也必须划定。[1]

最后，为了提供足够的市场信息，证券发行必须满足充分、及时和准确披露金融结果和投资者决策所需的其他信息材料要求。应留存法律保险金以确保公司的证券持有人得到公正和公平的待遇。此外，会计和审计标准必须具有很高的且国际上可以接受的质量。除初级市场之外，二级市场也需要关注，包括证券交易所在内的交易系统必须接受监管授权和监督；包括持续性监督以确保通过调查，威慑操纵不公平交易的做法保持交易的完整性和透明度；适当管理大规模风险、违约风险和市场混乱，监管结算和交付系统也是极其重要的。

因此，《证券监管目标和原则》的目标超越了传统的金融监管领域（保护投资者和减少系统性风险），涵盖了市场的公平、效率和公正。从历史上看，证券监管并非像银行业那样受到重视。然而，发达国家的经验表明，对证券市场充分披露和透明度要求增加了投资者对这类市场的信心，从而激励其发展和扩大。[2]

二、金融稳定论坛的其他标准

与银行业领域类似，《金融稳定论坛简编》还包括与证券监管有关的各种标准，这些标准超出了国际证监会组织的主要目标和原则。金融稳定论坛证券监管框架包括下列六个方面的标准：(1)一般性；(2)资本充足率；(3)跨境信息共享；(4)信息披露和透明度；(5)风险管理；(6)市场运作。[3] 除已讨论的国际证券组织的目标和原则以及证券结算的关键性标准外，一般类别还包括对高标

---

〔1〕 See IOSCO, *Objectives and Principles of Securities Regulation*, May 2003, p. 12–17.

〔2〕 See B. Steil, *The European Equity Markets: the State of the Union and An Agenda for the Millennium*, Royal Institute for International Affaires, 1996. J. Seligman, *The Transformation of Wall Street: A History of the Securities and Exchange Commission and Modern Corporate Finance*, 3rd ed., Aspen, 2003, p. 125.

〔3〕 See IOSCO, *Recommendations for Securities Settlement Systems*, Nov. 2001, p. 5.

准监管和相互合作的一般承诺。[1] 资本充足率包含在单一标准内。在跨界信息共享方面,包括关于信息共享、合作和谅解备忘录的指导。[2] 关于信息披露和透明度——证券市场尤其关注的问题——金融稳定论坛就公开披露银行和证券公司的交易和衍生品活动以及跨境证券发行和上市的信息提供了指南。风险管理标准涉及内部控制和相关的监管问题、客户资产和场外交易衍生品。[3] 市场运作涵盖相关基础设施类别中未涉及的一系列问题,其中包括交易所交易衍生品、互联网金融和集体投资计划。[4]

三、执行

2002 年年底,国际货币基金组织和世界银行对《金融部门评估方案/遵守标准守则报告》倡议下的经验进行一次审查。在证券监管领域,1999 年开始进行评估;到 2002 年 12 月,根据《金融部门评估方案》进行了 48 项评估。在审查中发现一些共同的重要弱点:(1)体制薄弱,尤其是监管资源有限;(2)权力分散于若干当局,往往缺乏明确的作用;(3)监管机构缺乏预算独立;(4)执行权薄弱;(5)即使不符合招股章程内容要求,也无足够的权力阻止发行招股说明书;(6)持续披露制度的缺陷;(7)对中小股东保护不力;(8)审计员在确保披露方面的弱点;(9)对中介机构的监管薄弱,包括风险管理、内部组织、资本充足率和失败的解决办法;(10)检查操纵行为和其他不公平交易行为的薄弱环节;(11)结算和交收系统的监督薄弱。就进程本身而言,缺乏评估方法也是一个问题。虽然方法问题尚未得到适当处理,但截至 2007 年 1 月,国际货币基金组织和世界银行已根据国际证券监督委员会组织的目标和原则发布了 49 个国家有关《金融部门评估方案/遵守标准守则报告》,反映了其对这一领域的日益重视。

四、发展中的证券市场

所有发达经济体、新兴经济体、转型经济体和发展经济体都有特定形式的

---

[1] See IOSCO, *Report on the Self-Evaluation conducted by IOSCO Members Pursuant to the 1994 IOSCO Resolution on "Commitment to Basic IOSCO Principles of High Regulatory Standards and Mutual Cooperation and Assistance"*, Nov. 1997, p. 35.

[2] See IOSCO, *Principles of Memoranda of Understanding* (MoU), Sep. 1991, p. 9.

[3] See IOSCO Technical Committee, *Operational and Financial Risk Management Control Mechanisms for Over-the-counter Derivatives Activities of Regulated Securities Firms*, Jul. 1994, p. 31.

[4] See IOSCO, *Principles for the Supervision of Operators of Collective Investment Schemes*, Sep. 1997, p. 27.

银行体系,尽管它们的发展水平大不相同,在各自的经济体系中发挥的作用也不尽相同。然而,直到最近,在大多数经济体中,证券市场远不如银行业发达。这一点应该而且正在改变。菲利浦·戴维斯的研究表明,"在周期性衰退以及银行和证券市场危机期间,活跃的证券市场与银行并存确实有利于企业融资的稳定",从而支持"多种金融中介渠道"对经济体带来好处。[1] 因此,世界各国政府正在继续寻求支持国内证券市场的发展。法律和法规在证券发展和维持金融稳定方面都发挥着重要作用。近年来,在国际和区域两级开展了重要工作,以制定支持金融稳定和证券市场发展的标准。[2] 然而,目前的标准没有充分注重发展。同样,也没有制定足够的指南支持各经济体积极将国内市场纳入国际证券市场,同时又能保持国内稳定。虽然全球市场对规模最大、最成功的公司以最具有竞争力的资本成本获得融资很重要,但国内市场对规模较小公司的发展仍然非常重要。

关于支持证券市场发展的各种体制安排,尤其是在支持市场发展方面,究竟哪种体制选择比其他体制选择更为有效,已经和正在进行许多令人兴奋的研究。然而,到目前为止,这项研究尚未提高到对支持证券市场发展的最佳体制基础设施要素总体连贯性的理解水平。尽管如此,各经济体着眼于现在的研究以期将经验教训应用于本国市场的发展,如墨西哥明确地提到这一点。然而,这项研究及其应用是否将代表经济发展咨询意见方面的真正进展,或者它是否会成为另一种理论,即如果在现实世界中加以应用,将导致经济增长和发展在艰难道路上又进入一条死胡同,仍有待观察。

(一)发展股权证券市场

股权资本市场的发展取决于是否存在一系列有效的公司法,其中至少包括对公司结构的规制、对少数股东的保护以及健全的公司治理政策。除了公司法的正式规则外,某种形式运作良好、可靠和透明的会计制度不仅对资本市场的运作至关重要,还是任何有意义的公司业务结构的一个基本方面。此外,受良好训练的管理人员必须充分了解,并加强其责任。

在股票市场发展进程中,法律基础设施尤为重要,它特别强调对投资者的保护。研究人员发现,基于国家层面的数据对投资者更好的法律保护与下列因

---

〔1〕 See E. Davis, *Multiple Avenues of Intermediation, Corporate Finance and Financial Stability*, IMF Working Paper WP/01/115, Aug. 2001, p. 22.

〔2〕 See M. Steinberg and D. Arner, *International Securities Law*, 2nd ed., Kluwer, 2007, p. 312.

素有关:(1)更高的股市估值;[1](2)上市公司在资产或投资变化方面的更高价值;[2](3)较大的上市公司在销售和资产方面的价值;[3](4)更多地依赖公司的外部融资实现增长[4]。保护中小股东的潜在重要法律方面包括:[5]公平和可靠的司法制度、对附在股票上的表决权的管制、优先购买权、董事的忠诚义务、小股东对控制人认为的压迫进行抗辩的机制、禁止内幕交易的法律和对披露的管制。其中,披露和私人执法可能是最重要的。在一项重要研究中,拉斐尔·拉·波塔、弗洛伦西奥·罗培兹—塞伦和安德烈·萨雷夫认为,没有发现任何证据表明公共执法有利于证券市场;相反,要求披露信息和通过责任规则促进私人执法的法律提供了最大的好处。[6] 为了支持披露监管对证券市场发展的重要性,普伦蒂斯通过对行为研究的审查,并告诫说,期望自愿披露最佳信息水平的问题,期望证券中介机构适当考虑投资者的利益,或者期望投资者能够有效地为欺诈行为提供保护,都是过于乐观的做法。[7]

(二)国际披露标准

在披露方面,国际证券监督委员会组织发布了一套标准。为了在国际证券监督委员会组织的目标和原则中建立关于发行和上市标准的一般原则,该组织制定了公开发行招股章程最低限度的内容框架。后一份文件旨在为世界各地的监管机构和证券交易所接受国际发行文件制定一个基本框架。这一框架可作为进一步制定证券交易所上市要求和世界各地监管机构招股说明书在国际上的可接受基础。国际证券监督委员会组织称,“这份报告提出了一套非财务报表披露标准,将适用于寻求进入东道国市场、促进跨境发行和首次上市的外国公司”。[8] 其意是,这些标准将许可发行人编写单一的披露文件,作为一次在不止一个司法管辖区筹资和上市的“国际通行证”。如果成功,这些标准的实

---

[1] See R. La Porta et al., *Legal Determinants of External Finance*, 52 J. Fin. 1131(1997), p. 112.

[2] See R. La Porta et al., *Investro Protection and Corporate Valuation*, 57 J. Fin. (2002), p. 1147.

[3] See K. Kumar, R. Rajan and L. Zingales, *What Determines Firm Size?*, NBER Working Paper 7208, 1999, p. 32.

[4] See R. Rajan and L. Zingales, *Financial Development and Growth*, 88 Am. Econ. Rev. (1998), p. 559-586.

[5] See B. Cheffins, *Does Law Matter? The Separation of Ownership and Control in the United Kingdom*, 30 J. Legal Stud. (2001), p. 463-464.

[6] See R. La Porta et al., *What Works in Securities Law?*, Jun. 2004, p. 136.

[7] See R. Prentice, *Whether Securities Regulation? Some Behavioral Observations regarding Proposals for its Future*, 51 Duke L. J. (2002), p. 1397.

[8] IOSCO, *Press Communiqué*, 1998, p. 9.

施标志着在降低公司筹资成本方面向前迈出了重要的一步,使它们能够在多个法域发行或上市证券,而不必担心遵守多种非财务报表披露要求的负担。在收到国际证券监督委员会组织新兴市场委员会和国际金融界的意见后,这些标准得到了包括美国证券交易委员会在内的整个组织成员的批准。

第一部分列出“国际披露标准”(以下统称准则),供公司在跨境公开发行和股票证券上市时使用。该准则适用于上市、公开发售及出售股本证券以换取现金,除另有说明外,该准则适用于招股章程、发售以及首次上市文件和注册报表。准则涉及非财务报表披露要求,并未涉及若干其他问题,包括:(1)适当的会计和审计准则;(2)与其他类型交易有关的具体披露要求,如企业合并、投标要约、交换要约、“私有化”交易或利害关系方交易;(3)集体投资计划或无营运历史的“创业”公司;(4)连续申报披露规定;(5)证券交易所的适宜性准则,如营运历史、盈利能力、市场流通性、股票价格等。此外,它要求从事银行、保险和自然资源等某些专门业务的公司提供补充资料,并在第二部分(处理“标准”以外的披露问题)中提出具体要求。第二部分还提及对代表股票的证书人员的披露要求,如存托凭证、有表决权的信托证书或类似形式的所有权表示。[1]

这些标准旨在适用于跨境产品和上市公司。根据“国际披露标准”,证券的发行或上市被视为“跨国界”,如果该发行或上市是针对公司母国以外的一个或多个国家(无论发行或上市是否同时在公司的母国进行)。国际证券监督委员会组织认为,一般来说,除某些例外情况外,所有外国公司都可将“标准”适用于某一东道国提供的产品或上市。发布“国际披露标准”的建议是,国际证券监督委员会组织成员在各自的本国管辖范围内接受一份包含“国际披露标准”所规定信息的披露文件。然而,国际证券监督委员会组织认为,在特定司法管辖区,可能需要采取更多行动实施“标准”,并鼓励发行人在使用“标准”之前,核实“标准”在东道国管辖范围内已经生效。虽然“国际披露标准”不一定旨在取代或将要取代适用于任何法域的国内发行人的披露要求,但这些标准都包含在提供可替代性标准或由外国发行人编制单一披露文件基础上。

除准则要求的具体披露外,国际证券监督委员会组织证据表明,大多数国家都依赖一项压倒一切的原则,即在证券登记或上市或公开发行证券时,公司应披露对投资者投资决定至关重要的所有信息,这些信息对于充分和公平的披露是必要的。因此,准则所载具体要求的信息可能需要根据披露重要信息的一

---

〔1〕 See IOSCO, *Report of the Technical Committee*, *International Disclosure Standards for Cross-Border Offerings and Initial Listings by Foreign Issues*, 1998, p. 3.

般原则加以扩大,因为补充信息被认为对投资者是重要的,并且是必要的,以防止根据特定要求规定的披露具有误导性。“标准”还涉及遗漏信息和补充信息的问题。具体而言,如果披露要求不适用于发行人的活动范围或法律形式,则无须根据该要求提供信息,但如有可能,应提供同等信息。此外,“可能对公司或其证券产生重大影响的文件内容的任何重大变化或不准确之处,在文件公布之日至出售或上市之日期间所发生的,也必须予以充分披露和公布”。[1]

继导言和术语表之后,“标准”第一部分概述了可接受的要约/上市文件的内容。第二部分提供了关于“标准”未涵盖领域的具体国家信息,这些信息是在特定司法管辖区验证文件所必需的,应作为“封皮”纳入“国际披露标准”之后的招股说明书。跨境招股说明书概要包括下列信息类别:(1)董事、高级管理人员和顾问的身份;(2)提供统计数据和预期时间表;(3)关键性信息;(4)关于公司的信息;(5)经营和财务审查及其前景;(6)董事和雇员;(7)大股东和关联方交易;(8)财务信息;(9)要约和上市;(10)补充信息。

(三)执行

国际证券监督委员会组织认识到执行的重要性,于 2000 年 5 月编写一份关于“国际披露标准”执行情况报告,[2]17 名工作组成员对各国执行进展情况进行调查。对 16 个国家的调查显示:目前已接受外国公司按照“国际披露标准”编写的文件,或已采取步骤,在 2000 年的某个时候能够这样做。根据接受调查的人所提供资料,实施进展可分为五类:(1)在 2000 年 5 月之前通过修改法律或规则实施“标准”的国家(四个司法管辖区:西班牙、联合王国、墨西哥和意大利);(2)在 2000 年年底之前通过修改法律或规则实施“准则”的国家(两个司法管辖区:法国和美国);(3)不采用“国际披露准则”的国家和地区,需要通过酌处权或其他手段修改规则(八个法域:澳大利亚、比利时、德国、中国香港特别行政区、日本、卢森堡、荷兰和瑞士);(4)那些计划不重新修改规则以实施“国际披露标准”,但在过渡期间通过酌处权免除使用的法域(加拿大的两个法域:安大略省和魁北克);(5)不许可使用“标准”的国家(一个法域:瑞典)。

2001 年 2 月公布了塞缪尔·沃尔夫进行的另一项关于“国际披露标准”执行情况调查(非正式调查)。[3] 在非正式调查的结果中,沃尔夫发现,有四个国

---

〔1〕 IOSCO, *Report of the Technical Committee, International Disclosure Standards for Cross-Border Offerings and Initial Listings by Foreign Issues*, 1998, p. 3-4.

〔2〕 See IOSCO, *Report on Implementation of International Disclosure Standards*, May 2000, p. 16.

〔3〕 See S. Wolff, *Implementation of International Disclosure Standards*, 22 U. Pa. J. Int'l Econ. L. (2001), p. 91.

家通过适用于外国和国内发行人的规则和立法改革实施“国际披露标准”：意大利和墨西哥要求对外国和国内发行人使用“标准”；阿根廷要求外国发行人在2002 年某个时候对国内发行人适用同样的要求；新加坡要求使用，但对国外和国内发行人的标准作了修改。在调查报告中，沃尔夫发现有五个法域仅通过规则和立法修改对外国发行人实施了“国际披露标准”：在美国和瑞士，这些标准对外国发行人是可选的，但对国内发行人适用的标准不同，尽管外国发行人也可以遵守国内的要求；法国在 2001 年期间正在进行改革，许可外国发行人使用“准则”；西班牙要求使用准则。此外，英国的“上市规则”豁免符合“国际披露标准”的外国发行人遵守某些条文，但仍要求它们按照“上市规则”的其余条文提供上市详情。沃尔夫的调查发现，七个答复者预期没有必要修改立法和规则，但发行人可以接受“国际披露标准”：卢森堡、中国香港特别行政区、荷兰和比利时根据酌处权接受这些标准；德国认为这些标准符合上市要求；日本酌情接受，但只有以适当的日本形式接受；有关澳大利亚的情况沃尔夫无法确认。对国际证券监督委员会组织调查的答复表明，“标准”根据不同的授权被接受。在南非，是否接受“国际披露标准”尚不清楚，以色列、加拿大、印度和中国台湾地区也不能接受这些标准。从这些调查来看，不同司法管辖区使用“国际披露标准”可分为四类：(1)适用于所有外国和国内公司；(2)可供选择适用于所有外国和国内公司；(3)不适用于国内公司，但适用于外国公司；(4)不适用于国内公司，也不适用于外国公司。由此，沃尔夫得出结论：[1]

> ……到目前为止，在国际证券监督委员会组织标准颁布两年半之后的记录，充其量是喜忧参半……虽然在实施“国际披露标准”方面取得了一些进展，但实施进展可能比国际证券监督委员会组织预想的要差。仍然有一大堆招股说明书和上市规则，外国发行人必须像以前一样，逐个国家进行分类，以确定适用的披露标准。大多数情况下，根本没有提到“国际证券监督委员会组织标准”。

虽然沃尔夫的结论似乎并不乐观，但对准则和《国际会计准则》在两个最重要的资本市场（美国和欧洲联盟）的实施情况进行更仔细的分析表明，它们正在取得重大进展，两个法域都要求所有跨境要约必须遵循准则。

---

〔1〕 S. Wolff, *Implementation of International Disclosure Standards*, 22 U. Pa. J. Int'l Econ. L. (2001), p. 105.

(四)发展债务证券市场

虽然股票市场需要一定程度的体制支持才能发展,但债务市场的经验表明,市场发展需要更大程度的公共当局主动行动。就本质而言,债务市场是以利率为基础的;为了发挥作用,国内债务市场需要一个基准利率,在此基础上,不同风险水平与不同问题之间的价格变化。这一基准通常以既定经济体中政府债券的收益率曲线为基础。因此,为了支持债务市场的发展,一个司法管辖区的政府必须发行足够的不同到期日的债务,以提供具有足够流动性的市场,为不同期限的利率定价。为了发展这样的市场,除了以当地货币出售政府债务外,政府通常还需要建立某种销售和交易系统以提供一种支持流动性的机制。事实上,大多数发达经济体的历史经验都支持这一说法;例如,英国的债券市场是根据英格兰银行提供的官方银行债券定价信息发展起来。

在过去25年的全球金融危机之后,国际社会的注意力越来越集中在发达国家的地方债券市场上。在2000年发表的一份研究报告中,世界银行国际公司分析了亚洲债券市场的发展情况,并提供一些经验教训,以指导今后的发展努力。[1] 在最普遍的层面上,研究发现,许多相互作用的因素构成债券市场发展所必需的环境,需要从下到上加以考虑。这些因素包括围绕市场的因素、金融系统其他部分的因素以及市场内的因素。[2] 在此研究表明,初级市场能否建立取决于四个主要因素的存在:(1)市场参与者(内部);(2)政府承诺(内部);(3)宏观经济稳定和信誉(外部相关);(4)税收(外部相关)。如果这些因素到位,对于成功而言,四个因素依次变化很重要(都是交叉的):(1)政府证券市场;(2)股票和货币市场;(3)银行体系;(4)信用评级机构。二级市场甚至更难发展,在某些情况下甚至不可能发展。无论如何,市场的发展必须分阶段进行,其顺序和内容必然取决于国内的具体情况。[3] 继股权披露领域的积极经验之后,国际证券监督委员会组织最近还发布了债务披露标准,供公众咨询。[4]

(五)证券化

证券化当然不是不发达国家国内债务市场的灵丹妙药。然而,它却是一个

---

〔1〕 See A. Harwood ed., *Building Local Bond Markets: An Asian Perspective*, International Finance Corporation, 2000, p. 315.

〔2〕 See A. Harwood, *Building Local Bond Markets: Some Issues and Actions*, in A. Harwood ed., 2002, p. 1, 6-7, 8.

〔3〕 See A. Harwood, *Building Local Bond Markets: Some Issues and Actions*, p. 10-13, 15-16.

〔4〕 See IOSCO, *Consultation Report: International Disclosure Principles for Cross-border Offerings and Listings of Debt Securities by foreign Issuers*, Oct. 2005, p. 12.

有用的融资工具,既可以支持债务市场的发展,也可以支持其他公共政策目标,[1]包括通过减少期限错配实现金融稳定。事实上,证券化债券是美国和欧洲债券市场中最大的一部分。然而,如果没有一定程度的政府支持,证券化债务市场通常也不会发展起来。例如,在美国建立最大的证券化债务发行人(房利美、房地美等)都是政府的举措,尽管没有明确的担保义务。世界各地许多其他经济体的经验都支持政府在促进证券化发展所发挥的重要作用。

最广义的证券化是指把传统形式的双边、非流动性金融关系(如贷款)转变为可自由交易的市场工具(证券)的过程。在此广义的基础上,随着金融从传统的银行贷款转向资本市场,证券化已成为近四十年来金融市场发展的一个重要趋势。[2] 然而,更常见的情况是,证券化是指一种特定形式的金融交易,在这种交易中,资产(通常是某种类型的贷款或其他应收款,但可能是任何未来的收入流)被打包在一起,用来为发行者或证券发行提供担保或"支持"。这一过程可以在不同的结构下进行,但最常见的方式是通过一个单独的特殊目的机构发行债券。这种类型的交易称为资产证券化更为恰当。在美国发达的金融市场,资产证券化服务于许多不同的目的:(1)支持公共政策目标,如广泛的住房所有权和金融市场(尤其是资本和抵押贷款市场)的发展;(2)解决对金融机构的监管要求,尤其是适用于银行的资本充足率和贷款限额要求;(3)转移风险,尤其是在不良资产和投资组合多样化的情形下;(4)提供资金。[3] 这类金融结构在各种情况下的效用促使各国和世界各地的市场参与者寻求在市场上发展类似的结构。[4] 最成功的事例是欧洲。[5] 然而,这些努力需要置于适当的背景下:资产证券化是一种复杂的、以资本市场为基础的金融结构,它依赖于复杂的支持要素矩阵,所有这些要素都有重要的法律要素。其教训在于:传统的资产证券化结构不能简单地"空降"到特定金融体系(尤其是那些具有大陆法系传统的新兴经济体系),并期望实现它们在美国和欧洲那种特别有用的各种功能。然而,在任何特定法域进行资产证券化交易都是对该法域进行限制的一

[1] See D. Arner, *Emerging Market Economies and Government Promotion of Securitization*, 12 Duke J. Comp. & Int'l L. (2002), p. 505.

[2] See R. Smith and I. Waslter, *Global Banking*, Oxford University Press, 2003, p. 327.

[3] See D. Barbour, J. Norton and T. Slover, *Asset Securitization in Emerging Market Economies: Fundamental Considerations*, Int'l Fin. & Econ. L. (1998), p. 8-13.

[4] See C. Hill. *Latin American Securitization: the Case of the Disappearing Political Risk*, 38 Va. J. Int'l L. (1998), p. 328-329.

[5] See L. Jones, *European CMBS: All Talk and No Action*, 16 J. I. B. L. (2001), p. 149.

种有益的“压力测试”，尤其是在法律阻碍方面。

资产证券化交易所必需的要素可以从最常见的资产证券化形式——抵押贷款证券化的分析中得出。[1] 在最基本的层面上，抵押贷款证券化涉及多种支持要素：(1)以房地产为基础的融资市场，如抵押贷款；(2)资本市场，如证券市场；(3)支持证券化的基础设施，如对适当的特殊目的机构的法律支持。这三个要素相互关联，促进金融稳定和经济发展，但最根本的前提是，没有这三个要素，抵押贷款证券化(以及更复杂的资产证券化形式)是不可能实现。

1999 年亚洲开发银行对八个亚洲国家证券化情况的一份调查报告概略了下列总体特点：(1)流动性最大且微弱的国内债券市场集中于短期证券；(2)支持证券化的法律框架薄弱；(3)尽管发生亚洲金融危机，但初级抵押贷款市场规模庞大且不断增长。[2] 根据目前情况，报告书提出 13 项建议以鼓励亚洲地区发展以按揭银行为主的证券市场：

1. 促进宏观经济稳定；
2. 发展法律基础设施，以支持抵押贷款和次级抵押贷款市场；
3. 设立次级抵押贷款公司；
4. 在主要抵押贷款人(通常为国有)的经济体中使用特殊用途信托；
5. 完善和规范抵押贷款承销流程；
6. 通过适当的征税，建立有竞争力的国内债券市场；
7. 建立基准收益率曲线；
8. 消除投资约束；
9. 开发适当的交易、清算和结算技术；
10. 完善信息披露，发展评级制度；
11. 建立支持信用升级的法律基础设施；
12. 减少或者取消利率管制和补贴；
13. 增强监管能力。[3]

---

[1] See S. Schwarcz, *Towards A Centralized Perfection System for Cross-border Receivables Financing*, 20 U. Pa. J. Int'1 Econ. L. (1999), p. 982.

[2] See S. G. Rhee and Y. Shimonote eds., *Mortgage-Backed Securities Markets*, Asian Development Bank, 1999, p. 54.

[3] S. G. Rhee and Y. Shimonote eds., *Mortgage-Backed Securities Markets*, Asian Development Bank, 1999, p. 54-62.

值得注意的是,这些要素大多与法律基础设施直接相关,但更重要的是,许多要素还要求(或至少可通过)政府推动。在短时间内,这一调查提出下列几点建议:第一,推动资产证券化,尤其是住房抵押贷款证券化,可以对金融发展和稳定产生重大影响,进而支持经济增长和发展。第二,证券化是金融市场发展的整体过程,它的发展离不开更大的发展环境和过程。第三,证券化依赖于复杂的法律和体制结构矩阵,必须在此加以妥善解决。由此,可以确定一些步骤指导任何寻求促进证券化发展的政府。[1] 在最基本的层面上,建立以房地产为基础的金融体系所涉及的一些问题超出宏观经济稳定的先决条件:(1)明确房地产的产权;(2)明确产权转让的权利(包括破产和丧失抵押品赎回权);(3)关于使用房地产作为抵押品的明确规则;(4)建立与抵押房地产贷款有关的信贷分析金融中介机构;(5)可预见的税收制度;(6)适当的金融监管。无论是否涉及更复杂的问题,建立这样一个框架都有助于加强金融稳定和经济发展。不幸的是,大多数国家面临这些问题并没有就适当的标准达成国际协议。法律制度之间的法理差异以及政治和文化差异阻碍了在产权方面达成国际共识,尽管这些差异是在以市场为基础的体系中对经济发展具有重要意义。此外,这些障碍阻碍了世界银行、亚洲开发银行和欧洲复兴开发银行等国际和区域发展机构在这些领域实施改革的方案。[2]

随着支持房地产金融的适当法律和体制框架的发展,下一层次的目标集中于发展国内债券市场。其主要问题包括通过发行政府证券建立基准收益率曲线和建立政府证券市场所需的基础设施。一旦建立政府证券市场,这一框架就可以扩展到抵押贷款支持证券和公司债务。随着基准收益率曲线的建立,抵押贷款证券化成为资本市场发展过程中的下一个焦点。它需要解决的问题包括:(1)修改土地法和担保法以支持抵押的转让;(2)制定支持使用无形资产作为抵押品的法律;(3)建立由政府支助的抵押机构(侧重于保险和购买);(4)修改公司和信托法,以支持建立特殊目的机构;(5)建立信用评级机构或信用机构。在此,资本充足率规则和贷款限额对国际证券化的发展产生重大影响。《巴塞

〔1〕 See S. Gannon, *The Use of Securitization to Mobilize Liquidity and in Particular the Use of Specialized Mortgage Corporations*, in M. Giovanoli and G. Heinrich eds., *International Bank Insolvencies: A Central Bank Perspective*, Kluwer, 1999, p. 231.

〔2〕 See J. Norton and M. Andenas eds., *Emerging Financial Markets and Secured Transactions*, Kluwer, 1999, p. 413.

尔协议Ⅱ》为寻求落实支持发展证券化的必要要素的国家提供了指南。[1] 具体而言，寻求建立适当的法律基础设施以支持发展证券化的国家（也许通过一项关于证券化的法律和修改破产法和担保法）可着眼于为维持资本充足率的目的所必需的具体要求，以指导法律改革。显然，政府的努力必须集中在必要的法律基础设施上，以满足国际上接受银行证券化和资本减免的最低运作要求。此外，某些要求适用于增强信用。通过在国内实施，《巴塞尔协议Ⅱ》的结构鼓励银行将住宅抵押贷款和商业房地产抵押贷款证券化以降低相关资本费用。因此，由于《巴塞尔协议Ⅱ》的风险加权结构，世界各国政府越来越注重发展适当的法律基础设施，以支持抵押贷款证券化。此外，对《巴塞尔协议Ⅱ》评级的依赖鼓励评级机构和服务的发展，尤其是在新兴经济体，评级机构的要求将进一步激励政府改革。美国和欧洲的经验表明，即使存在必要的支持因素，市场的发展也需要相当长的时间，或许需要10年左右。

（六）金融衍生产品

与债务和股票市场相比，发展经济体的衍生品市场所受到的关注较少。在某种程度上，这是由于市场的更新和不被完全理解的性质的结果。同样，衍生品的性质取决于潜在市场的存在才能发展。然而，由于这些工具和市场的广泛效用和内在风险，必须考虑如何发展国内衍生品市场，尤其是在汇率和利率波动的情况下。银行和其他金融机构需要获得先进的风险降低和对冲技术，尤其是在货币接近自由可兑换的情况下。在1994~1995年的墨西哥危机、1997~1998年的东亚危机以及2008年全球金融危机中，由于缺乏提供分担风险和对冲技术的机会，加剧经济危机对国内金融系统的严重影响。在此，由于这类金融工具的复杂性和潜在危险，必须开发国内衍生工具市场，但是必须非常谨慎。国际证券监督委员会组织的标准具有启发性，国际互换和衍生工具协会所做的大量工作也是如此。

第二节　保　　险

与证券监管一样，保险监管历来没有受到银行业的重视。随着金融集团的发展和潜在系统性风险在整个金融系统的蔓延以及可供投资的大量保险公司资产的发展，保险监管成为监管机构日益关注的一个领域，也是金融系统性风

---

〔1〕 See Basel Committee, *International Convergence of Capital Measurement and Capital Standards: A Revised Framework-Comprehensive Version*, Jun. 2006, p. 12.

险的潜在来源。[1] 保险对金融发展和经济增长具有重要意义。虽然分析人士确定了一个国家的经济发展与其保险部门深化之间的关联，但没有建立因果联系。显然，不断增长的、充满活力的经济体都有保险部门。尤代布尔·达斯、奈杰尔·戴维斯和理查德·博德皮埃拉认为：[2]

> 有复原力和管理良好的保险业可以通过转移风险和调动储蓄对经济增长和有效分配资源作出重大贡献。此外，它还可以通过降低交易成本、创造流动性和促进投资的规模经济提高金融系统的效率。

因此，保险部门在任何经济体系中都可以为经济增长发挥重要作用，而保险公司在风险管理中也发挥着重要作用。同时，随着保险业的发展，它获得了长期负债，因而需要长期投资。为了履行这些义务和支持投资要求，保险公司还发挥机构投资者的作用，因此，它们可以在提供长期资金方面发挥重要作用。研究还支持发展合同储蓄公司（如养恤金和人寿保险公司）在支持证券市场发展方面的重要性。此外，还为老年人提供充足的、可持续的和负担得起的福利。[3] 达斯、戴维斯和博得皮埃拉概括地得出下列结论：首先，储蓄的制度化导致股权和债务的深化。其次，对证券市场深度影响是非线性的：在公司信息更加透明的国家，这种影响力更强。再次，各国之间存在显著差异，契约储蓄对下列国家的证券市场影响更大：(1)金融体系以市场为基础；(2)养老金缴款具有强制性；(3)国际证券交易量较低。最后，合同储蓄对证券市场的影响不能用其他特征来解释，如总体发展水平、贸易开放程度、法律环境和人口结构。这表明，决定合同储蓄公司演变的政策决定确实很重要，合同储蓄对证券市场的影响并非完全是由闲散的移动因素所造成。首先从金融稳定视角看保险业的发展，基准点集中于金融稳定论坛所确定的关键指导方针。

一、金融稳定论坛的关键性标准：保险业核心原则

国际保险监督者协会公布了“保险监管原则”，作为监管和监督保险市场的准则，并制定许可证发放、衍生工具的运用、现场检查、偿付能力、再保险、市场

---

〔1〕 See U. Das, n. Davies and R. Podpiera, *Insurance and Issues in Financial Soundness*, IMF Working Paper Wp/03/138, Jul. 2003, p. 14-16.

〔2〕 U. Das, n. Davies and R. Podpiera, *Insurance and Issues in Financial Soundness*, IMF Working Paper WP/03/138, Jul. 2003, p. 3.

〔3〕 See G. Impavido, A. Musalem and T. Tressel, *The Impact of Contractual Savings Instituions on Securities Markets*, World Bank Policy Research Working Paper 2948, Jan. 2003, p. 1125.

行为和投资政策等领域的准则或标准。[1] "保险监管原则"于1997年9月公布,并于2000年10月修订,其中包括使保险监管制度有效运作所要求的基本原则。这些原则规定了保险监管的框架,确定每个法域的立法或条例应涉及的主题领域,并为国际保险监督者协会制定更详细的国际标准提供框架。国际保险监督者协会还阐明了一般原则,这些原则规定每个法域的法律应处理的主题领域,并尤其针对新兴经济体的需要提供进一步的指南。[2] 2003年,国际保险监督者协会发布一套经过全面修订的原则和相关方法:"保险核心原则"。[3] 首先,国际保险监督者协会规定下列目标:

> 为了促进经济增长、有效分配资源、管理风险和调动储蓄,保险部门必须在金融稳健的基础上运作。发达的保险部门通过降低交易成本、增加流动性和促进投资规模经济,有助于提高金融体系的整体效率。要维持高效率、安全、公平和稳定的保险市场,促进保险行业的增长和竞争,就必须有健全的监管和监督制度。这些市场机制有利于保护投保人。[4]

因此,"保险原则"处理了系统稳定、消费者保护和市场效率等通常需要关注的问题,但也进一步将金融发展作为一项目标。在追求这些目标的过程中,"保险核心原则"包括七个标题下的28项原则:(1)保险核心原则第1条,提出有效监管保险的条件;(2)保险核心原则第2条至第5条,处理监管系统;(3)保险核心原则第6条至第10条,提出受监管的保险实体;(4)保险核心原则第11条至第17条,提出满足持续监管的基本要求;(5)保险核心原则第18条至第23条,处理有关审慎监管的基本要求;(6)保险核心原则第23条至第27条,提出市场和消费者保护;(7)保险核心原则第28条,处理洗钱和资助恐怖主义行为。

(一)有效保险监管的条件

保险核心原则1与"巴塞尔核心原则"先决条件相对应,指出保险监管(以及发展)依赖于:(1)金融部门监管的政策、体制和法律框架;(2)完善和有效的

---

〔1〕 See IAIS, *Insuance Supervisory Principles*, Sep. 1997, p. 16.

〔2〕 See IAIS, *Guidance on Insurance Regulation and Supervision for Emerging Market Economies*, Sep. 1997, p. 3.

〔3〕 IAIS, *Insurance Core Principles and Methodology*, Oct. 2003, p. 8.

〔4〕 IAIS, *Insurance Core Principles and Methodology*, Oct. 2003, p. 4.

金融市场基础设施；(3)高效率的金融市场。鉴于保险是一项合同业务，因此高度依赖强制性执行，原则1特别强调，法律制度需要在履行和强制执行保险合同方面提供支持。此外，它强调金融信息和"以契约为基础、流动性和运作良好的货币和证券市场"的重要性，强调发展和稳定所需体制的复杂性。

(二)监管体系和监管行为

关于监管制度，"保险核心原则" 通常涉及的问题是：监管目标(保险核心原则第2条)、权力(保险核心原则第3条)、监管程序(保险核心原则第4条)和监管合作与信息共享(保险核心原则第5条)。在持续监管方面，"保险核心原则"要求建立市场分析(保险核心原则第11条)、向监管机构报告和场外监测(保险核心原则第12条)、现场检查(保险核心原则第13条)、预防和纠正措施(保险核心原则第14条)、执法和制裁(保险核心原则第15条)、清盘和退出市场(保险核心原则第16条)以及全方位监管的制度(保险核心原则第17条)。虽然在很大程度上与1997年《巴塞尔公约》的"核心原则"相类似，保险核心原则在一个重要方面超越了《巴塞尔公约》的"核心原则"：清盘和退出。经验表明，迫切需要处理保险公司破产的有效制度，包括有关破产和清算的规定。这一制度应当承认和保护投保人作为保险公司债权人的特殊地位，且清楚说明监督员干预的情况和干预的性质，并概述援引干预的手段。

(三)保险实体和活动

关于受监管实体，"保险核心原则"对许可证发放(保险核心原则第6条)、所涉人员的适宜性(保险核心原则第7条)、控制权变更和投资组合转让(保险核心原则第8条)、公司治理(保险核心原则第9条)和内部控制(保险核心原则第10条)等方面提出要求。此外，还涉及各种审慎的业务要求，包括风险评估和管理(保险核心原则第18条)、保险活动(保险核心原则第19条)、负债(保险核心原则第20条)、投资(保险核心原则第21条)、衍生工具和类似承诺(保险核心原则第22条)以及资本充足率和偿付能力(保险核心原则第23条)。原则24涉及对中介业务和监督的要求。

(四)消费者保护和诚信

原则25涉及消费者权益保护，重点是信息披露，原则26涉及洗钱和资助恐怖主义。

二、金融论坛其他标准

除了"保险核心原则"之外，《金融稳定论坛框架汇编》——类似于处理银行和证券问题的文件——还包括一系列其他指南。具体而言，它包括五个子类别标准:(1)一般监管;(2)资本充足率;(3)跨境监管;(4)披露和透明度;(5)风险管理。除"保险核心原则"外,一般监管包括关于适当性标准的指导、小组协调、2000年原则方法、互联网保险活动、保险业务的开展、现场检查、许可证发放和新兴市场经济体[1]。资本充足率是由一套单一原则解决。跨境监管标准包括信息交流、国际保险公司和示范谅解备忘录。[2] 与披露和透明度有关的标准涉及公开披露和洗钱[3]。风险管理指南包括对再保险承保范围的评估、保险公司和衍生工具的资产管理。[4]

三、执行

2002年年底,国际货币基金组织和世界银行审查迄今为止《金融部门评估方案/遵守标准守则报告》的经验。在保险监督领域,1999年开始评估;到2002年12月,根据金融部门评估方案的规定进行了45次评估。[5] 其中一些是根据1997年"保险监督原则",其余的是根据2000年"原则"。因此,经修订的"2003年保险核心原则"考虑到了这些关切。从上述审查中也得出了一些结论,其中有两项对目前来说最为重要:一方面,人们普遍在一些领域看到了令人满意的遵守情况,包括财务报告、跨国界商业运作、资本充足率和偿付能力、制裁、审慎规则、责任和保密。另一方面,共同弱点包括:(1)监管人员组织薄弱;(2)没有明确的标准拒绝变更控制;(3)公司治理和内部控制薄弱;(4)关于投资和风险敞口限制的审慎规则薄弱;(5)审查或制定再保险使用标准的监督权力不足;(6)市场行为和投诉处理制度不健全;(7)使用衍生工具和相关披露的规则薄弱。截至2007年1月,国际货币基金组织和世界银行已为46个国家公布了《金融部门评估方案/遵守标准守则报告》保险计划标准。

四、其他国际标准

除国际保险监督者协会的工作外,经合组织还在保险方面积极开展工作,尤其侧重于再保险、管理、减轻和赔偿、包括恐怖主义风险在内的大规模风

---

[1] See IAIS, *Guidance on Insurance Regulation and Supervision for Emerging Market Economies*, Sep. 1997, p. 9.

[2] See IAIS, *Model Memorandum of Understanding (MoU)*, Sep. 1997, p. 12.

[3] See IAIS, *Anti-money Laundering Guidance Notes*, Jan. 2002, p. 15.

[4] See IAIS, *Supervisory Standard on Derivatives*, Oct. 1998, p. 7.

[5] See IMF and world Bank, *Analytical Tools of the FSAP*, 2002, p. 42.

险、监测保险市场和相关的监管框架以及新兴经济体和转型经济体发展保险。[1]

五、发展中的保险业

唐纳德·麦克艾萨克认为,在发展经济体、新兴经济体或转型经济体中,保险部门的发展过程遵循一条可预测的道路,通常始于公众参与某些强制性类别的保险,如机动车辆经营者的第三方责任保险。这类保险是强制性的,以保护可能因事故而遭受伤害或损失的无辜受害者,进而发生于银行等贷款人坚持为支持贷款的抵押品投保时。相关的步骤是要求为借款人的生命和健康提供保险。人寿保险销售通常是在雇主设法向其雇员提供"一揽子"福利时开始,其中可能包括在雇员过早死亡时向幸存的家庭成员提供死亡津贴。人寿保险业务增长的一个主要推动力通常来自雇主或政府启动为雇员提供退休收入的计划。在这种情况下,人寿保险往往是在雇员不能活到退休的情况下提供支助的一种保障,尽管在某些情况下,人寿保险也可以用作养恤金福利的筹资工具。

虽然最初出现的保险产品与强制性承保范围有关,但保险业在自愿购买保险开始之前不会经历快速增长。例如,机动车辆保险的逻辑进展是将第三方责任的强制性保险与一种全面的保险形式结合起来,以保护汽车车主在发生事故、火灾甚至盗窃时免受损失。根据人寿保险单积累的资产只有在消费者开始认识到其在个人理财规划和为退休或任何家庭需要(如子女教育)储蓄方面的用处时,才会达到成功的比例。保险业的增长取决于可支配收入和个人选择。许多因素有助于消费者对保险作为一种服务的信心。首先也是最重要的是,公众需要了解保险业务及其所能提供的服务。同样重要的是,业务应以尽可能透明的方式进行。投保人提出的索赔应由公司及时处理。理赔必须始终符合保单的条款,但在当时的情况下也必须是公平合理的。各国政府可通过下列方式为保险部门的发展做出贡献:(1)建立保险监管制度,确保只有资金雄厚、管理谨慎的保险公司才有权经营业务。(2)推行有成效和高效率的监管制度,确保持续监察公司的财政实力和市场行为。(3)赋予主管当局处理不遵守情况所需要的一切工具和权力,并把这些规则适用于整个市场。(4)确保适用于保险公司业务的规则,如管理其投资权力的规则,不会受到不适当的限制。同样的标准必须适用于市场上的所有公司。(5)防范系统性风险。如果保险公司破

---

〔1〕 See OECD, *Insurance Guidelines for Economies in Transition*, Apr. 1997, p. 35.

产,政府应采取适当措施保护投保人的利益。(6)提高公众的保险意识。(7)提供培训,提高专业性。(8)通过鼓励披露要求保护消费者,确保保险公司提供的信息准确无误。此外,人寿保险是长期合同,因此需要有效的合同执行和商事纠纷解决制度。同时,发展健全的人寿保险市场必须要:(1)有正常运作的资本市场提供各种投资机会,并提供令人满意、具有安全性和吸引力的收益;(2)完全透明的会计制度;(3)采用统一和明确的政策语言,并被公众充分地理解;(4)依据人寿保险对储蓄进行合理的税务处理;(5)有健全的清算建议所支持的政策条款和条件。

第三节 养老金

在养老金方面,重点注意两方面:为老年人提供充足的、可持续性的和负担得起的福利和支持证券市场的发展。[1] 在此,世界银行于 1994 年发表了一项开创性的研究报告,提出人口变化趋势和即将发生"老年危机"所出现的问题。[2] 在 1994 年研究中,世界银行确定老年金融保障制度的三项职能:再分配、储蓄和保险。为了支持老年人的养老和经济增长,世界银行建议采用"三大支柱"的养恤金制度,包括:(1)强制性参与的公共管理制度和减少老年人贫穷的有限目标(支柱Ⅰ);(2)私人管理的强制性储蓄制度(支柱Ⅱ);(3)自愿储蓄(支柱Ⅲ)。

经过十年的实施和研究,世界银行于 2005 年发表一项新的研究报告,修订 1994 年的结论。[3] 在 2005 年审查中,世界银行建议采用灵活的多支柱设计,包括五个基本要素:(1)非缴费型人口提供最低保障水平或社会养恤金(支柱 0);(2)与不同程度的收入挂钩并寻求取代部分收入的缴费制度(支柱一);(3)强制性个人储蓄账户(支柱二);(4)各种形式的自愿安排,包括个人和雇主赞助的安排计划(支柱三);(5)非正式的家庭内部或代际来源。因此,第一步是设计一套适合有关经济需要和个别情况的整体退休金制度。与此同时,第一、第二和第三支柱养恤金制度的发展在很大程度上依赖于金融部门的其他方

---

〔1〕 See G. Impavido, A. Musalem and T. Tressel, *The Impact ot Contractual Savings Institutions on Securities Markets*, World Bank Policy Research Working Paper 2948, Jan. 2003, p. 28.

〔2〕 See Worl Bank, *Averting the Old Age Crisis: Policies to Protect the Old and Promote Growth*, 1994, p. 65.

〔3〕 See R. Holzman and R. Hinz, *Old Age Income Support in the 21st Century: An International Perspective on Pension Systems and Reform*, World Bank, 2005, p. 412.

面。在此，发展第一、第二和第三支柱部门养恤金市场的先决条件包括：健全的宏观经济政策，存在有效和健全的银行与核心保险中介机构，建立有效的管理和监督机构以及改革资本市场的持久性承诺。我们在研究这类制度时，国际标准的重点放在第二和第三支柱方面。

一、国际标准

"金融稳定论坛"的标准不包括任何与养老金直接有关的标准。然而，多年来经合组织在其私人养恤金工作组的主持下，一直积极参与这一领域的工作。此外，2004 年成立国际养恤金监督员组织，以使通过国际养恤金监管机构网络开始的工作正式化。国际养恤金监督员组织的目的是：(1)作为养恤金监督事项和与养恤金监督有关的管理问题的标准制定机构；(2)促进养恤金监督方面的国际合作；(3)为养恤金监督方面的政策对话和信息交流提供全球性论坛；(4)参与有关国际机构在养恤金领域的工作；(5)促进有关养恤金的研究、收集和传播。2005 年 12 月，国际养恤金监督员组织批准《国际养恤金监督员组织私人养恤金监督原则》。根据国际养恤金监督员组织的规定，私人养老金监管的主要目标是"促进养老基金和计划的稳定、安全和善治，保护养老基金成员和受益人的利益"。[1] 为了达到这一目标，国际养恤金监督员组织制定了十项原则：(1)国家法律应当为养恤金监督当局规定清晰和明确的目标(原则 1)；(2)养恤金监督机构应当具有业务独立性，日常业务和决策由监督员自动控制(原则 2)；(3)养恤金监督当局需要充足的财力、人力和其他资源(原则 3)；(4)应赋予养恤金监督当局必要的调查和执行权力，以履行其职能和实现其目标(原则 4)；(5)养恤金监督当局应当设法减轻养恤金制度的最大潜在风险(原则 5)；(6)养恤金监督当局应当确保调查和执行要求与减少风险成正比例，并确保其行动的一致性(原则 6)；(7)养恤金监督当局应当与其他监督机构协商，并与其他监督当局合作(原则 7)；(8)养恤金监督当局应当适当处理机密信息(原则 8)；(9)养恤金监督当局应当以透明的方式开展业务(原则 9)；(10)养恤金监督机构应当遵守自己的治理守则，并接受问责(原则 10)。

此外，国际养恤金监督员组织目前已开展若干相关的原则和标准项目，包括(与世界银行)对养恤金监督和战略规划采取基于风险管理办法的核心内容以及(与经合组织)关于遵守养恤金许可证发放的准则。除了国际养恤金监督员组织外，经合组织在这一领域的活动时间更长，它重点是私人养恤金计划。

---

〔1〕 IOPS, *IOPS Principles of Private Pension Supervision*, OECD, Dec. 2005, p. 2.

2001年,经合组织与国际养恤金监管机构网合作,发布第一套规范私人职业养老金计划原则,其中规定15项原则涉及:(1)充分的监管框架;(2)对金融市场的适当监管;(3)受益人的权利;(4)私人计划的充分性;(5)监管制度和分离;(6)资金;(7)计算技术;(8)监督结构;(9)自我监督;(10)公平竞争;(11)投资;(12)保险机制;(13)清盘;(14)披露和教育;(15)公司治理。

2004年,经合组织和国际养恤金监管机构网商定职业养恤金核心原则和辅助方法,更新2001年原则。[1] 2004年经合组织职业养恤金核心原则涉及七个领域:[2](1)有效管制和监督的条件(原则1);(2)设立养恤金计划和建立养恤金管理公司(原则2);(3)养恤金计划负债规则、清盘和保险(原则3);(4)资产管理(原则4);(5)成员和受益人的权利和福利的充分性(原则5);(6)监督(原则6)。此外,经合组织还就这些核心原则的某些具体方面发布补充指南,包括保护成员和受益人的权利[3]、养恤金治理[4]、资产管理[5]以及最近的供资和福利保障。[6]

二、发展中的养恤金

在审视养恤金发展方面,有两个方面的主题表现突出:第一,在整个制度的设计中需要协调一致的政策规划;第二,需要集中注意养恤金发展的环境。关于第二点,最好的指南是由经合组织第一项职业核心原则提供,它涉及有效监管和监督的条件(以及《巴塞尔核心原则》的前提条件和国际保险监督官协会核心原则1)。在此框架下,私人养老金监管框架的目标是确保:(1)保护养老金计划成员和受益人(消费者保护);(2)养老金计划和基金的健全(审慎考虑);(3)整个经济的稳定(金融稳定)。这种制度需要运作良好的资本市场和金融中介机构,发展预支养恤金制度必须与在普遍加强金融监管的基础上同步进行。

---

〔1〕 See OECD, *Fifteen Principles for the Regulation of Private Occuptional Pension Schemes*, Jan. 2001, p. 5.

〔2〕 See OECD, *OECD Recommendation on Core Principles of Occupational Pension Regulation*, Jul. 2004, p. 12.

〔3〕 See OECD, *OECD Guidelines for the Protection of Rgihts of Members and Beneficiaries in Occupational Pension Plans*, Dec. 2004, p. 8.

〔4〕 See OECD, *OECD Guidelines for Pension Fund Governance*, Mar. 2006. p. 2.

〔5〕 See OECD, *OECD Guidelines for Pension Fund Asset Management*, Mar. 2006, p. 9.

〔6〕 See OECD Directorate for Financial and Enterprise Affairs, *OECD Guidelines on Funding and Benefit Security*, Jul. 2006, p. 12.

第四节　其他形式的非银行融资:小额融资和相关活动

在孟加拉国格拉米银行等若干举措取得成功之后,小额融资在过去二十年左右的时间里已成为金融发展的热门话题。援助贫穷者协商小组虽然没有在《金融稳定论坛框架》内加以处理,但已制定一套小额融资的关键性原则,[1]八国集团成员 2004 年 6 月 10 日举行海岛首脑会议核可这套原则。其核心原则是:(1)穷人需要各种方便、灵活和可负担的金融服务,包括贷款、储蓄、保险和现金转移服务(原则 1)。(2)小额融资是消除贫穷的有力工具(原则 2)。(3)小额融资意味着建立为穷人服务的金融系统,将小额融资纳入金融部门(原则 3)。(4)小额融资可以自己付费,而且必须这样做才能惠及大量穷人:金融可持续的提供者可以改善服务,增加获得金融服务的机会(原则 4)。(5)小额金融是指随着机构和金融市场的改善,建立现有的金融中介机构,吸引储蓄,提供贷款,提供其他金融服务以及建立可持续金融(原则 5)。(6)小额信贷并非总是最好的融资工具,尤其是在处理穷人的问题时(原则 6)。(7)利率上限使穷人更难获得信贷,从而损害他们的利益(原则 7)。(8)政府的角色是间接提供金融服务,而不是直接提供服务。在此,政府应制定政策,保护客户和激励对穷人的金融服务。目标是保持宏观经济稳定、避免利率上限、补贴政府贷款、减少腐败和改善微小企业环境(原则 8)。(9)捐助资金应以补充私人资本为目的,而不是与之竞争(原则 9)。(10)关键性发展瓶颈是实力雄厚的中介机构和人才短缺(原则 10)。(11)小额融资在衡量和披露其业绩时能够发挥最大作用(原则 11)。

---

[1] See B. Nelms, *Access for All: Building Inclusive Financial Systems*, CGAP/World Bank, 2006, p. 162.

第八章　金融自由化、金融集团与金融监管结构

除与银行和非银行融资有关的核心问题外，随着金融系统的发展，还出现了其他一些问题。我们依据金融稳定和金融发展目标，运用一般跨部门所考虑的方法把金融稳定可能面临的风险作为首要问题加以解决，并兼顾金融发展和创新。我们主要考虑：金融自由化、竞争、金融集团和金融监管结构这四个方面。自由化与竞争在支持金融发展和经济增长语境下给世界各国带来了重要的经济效益。研究和经验表明，自由化和有竞争力的金融部门有助于促进经济增长。同时，金融自由化也带来某些需要妥善处理的风险。最重要的是，如果我们没有适当的排序和制定减少风险的法律和监管框架，金融自由化实际上会增加金融危机的风险。因此，随着金融的自由化与发展，关于金融、银行和非银行业金融基础的关切具有特殊意义。国际最佳做法表明，有关自由化问题在建立一个有竞争力的金融部门时，各国可以利用国际和区域制度安排加强发展和鼓励竞争。除国际和区域金融部门和相关承诺之外，还必须考量国内竞争和制定竞争法及相关政策和体制框架。这一框架应解决与金融部门有关且特别引人注目的问题，尤其是与银行和银行有关的风险问题，并旨在支持金融部门的可持续性竞争，以务实和面向市场的方式妥善处理所产生的风险。随着金融产品和服务创新以及金融中介活动的发展和成熟，世界各国必须解决与金融集团和金融监管的总体结构有关的问题。

第一节　金融自由化与金融发展

金融创新是金融发展的重要组成部分，应在通过适当应对可能出现的系统性风险维持金融稳定语境下予以支持和鼓励。纵观全球金融体系，我们发现两种主要金融创新方式：许可与限制。许可方法基本上是允许金融创新，除非另有禁止，但必须始终是在处理出现的系统性风险语境下进行，它存在于世界上

最发达的金融体系中。限制方法基本上是禁止金融创新，除非特别许可，它往往出现在世界较为不发达的金融体系中。金融创新通常有下列三种形式：新金融中介机构、新金融产品和服务。

一、新金融中介机构

本着支持国内金融部门与国外金融部门之间进行竞争的精神，世界各国应当许可新金融中介机构设立。根据国际和区域标准，只要它们满足法律规定的具体金融服务许可证、授权和业务的适当要求。例如，许可新的银行或保险公司（无论是外国或内国的）在适当情况下设立，只要这些银行或保险公司符合与银行法或保险法有关的许可证、授权和业务方面的要求。此外，一旦适当的法律和管理框架及其体制结构到位，应当许可新形式的金融中介机构（如养恤金公司）建立。

二、新金融产品与金融服务

金融产品和服务创新是金融发展的关键。与此同时，新金融产品和服务可能给金融稳定带来风险，这些风险必须随着产品和服务的扩展而审慎应对。一般而言，只要金融中介机构在监管上表现已令人满意，便应当许可金融中介机构发展属于其现有业务范围内的新金融产品和服务（银行、证券和保险等）。随着新产品的出现，监管机构应当设法了解这些产品以及它们可能给有关金融中介机构、潜在的客户和整个金融系统所带来的任何风险。金融中介机构应当建立支持新产品的适当制度，必要时建立适当的消费者保护机制和系统保护机制，并在特定情况下为特定金融产品或服务制定法律和建立必要的监管框架，以便在应对系统性风险语境下支持金融创新。

第二节　外国与国内的参与和竞争

与市场经济的其他部门一样，金融部门的竞争对于适当的市场运作和资源分配效率很重要。然而，与许多其他市场不同的是，金融市场（尤其是与银行业务有关的市场）有一些某些外部因素，既有正面的，也有负面的。因此，金融监管的作用之一是在特定情形下将参与限制于合格的中间人和个体。因此，金融监管还可能涉及金融中介机构及其管理人员的资格问题，从而避免造成市场准入障碍。然而，竞争仍然很重要，需要在审慎关切与发展关切之间取得平衡。一般而言，金融部门的竞争可能发生于以下三种情形：国内竞争、国有和私营部门参与者之间的竞争以及国外竞争。迄今为止,国际金融标准没有充分考虑这些问题。

一、国内语境

世界各国有必要在审慎关切与金融部门的竞争关切之间取得平衡。不幸的是,国内利益往往阻碍新准入者,尤其是许多经济体严格限制新准入者,无论是国内的还是外国的。一方面,在一些情形下它是某些国家作出有关金融结构和经济组织决定所产生的结果;在另一些情形下它是既得利益集团纯粹的反竞争行为所造成的结果。另一方面,有些国家没有充分限制新进入金融系统的条件,使它遭遇到严重的问题。例如,俄罗斯有关银行业监管的制度安排和阿尔巴尼亚有关集体投资计划的制度安排。因此,世界各国应对入境实施明确的、透明的和审慎的限制。但与此同时,它们不应以其他方式对金融部门的市场准入加以限制,应侧重于可持续的监管和为潜在的金融中介机构退出作准备。毕竟,失败是最终的竞争制裁,就像在经济的其他领域一样,金融中介机构必须被许可失败或以其他方式退出金融体系。这些想法可以而且应该在今后审查和修订国际标准和国内标准的过程中纳入整个标准系统之中。

二、金融部门的国家所有权

金融中介机构的国家所有权也对金融系统的效率和竞争产生影响。国有金融中介机构或国家对金融中介机构的隐性担保可能对竞争和效率产生重大影响。因此,世界许多国家建议通过金融中介私有化消除国家所有权。至少,应当要求国有金融中介机构按照市场规则运行;否则,私营部门参与者将处于不利地位,通常最终影响一国经济的总体健康发展。这种扭曲及其最终后果的事例,我们从德国和日本金融体系在 20 世纪 90 年代所面临的问题能够切实感觉到。在现有各种国际金融标准中,应再次明确考虑国家所有权在金融部门中的作用。

三、外国竞争者

金融系统通常受益于外国的参与和竞争。但与此同时,如果不存在适当的体制框架,开放的资本市场也可能产生负面影响。尽管如此,创造竞争的最好方法之一是许可外国金融机构参与。实证研究支持国外金融中介机构对金融稳定和发展具有积极作用的观点。[1] 此外，世界各国还必须制定关于外国投资和公私伙伴关系的明确规则（特许法），以促进外国投资与参与。[2] 没有关于外国投资的明确规则，外国资本和专门组织就不能进入一个经济体。因为明确的规则可以阻止腐败，加强对法治的尊重，并协助转让过渡和发展所需要的资金和技术。有关公私合作关系的制度安排需要有健全的法律基础设施，以便承认各方当事人的合法需要和期望。

然而，除风险之外，外国的参与在许多经济体中也经常引起一些难以解决的政治问题，历史上常常导致阻止这种参与的尝试。今天，外国的参与主要是通过双边、区域和国际谈判加以处理，后者以世贸组织为中心。特定依据是成立世贸组织的《马拉喀什协定》及其附件。此外，包括 1994 年关税及贸易总协定和《服务贸易总协定》于 1995 年 1 月 1 日起生效。影响国际金融服务贸易的主要法律规则包括：《服务贸易总协定》[3]、《金融服务附件》、《金融服务第Ⅱ附件》、《金融服务承诺谅解》、《服务贸易总协定第Ⅱ议定书》、《服务贸易总协定第Ⅴ议定书》、决定以及关于争端解决规则和程序谅解。

这些构成部分记载各种协定关于贸易和金融服务的一般性义务，包括最惠国待遇、透明度和国内法规的影响。《服务贸易总协定》涵盖所有服务部门，包括金融服务。此外，《关于金融服务的附件》和《关于金融服务的第Ⅱ附件》作为《服务贸易总协定》的一部分，与金融服务直接相关。作为"最后文件"的一部分，《关于金融服务承诺的谅解》对采用"最后文件"的成员方规定了更高的金融自由化要求。与乌拉圭回合和 1995 年临时协定中所做出的金融服务承诺不同，所谓的《金融服务协定》及其承诺并不是暂时的，而是永久性的，直到世贸组织成员通过谈判达成一项新的协定。《服务贸易总协定第五议定书》于 1999 年 3 月 1 日生效，同时，《第五议定书》所附的具体承诺表和最惠国豁免清单取代 1995 年临时协定或乌拉圭回合中所做承诺的要求。这些承诺构成世界各国当下和未来金融服务谈判的基础。

因此，世界贸易组织框架为外国参与金融服务提供了国际框架。然而，与其他领域不同的是，在金融服务领域，成员所做的承诺是排他性的，而不是包容

---

[1] See R. de Hass and I. Van Lelyveld, *Foreign Banks and Credit Stability in Central and Eastern Europe: A Panel Data Analysis*, DNB Staff Report no. 109/2003, Nov. 2003, p. 14.

[2] See J. Taylor and F. April, *Fostering Investment Law in Transitional Economies: A Case for Refocusing Institutional Reform*, Parker Sch. J. E. Eur. L., 1997(4), p. 1.

[3] 根据乌拉圭回合多边贸易谈判的结果，《服务贸易总协定》由四个部分组成：(1)协定的主要案文(《服务贸易总协定》)；(2)八个附件；(3)具体承诺表；(4)条款Ⅱ豁免清单。

性的,就像在货物贸易领域一样。因此,自由化是世贸组织每个成员的自由裁量权,在大多数情况下作用仍然是相当有限。即使如此,该框架仍然是支持外国在金融服务竞争的一个重要起点,但需要通过进一步谈判加以扩大适用,以便提供更大的利益。此外,还应当将其明确纳入国际金融标准体系,并把金融自由化和金融稳定之间的关系加以考虑。

第三节 金融自由化与金融稳定

有关金融自由化所带来的系统性风险与建立金融稳定框架和减少自由化密切相关。

一、金融自由化之风险

在20世纪90年代和21世纪最初20年里的金融危机之后,世界各国普遍把注意力集中在国内制度的弱点和国际传染上。金融危机促使人们对金融危机产生的原因和影响进行大量研究。一项重要成果是将金融自由化与金融危机联系起来。与此同时,金融自由化,尤其是竞争,与金融部门的发展和经济增长之间有着重要联系。因此,重要的是考虑各国应如何着手实现自由化和竞争的好处,减少金融危机所带来的风险。[1] 世界各国把重心越来越多地放在排序上,排序着眼于自由化进程和体制加强进程,并追问哪一种秩序既能确保金融发展,又能最大限度地减少金融危机。

有一些研究表明金融服务自由化与金融危机之间的联系。[2] 国际清算银行和国际货币基金组织的研究表明,金融自由化是过去一个世纪以来世界各国金融危机的关键性先行指标。发达国家(如美国和欧洲)、发展经济体和正在增长的经济体(拉丁美洲和东亚)以及转型经济体(俄罗斯)就是这种情况。分析20世纪90年代金融危机和2008年次贷危机表明,薄弱的国内金融体系是危机产生的一个根本原因;同时,金融自由化没有进行适当的事先或同时进行结构调整也是一个重要原因。最近的研究表明,在金融自由化之后,短期内可能出

---

〔1〕 See F. Mishkin, *The Next Great Globalization: How Disadvantaged Nations Can Harness Their Financial Systems to Get Rich*, Princeton, Princeton University Press, 2006, p. 195.

〔2〕 See M. Goldstein and P. Turner, *Banking Crises in Emerging Economies: Origins and Policy Options*, BIS Economic Paper No. 46 (Oct. 1996). W. White, *What Have We Learned from Recent Financial Crises and Policy Responses?*, BIS Working Paper No. 84, Jan. 2000, p. 98.

现更明显的繁荣—萧条期；然而，从长期来看，金融自由化会导致市场更加稳定。[1] 虽然迄今的文献一般不完整，也没有定论，但资本账户自由化对增长，尤其是对发展中国家的经济增长有一些积极影响，[2]首先，如果资本市场开放，而不是国内金融部门开放，危机对新兴经济体的影响似乎更大。其次，股票市场自由化似乎降低了产出和消费增长的波动性，表明股票市场自由化对全球市场和特定国家的市场都是有利的。[3] 最后，保险公司自由化也与金融不稳定有关："大多数人寿保险的失败是在金融放松管制、经济扩张和价格大幅波动之后发生。"[4]

格蕾西拉·卡明斯基和塞尔吉奥·施穆克勒对这一问题进行了最全面的分析，[5]他们得出结论，金融自由化是短期金融危机的主要指标，但从长远来看，金融自由化导致市场更加稳定和发达。在考察了各种文献之后，他们认为有两种主要趋势，一种表明金融自由化支持金融发展；[6]另一种表明金融危机是由金融自由化引发的。卡明斯基和施穆克勒在分析这些问题时，把重点放在自由化的定义和所涉及的时间段上。关于自由化，他们研究了若干标准，以确定1973~1999年在三个主要领域中每一个领域有28个国家的金融系统为"完全自由化"、"部分自由化"或"受抑制的自由化"[7]：(1)资本账户自由化：关于国内金融中介机构境外借款、非金融公司境外借款、多种汇率市场和资本外流管制；(2)国内金融自由化：关于存款利率、贷款利率、信贷分配、外币存款；(3)证券市场自由化：外国人在国内证券市场购买股票、资本回流、利息和股息汇出。他们的分析产生一些令人感兴趣的结果，包括：(1)目前，成熟金融市场的监管程度平均低于新兴经济体，但所有区域和市场都有逐步自由化的模式。

---

[1] See G. Kaminsky and S. Schmukler, *Short-Run Pain, Long-Run Gain: the Effects of Financial Lberalization*, IMF Working Paper WP/03/34, Feb. 2003, p. 53.

[2] See H. Edison, M. Klein, L. Ricci and T. Sloek, *Capital Account Liberalization and Economic Performance: Survey and Aynthesis*, NBER Working Paper no. 9100, 2002, p. 22.

[3] See G. Bekaert, C. Harvey and C. Lundblad, *Does Financial Liberalization Spur Growth*, NBER Working Paper no. 8245, 2001, p. 315.

[4] U. Das, N. Davis and R. Podpiera, *Insurance and Issues in Financial Soundness*, IMF Working Paper WP/03/138, Jul. 2003, p. 3, 17-18.

[5] See Kaminsky and Schmukler, *Short-Run Pain, Long-Run Gain: the Effects of Financial Liberalization*, IMF Working Paper WP/03/34, 2002, p. 9.

[6] See F. Mishkin, *Financial Policies and Prevention of Financial Crises in Emerging Market Countries*, NBER Working Paper no. 8087, 2001, p. 39.

[7] Kaminsky and Schmukler, *Short-Run Pain, Long-Run Gain: the Effects of Financial Liberalization*, p. 8-9.

(2)发达经济体的自由化没有中断,而新兴经济体的自由化在 20 世纪 80 年代债务危机之后逆转,然后在 20 世纪 90 年代开始恢复。(3)发达经济体的证券市场最初自由化始于 20 世纪 70 年代,但国内金融部门和资本账户往往在 20 世纪 80 年代以前是受到限制的,国内金融部门自由化(到 20 世纪 80 年代中期)通常先于资本账户自由化(20 世纪 90 年代初期)。(4)在新兴经济体,改革浪潮发生于 20 世纪 70 年代末和 20 世纪 80 年代末,20 世纪 70 年代的改革侧重于资本账户和国内部门,证券市场普遍存在,而在第二波,国内部门和证券市场联合放松管制先于 20 世纪 90 年代的资本账户自由化。(5)自由化在短期内增加了金融危机的影响,尤其是在新兴经济体,从长期来看,发展增加了。(6)当资本账户首先开放时,新兴经济体更有可能出现金融危机。(7)体制改革往往是在最初自由化之后进行的,部分自由化支持进一步的体制改革。(8)完善法制,提高市场稳定性。它们并未回答一个极其重要的问题,各国是否能够在不受到金融危机影响的情形下解除对金融系统的管制。[1]

戴维·贝姆和查尔斯·卡洛米里斯将金融自由化作为从发展经济体或转型经济体向新兴经济体转型的定义和目标,认为法律在成功的金融和经济发展中起着至关重要的作用。[2] 他们从六个方面对抑制自由化进行界定:[3] (1)银行存款利率上限;(2)银行高存款准备金率;(3)政府信贷和银行信贷方向;(4)政府对银行的所有权和微观管理;(5)限制外国银行和国内非银行进入;(6)限制资本流动。同样,他们也从六个方面界定自由化:[4] (1)取消利率管制;(2)降低银行存款准备金率;(3)减少政府对银行贷款决策的干预;(4)国有银行私有化;(5)引进外国银行竞争;(6)提供便利和鼓励资本流入。他们的结论是,虽然自由化会破坏稳定,并与金融危机有关,但只要适当加强体制,也能获得好处。

二、世界贸易组织与金融自由化

相关问题是世贸组织金融服务自由化与金融危机之间是否有直接联系。世界各国加入世贸组织的一个方面是《服务贸易总协定》下的金融服务自由化。我们必须指出的是,世贸组织下的金融自由化有其潜在的风险,且世贸组织框

---

〔1〕 See Kaminsky and Schmukler, *Short-Run Pain, Long-Run Gain: the Effects of Financial Liberalization*, IMF Working Paper WP/03/34, Feb. 2003, p. 37.

〔2〕 See D. Beim and C. Calomiris, *Emerging Financial Markets*, McGraw-Hill, 2001, p. 38-39.

〔3〕 See D. Beim and C. Calomiris, *Emerging Financial Markets*, McGraw-Hill, 2001, p. 47.

〔4〕 See D. Beim and C. Calomiris, *Emerging Financial Markets*, McGraw-Hill, 2001, p. 119.

架与国际金融标准之间缺乏必要的联系，但迄今尚无文献详细阐述这一点。[1]

尼克·瓦尔科斯分析了这一问题并得出结论：[2] (1)加入总协定的承诺往往与经济增长、经常账户余额、银行部门发展、政策限制和同类别群体的行为有关；(2)较宽松的承诺可能与短期内更容易受到金融危机的影响有关，尽管这一风险可以通过健全的国内政策和法规减少。阿列克谢·基里夫进一步分析世贸组织金融服务承诺非常有限的性质，并将其作为更广泛的金融自由化的一小部分，从而得出结论，虽然世贸组织所规定的自由化由于对竞争的关注有限，但是从长期来看也可以形成金融稳定。[3]

然而，在《服务贸易总协定》下的金融服务自由化与通过执行国际金融标准发展强有力的金融体系之间并没有建立明确的联系。核心问题似乎是排序问题，贝姆和卡尔米利斯框架似乎赋予适当的规则（尽管没有明确提出），并支持这样的观点，即世贸组织的金融服务自由化（只作为步骤 5 和步骤 6 运行）应当是有益的，只要把它作为更广泛的改革进程的一部分。值得注意的是，中国似乎正在沿着这一轨迹行进。贝姆和卡洛米里斯确实提出了私有化的顺序：[4] (1)建立产权、公司和合同的法律结构（建立法律基础）；(2)以公司化的形式重组国有企业；(3)引入竞争（许可国内外市场进入）；(4)消除政府制定价格的障碍；(5)引进现代会计和审计制度；(6)确定和实施私有化进程。虽然他们没有把这些顺序与金融发展和转型联系起来，但合乎逻辑的步骤是按照下列顺序进行：(1)按照提出的步骤，将工业私有化；(2)按照所列的步骤，开放金融业。归根结底，新兴经济体应该有健全的金融体系支持经济增长，并降低可能出现的金融危机及其影响。

除了特定经济体的自由化进程外，相关问题涉及国际组织在鼓励和支持自由化进程和体制建设方面的作用。当人们考虑到国际货币基金组织和世界银行对世贸组织的作用时，这些问题就变得尤为重要。事实上，国际货币基金组织和其他感兴趣的行为者已开始具体处理它们在金融部门的各种任务和作用之间的关系问题。例如，2001 年 11 月在多哈举行的世贸组织第四次部长级会

---

〔1〕 Scc J. Norton, *International Financial Law, An Increasingly Important Component of International Economic Law*, 20 Mich. J. Int'1 L. (1999), p. 133.

〔2〕 See N. Valckx, *WTO Financial Services Commitments: Determinants and Impact on Financial Stability*, IMF Working Paper WP/02/214, Dec. 2002, p. 126.

〔3〕 See A. Kireyev, *Liberalization of Trade in Financial Services and Financial Sector Stability*, IMF Working Paper Wp/02/138, aug. 2002, p. 18.

〔4〕 See D. Beim and C. Calomiris, *Emerging Financial Markets*, McGraw-Hill, 2001, p. 105-106.

议之后，世贸组织成员授权其研究贸易、债务和金融问题。[1] 由于这项决定，包括国际货币基金组织、经合组织、联合国贸易和发展委员会和世界银行等组成的工作组被责成研究贸易融资、贸易和债务以及一致性问题，[2]就每个主题编写单独报告，其中只公布关于贸易和债务的报告，[3]并向世贸组织总理事会报告初步调查结果。除世贸组织工作组之外，国际货币基金组织还对这些问题给予适当的关注。[4]

三、世界贸易组织与国内规制

世贸组织金融服务法律框架涉及金融服务自由化承诺与审慎监管之间的相互作用。在此，我们主要讨论这一框架的主要要素及其意义。

《服务贸易总协定》并不禁止成员对服务贸易进行国内管制，但它确实对这种管制规定了某些限制，以防止各成员以国内管制的方式规避其义务。第一，第六条第一款要求以合理、客观和公正的原则实施所有手段。第二，该条第二款要求成员设立司法、仲裁或行政法庭（或程序），对影响服务贸易的行政决定进行审查，并提供补救措施。关于国内法规的第三项要求是，申请人必须收到一成员主管当局对任何申请作出的迅速决定。第四项要求涉及国内法规对服务贸易的影响，这意味着许可证和资格要求以及技术标准不能仅仅作为取消或损害成员所做具体承诺的一种手段。为此，在确立有关资格和技术标准的多边规则之前，各成员必须确保这些领域的要求以客观和透明的标准为基础，不会超出确保服务质量所必需的负担，而且许可程序不应导致对服务供给的限制。

（一）世界贸易组织之审慎例外

鉴于金融监管的重要性，世贸组织成员列入一项关于金融服务国内审慎监管的特别规则，尤其是《关于金融服务的附件》第2(A)规定：

> 尽管本协定有任何其他规定，但不得以审慎理由阻止成员采取措

---

〔1〕 See WTO, *Ministerial Declaration adopted on* 14 *November* 2001, WTO Ministerial Conference, Fourth Session, Doha, 9-14 Nov. 2001, WT/MIN(01)/DEC/1, 20 Nov. 2001, p. 8.

〔2〕 See WTO Working Paper Group on Trade, Debt and Finance, *Report to the General Council*, WT/WBTDF/2, 11 Jul. 2003, p. 13.

〔3〕 See WTO Working Paper Group on Trade, Debt and Finance, *Improving the Availability of Trade Financing: Report of Preliminary Work*, WT/WGTDF/W/23, 25 Mar. 2004, p. 18.

〔4〕 See IMF, *Trade Finance in Financial Crises: Assessment of Key* Issues, Dec. 2003, p. 9.

施，包括为保护投资者、储户、保单持有人或金融服务提供者对其负有受托责任的人，或为确保金融体系的完整性和稳定性而采取措施。如果此类措施不符合“协定”的规定，则不得将其用作逃避成员在“协定”下所做出的承诺或义务的手段。

这一规则通常被称为“审慎例外”。[1] 根据审慎的例外，成员可对外国金融服务和金融服务提供者采取歧视措施，以保护国内“投资者、储户、保单持有人”，等等，或者确保“国内金融体系的完整性和稳定性”。许多成员认为，审慎例外具有重要意义，“如果没有对审慎监管和监督的具体执行，将金融服务纳入”《服务贸易总协定》“是不能被接受的”。[2]

第2款(A)项第一分句使成员有权采取与金融服务贸易有关的审慎监管措施。[3] 第二分句是对第一句的权衡，规定这种措施（第一分句规定的审慎措施）不得用作规避该成员在《服务贸易总协定》协定下所作出承诺或限制的手段。《服务贸易总协定》的案文和关于金融服务的附件的其他规定没有解决第一分句与第二分句之间的关系问题，即第二分句在多大程度上缩小了第一分句所规定的权力范围？例如，在一成员的具体承诺表中，如果对市场准入和国民待遇的限制列为“无”（充分承诺），一成员能否以审慎例外的名义对市场准入或国民待遇采取限制措施？如果接受者是否定的，那么审慎的例外的含义是什么呢？

（二）审慎例外之范围

第二分句的实质是，审慎手段不应用作“规避成员在协定下所作出的承诺或义务”的手段。这句话意味着，审慎措施不应蓄意回避成员的承诺和义务，其中之一是《服务贸易总协定》第17条规定的国民待遇义务。从逻辑上讲，这意味着审慎例外不应被用于扣减国民待遇义务，但这一结论似乎与第一分句相互矛盾，第一分句用“不符合”协定“的任何其他规定”的措辞来描述审慎例外的范围。总之，审慎例外的范围并不明确。[4]

---

〔1〕 S. Key, *Trade Liberalization and Prudential Regulation: the International Framework for Financial Services*, 75 Int'l Affairs(1999), p. 61.

〔2〕 See S. Key, *Trade Liberalization and Prudential Regulation: the International Framework for Financial Services*, 75 Int'l Affairs(1999), p. 67.

〔3〕 See WTO Secretariat, *Guide to the Uruguary Round Agreements*, Kluwer, 1999, p. 176.

〔4〕 See K. Nicolaidis and J. Trachtman, *From Policed Regulation to Managed Recognition in GATS*, in P. Sauve and R. Stern eds., GATS 2000: New Directions in Services Trade Liberalization, Brooking Institution Press, 2000, p. 255.

审慎例外的范围取决于审慎措施与《服务贸易总协定》义务之间的差微:差距越大,例外的范围就越大,反之亦然。确定审慎例外的范围,实质上是确定《服务贸易总协定》的义务与审慎措施之间的差距,或在两者之间如何取得平衡。第2款(A)项未明确界定审慎例外的概念,也没有明确规定例外义务与《服务贸易总协定》义务之间的差距,因此各成员仍有很大的回旋余地。到目前为止,还没有具有约束力的国际审慎标准,例如,巴塞尔银行监管委员会、国际证券监督委员会组织等机构发布的原则在很大程度上都是自愿的。

四、世界贸易组织与国际金融监管标准

可以说,国际金融监管标准与金融服务市场化之间应该存在直接的关系,这种关系是通过审慎例外的方式实现。例如,《服务贸易总协定》第7条第5项规定:

> 在适当情况下,承诺应以多边商定的标准为基础。在适当情况下,各成员应与有关政府间组织和非政府组织合作,制定和通过共同的国际标准和准则,并且认同这些准则与有关服务贸易和专业实践的共同国际标准。

必须指出,不应夸大国际标准在上述规定中的作用,因为国际标准与直接适用服务贸易的国际标准同等重要。《服务贸易总协定》第7条第5项仅仅只是规定各成员应努力"制定和通过共同的国际标准和准则"。因此,如果有国际标准,则不能直接适用《服务贸易总协定》法律框架下的服务贸易。必须有一个"建立和通过"的进程,这意味着有必要就适用《服务贸易总协定》中的国际标准进行多边谈判。即使《服务贸易总协定》第7条第5款普遍适用于"金融服务附件",国际标准在确定一项措施是否是审慎的也没有任何法律地位。有些国家可能援引《服务贸易总协定》第6条第5款(b)项支持服务贸易国际标准的法律权威。其内容是,在确定一成员是否符合第5款(a)项所规定的义务时,应考虑该成员适用有关国际组织的国际标准。这一段确实强调国际标准在有关服务贸易的国内法规中的作用,它似乎也是一项一般性义务,因为它是《服务贸易总协定》的第二个组成部分(一般义务和纪律)。

因此,总体来说,将国际金融标准与世贸组织协定联系起来并没有明确的法律依据。到目前为止,很多成员认为无须界定《金融服务的附件》所载的审慎例外情况。目前的结果是,审慎例外的确切范围及其与国际金融标准的关系

(如果有的话)仍不清晰,仍需继续研究和讨论。

第四节　金融中介和金融集团

随着一个经济体金融部门的发展以及银行和其他金融中介机构的成熟,不可避免地会出现跨部门金融活动和金融集团的问题。金融集团普遍存在于新兴经济体、转型经济体和发展经济体以及发达经济体(自1999年美国根据《格拉斯—斯蒂格尔银行法》放弃严格分离),由于它们将银行、证券和保险活动结合在一起,而且每个经济体的监管理据各不相同,因此引起了特别关注。

一、金融中介与金融集团

巴塞尔委员会、国际证券监督委员会组织和国际保险监督者协会参加的金融集团联合论坛目前已经制定了一个监管金融集团和交流监管信息的框架。联合论坛于1996年年初在巴塞尔委员会、国际证券监督委员会组织和国际保险监督者协会的主持下成立,以推进三方小组的工作,该小组的报告于1995年7月发表。联合论坛由来自13个国家的银行、保险和证券监管人员组成;欧洲联盟委员会作为观察员参加。目前,联合论坛制定了一些原则,形成一个简编:[1]资本充足原则、适合性原则、监督信息共享原则、协调和披露原则、风险集中管理原则以及集团内交易和披露原则。这些要求将与大多数经济体(发达经济体、新兴经济体、发展经济体和转型经济体)相关,因为总体趋势是立法普遍承认银行业务和提供一系列金融服务,这一发展与许多欧盟成员国和有抱负的国家的共同法律属性有关,并越来越多地与美国的发展相联系。

金融稳定论坛框架并不包括处理金融监管和监管金融集团的关键性标准,然而,金融稳定论坛《简编》包含了这一领域的许多其他标准。这些标准分为两个小标题:一般监管和风险管理。一般监管包括一项标准,而风险管理涉及集团内交易[2]和风险集中管理。[3]

二、处理金融集团

一般而言,世界各国在处理跨部门金融中介活动和金融集团时采用四种主

---

〔1〕 See Joint Forum on Financial Conglomerates(Joint Forum), *Supervision of Financial Conglomerates*, Feb. 1999, p. 36.

〔2〕 See Joint Forum, *Intra-Group Transactions and Exposure Principles*, Dec. 1999, p. 13.

〔3〕 See Joint Forum, *Risk concentration Principles*, Dec. 1999, p. 45.

要结构:全能银行、严格的部门分离、金融控股公司或母子公司结构。在通常的银行结构下,金融中介机构可以开展任何类型的金融活动,而不需要单独资本化和受监管的子公司。在严格的部门分离模式下,金融中介机构只能在其受权部门(银行业和保险业等)内从事金融活动。跨部门活动是不许可的。在金融控股公司模式下,可以建立伞状式公司——金融控股公司,而该公司又可以拥有在特定金融部门开展活动的附属金融中介机构。金融控股公司是独立于特定子公司的公司,不直接从事金融活动。在母子公司模式下,母公司金融中介机构(如银行或保险公司)可以设立单独的子公司,在其他部门开展金融活动。

目前,对于哪种模式是最好的,还没有达成普遍共识。同样,为金融中介机构和金融集团选择模式与特定国家金融监管结构存在直接联系。此外,除了跨部门的金融活动和中介结构外,还出现了第二个问题,即是否应当许可金融中介机构从事非金融业务。例如,银行是否应获准从事银行业务之外的非金融业务?是否应当许可全能银行从事非金融业务和金融业务?是否应当许可金融控股公司拥有非金融子公司和金融中介子公司?是否应当许可控股公司拥有自己的金融控股公司以及其他非金融业务公司?目前,国际上对金融中介机构和金融控股公司是否限于金融业务尚无普遍共识。同时,对于非金融公司是否拥有金融中介机构还是金融控股公司,目前还不存在一种普遍的共识。因此,在这方面出现的主要考虑因素是一国的监管结构和监督能力以及金融部门的成熟度。

第五节　金融监管结构

随着金融产品和服务创新以及金融中介活动的发展与复杂程度的提高,世界各国必须从另一个层面考虑金融监管和监督的总体结构,它涉及监管结构——与金融结构直接挂钩的监管结构。近年来,在世界各地,人们日益关注特定经济体的金融管理结构,尤其是面对全球化、金融集团的发展以及传统金融部门(银行、保险和证券)与产品之间的界限模糊等问题,现有制度安排是否适当。

有三组事件使这些关切成为人们关注的焦点。第一,英国新工党政府在1997年上台后,立即宣布两项重大改革:正式确立英格兰银行在制定货币政策方面的独立性,并建立一个单一的金融监管机构,即金融服务管理局,包括取消英格兰银行对银行监管的责任。第二,在1997~1998年亚洲金融危机之后,一些国家,尤其是韩国和日本审视它们的金融管制制度和结构,以避免今后出现类似的情况。第三,2008 年次贷危机之后包括中国、美国、英国、澳大利亚、德国和法国在内的许多其他国家已对其监管结构进行了重组,建立宏观审慎监管和协调机构,以应对不断变化的金融格局所带来的挑战。

在大多数国家,金融部门近年来发生了重大变化。放松管制、自由化和迅速的技术革新使金融中介机构能够提供越来越多的金融产品和服务,模糊了银行、证券和保险部门之间的传统界限。此外,为了在全球市场上保持竞争力,金融中介机构与其他国内或外国金融中介机构进行收购或合并,从而产生大量的金融集团企业。金融服务业的发展给国家监管当局带来了巨大的挑战,因为风险已经变得更加难以监测,这不仅是因为金融中介机构往往规模更大、更加复杂,还因为它们在越来越多的国家管辖范围内运作。为应对这些挑战,各国正在探讨确保对金融集团进行适当监管和监督的方法。作为改进对金融集团监管的努力的一部分,越来越多的国家正在采取综合监管办法,或者为整个金融部门设立一个单一的监管机构,或者合并两个主要的监督机构(如银行与保险或银行与证券)。此外,许多国家作出了改变,以解决金融集团的增长问题,并保留传统的部门管理结构。

我们主要阐述金融市场不断变化的性质和金融集团日益重要所带来的挑战以及对规则和监管制度安排的影响。在此,既不赞成也不反对综合管理结构。综合监管在一些国家可能运作良好,但在另一些国家则不然。尤其是,有关金融集团与不断变化的金融市场之关系呈现了有益的经验教训,分析合并监管机构的利弊和决策者所面临的挑战,为各国在今后调整和统一监管机构提供参考。[1] 总的来说,已经呈现一些经验教训。第一,各国必须认真审查任何可能变革的利弊,包括变革进程本身固有的风险。第二,一些基本模式或结构是可能的:(1)传统的部门模式:每个金融部门,即银行、证券和保险部门都有其单独的监管机构,通常与金融集团的严格分离或控股公司结构相结合;(2)功能模式:针对金融集团和产品创新的金融稳定、审慎、市场行为和竞争监管等功能,每一个监管部门都有其单独的监管机构;(3)职能模式:针对金融集团和产品创新的职能,如金融稳定、审慎、市场行为和竞争等职能进行监管;(4)一体化结构:一个或多个部门和职能合并在一个机构之中,通常与提供金融服务的通用银行模式相结合。我们不能想当然地认为,一种模式本身比任何其他模式都要好;模式的运行良好在很大程度上取决于有关国家的具体情况。第三,其教

---

〔1〕 See D. Arner and J. Lin eds., *Financial Regulation: A Guide to Structural Reform*, Sweet & Maxwell Asia, 2003, p. 326.

训是监管结构（及相应的金融和人力资源）、金融结构（银行、保险和资本市场的相对重要性以及金融发展或抑制水平）与金融中介机构的结构（如严格区分金融部门和全能银行）之间存在重要联系。由此，我们可以得出一些结论：

第一个结论，金融监管结构是一个重要问题。然而，优先考虑顺序必须是发展必要的基础设施（法律和其他方面），以支持金融发展，并根据国际标准在目标明确、独立和问责的制度内发展监管和监督能力。

第二个明确的结论，监管结构的设计必须与一个经济体的金融结构相一致。必须全面涵盖中介机构（尤其是金融集团）、特定金融系统所固有的功能和风险，并以符合该经济体的历史、文化和法律制度的方式运行。另外的风险可能涉及金融结构和监管设计（金融和监管不匹配）。在此，风险在于司法管辖区的金融监管结构与金融部门的结构不相称，即金融中介机构的组织基础不是监管机构适当处理的基础。在此种情形下，可能通过不受现有结构监管的金融中介业务，从而产生重大风险。例如，在一个严格分离的金融系统中，非正规金融集团可能发展起来，不是在集团的基础上进行监管，而是在部门机构的基础上进行监管，从而使金融系统暴露在“集团”的风险之下。

第三个结论，在一个负责金融监管的经济体中，所有当局之间的协调与合作是必不可少的，重组过程本身具有风险，必须认真考虑和执行，以避免使现有情况更加恶化。一般而言，世界各国金融规制和监管的一般结构有四种：单一监管机构、部门监管、职能监管和机构监管。在单一监管结构下，一个国家有一个单一的金融监管机构，负责金融体系的所有方面和金融监管。这种模式适用于全能银行，但也适用于金融中介活动和金融集团的其他结构。在部门监管模式下，一国对每个金融部门（通常是银行、证券和保险）有单独的监管机构。这一模式最适用于严格区分金融中介活动部门的制度。在采用金融控股公司模式或母子公司模式的国家也经常采用这种模式，但它并不适用全能银行模式。在职能监管模式下，一国有单独的监管机构负责主要监管职能。单独的监管机构负责金融稳定监管、审慎监管金融中介机构的安全和稳健、金融市场行为和竞争。当下，金融稳定监管和审慎监管往往合并为一个机构，由一个单独的机构负责金融市场行为（“双峰”模式）。这种模式可以适用于任何模式的金融中介活动和金融集团。在机构监管模式下，某一类金融中介机构的所有活动都由一个监管机构监管。在由银行和银行构成的特殊系统性风险所形成的最常见结构中，银行的所有活动，无论是金融还是非金融活动，无论是跨部门还是非跨部门，都受到银行监管机构的监管。在大多数情况下，这将扩大到任何拥有一家银行公司的情况，例如，如果一家保险公司拥有一家银行，那么银行监管机构也将监管保险公司的所有活动。

第四个结论,没有普遍的共识认为哪一种模式是最好的。如果一国的金融监管结构适合其自身情形,尤其是其能有效处理金融中介活动和金融集团的结构,这是一个基本问题。因此,在研究金融监管结构时,我们的重点放在结构适当的监管机构和规制上,而不论在特定情况下实施的总体结构如何。最近的研究支持在这方面建立适当的治理结构的重要性。正如尤代布尔·达斯、马克·昆廷和吉娜·切纳德所指出:[1]

> 监管对金融体系的健全……宏观经济条件、银行体系结构以及政治机构和公共部门治理的质量都有重要影响。研究结果表明,良好的公共部门治理扩大了监管治理对金融健全的影响力。

一、国际标准

各国政府除了负责货币政策的机构——中央银行外,还包括一个或多个负责其他金融政策的机构。[2] 国际货币基金组织《货币和金融政策透明度守则》在定义“金融机构”时提到:[3]

> ……对包括市场和机构在内的金融和支付系统进行监管、规制和监督的制度安排,以促进金融稳定、市场效率以及客户—资产和消费者保护。

因此,这一术语既适用于宏观层面负责金融稳定的机构(中央银行),适用于任何其他金融监管和监督机构。此外,《货币和金融政策透明度守则》与其他负责金融部门政策的机构有关,而这些机构并未具体涉及某一特定机构,可能包括财政部或其他负责金融发展政策的机构。[4]

与中央银行货币政策透明度指南类似,《货币与金融政策透明度守则》涉及

---

[1] U. Das, M. Quintyn and K. Chenard, *Does Regulatory Governance Matter for Financial System Stability? An Empirical Analysis*, IMF working Paper WP/04/89, May 2004, p. 1.

[2] See IMF, *Code of Good Practices on Transparency in Monetary and Financial Policies*, Jul. 1999, p. 18.

[3] IMF, *Code of Good Practices on Transparency in Monetary and Financial Policies*, Jul. 1999, p. 18.

[4] See IMF, *Supporting Document to the Code of Good of Good Practices on Transparency on Monetary and Financial Policies*, Jul. 2000, p. 9.

金融机构在金融政策良好方面的做法有四个方面:(1)明确作用、责任和目标(第五部分);(2)制定和报告金融政策的程序(第六部分);(3)公开提供金融政策信息(第七部分);(4)问责制和廉正保证(第八部分)。

在明确作用、责任和目标方面,应当明确界定金融机构的广泛目标和体制框架,最好是通过立法或条例(第5.1节)。金融机构之间的关系应公开披露(第5.2节),特别是支付制度方面(第5.3节)和自律机构(或称为自律组织)(第5.4节),任何此类自律组织都应遵循与金融机构相同的做法(第5.5节)。

在制定和报告财务政策方面,行为应当透明,并符合保密和效力方面的考量(第6.1节),同时宣布和解释重大变化(第6.2节),实现所报告的目标方面的业绩(第6.3节)以及就规章修订征求公众意见(第6.4节)。

关于向公众提供信息的问题,金融机构应定期发布关于重大事态发展(第7.1节)和金融机构财务状况的公开报告(第7.3条),作为公共信息服务的一部分(第7.4条)。除咨询外,指令和指导方针也应向公众公布(第7.5节)。此外,应公开披露关于客户和消费者保护制度安排的信息(第7.6节和第7.7节)。

关于问责制和廉正保证,金融机构官员应到指定的公共当局出庭(第8.1节)。此外,金融机构应酌情公布审定财务报表(第8.2节和第8.3节)。应公开披露对金融机构官员和工作人员的廉正标准和任何法律保护(第8.4节)。

二、发展有效的金融权力机构

金融监管和规制当局需要有足够的业务自主权,不同的政府机构必须了解它们在金融监管系统中各自的作用,应当为这些机构作出有效协调和合作的制度安排,它们需要有必要的工具加以利用。一般而言,任何金融监管当局如要有合理的成功可能性,都应满足若干基本先决条件,具备形成有效结构的一套指示性特征:明确的目标、独立性和问责制、充足的资源、有效的执法权力、全面性具有成本效益的监管、有效性标准和行业结构。[1] 金融监管当局的体制设计需要认真考虑。所有职能均可置于单一机构(财政部或中央银行)。更常见的情况是,不同职能在几个主管部门之间进行适当的分工。当一个机构预先履行所有安全网职能时,能否顺利解决潜在的紧张关系取决于任务的明确性和相关部门之间的适当问责制。然而,当赋予不同机构的职能时,与信息共享、权力

---

〔1〕 See R. Abrams and M. Taylor, *Issues in the Unification of Financial Sector Supervision*, IMF Working Paper WP/00/213, Dec. 2000, p. 5-9.

和责任配置以及不同职能之间的行动协调有关的问题就更加复杂，需要明确加以处理。[1]

就金融监管当局的实际角色而言，作为一项一般性原则，这些角色越能保持独立和分离，监管效果就越好。它们需要稀缺的监督资源和专门知识行使强有力的监管——尤其是在系统性危机情况下更是如此。中央银行应把重点放在货币和金融稳定职能上，特别是提供流动性，包括最后贷款人，并确保大额支付系统有效运作。在所有这些情况下，当纳税人的钱处于危险时，应该作出政府决定，因为只有政府可以征税，并根据财政部或类似部门的职权范围提出建议。实际考虑还可能导致建立一个单独的金融中介机构（在银行业中最为常见），因为在财政部、中央银行和监管机构之外行使这一职能可能是最为有效。

金融部门监管的体制结构是次级层面的问题，一旦具备有效监管的各种条件，就必须加以考虑。为了行之有效，监管制度的结构需要反映受监管市场的结构。理论和实践趋于一致的观点是，独立的监管机构为良好监管治理的需要提供最适当的解决办法。[2] 一般而言，监管机构是设在中央银行内，还是设在其他地方，要视特定国家的具体情形而定。然而，无论如何，它应该是“自主的”——如财政上和业务上；在监管方面都应该是负责任的、透明的和有效的（有条件的有效性），尽管监管（主要是普遍监管）应当与中央银行和其他适当的机构共享。必须有足够灵活的权力，才能有效地解决金融中介机构的问题。如果问题是可以矫正的，监管者通常会设法找出并执行充分解决它们所关切问题的解决办法；在无法解决的情况下，迅速和有秩序地撤出不再能够满足监管要求的中介机构，也是有效金融系统的一个必要部分。[3] 这些权力至少应包括要求受监管公司提供信息的能力，评估高级管理层和中介所有者的能力和廉洁，并对不遵守监管规则的行为采取适当的分级制裁措施，包括在必要时拥有干预中介机构的最终权力。理想情况下，监管机构应该有能力吊销经营金融服务业务的许可证。然而，在一些国家，这可能不符合要求严格区分行政和司法职能的宪法规定。在后一种情况下，金融监管当局应有能力就吊销许可证问题提出建议，如果金融监管当局的建议未获采纳，决策人必须说明理由。如果监管机构有能力迅速修订，执法权力可能会更加有效；出于这一原因，通常最好只

---

〔1〕 See FSF. *Guidance for Developing Effective Deposit Insurance Systems*, Sep. 2001, p. 45.

〔2〕 See M. Quintyn and M. Taylor, *Regulatory and Supervisory Independence and Financial Stability*, IMF Working Paper WP/02/46, Mar. 2002, p. 8.

〔3〕 See Basel Committee on Banking Supervision, *Core Principles for Effective Banking Supervision*, Sep. 1997, p. 12.

列出监管机构在立法方面的权力的宽泛框架,让监管机构自身可以发布和修订指令和指南填补某些细节。关于监管干预的决定应该是独立的、负责任的和可审查的(在大多数情况下是事后的、损害是适当的矫正办法)。关于重组(个案)与解决(基于可行性)的决定以及关于具体解决形式的决定(根据在尽量减少系统影响的情况下解决成本最低的原则)都应由消费者保护机构作出,财政部、中央银行、相关金融监管机构和储户保护机构应参与其中。监督者可以参与需要由更健康的中介接管或合并的决议。当所有其他措施均告失败时,监管机构应有能力关闭或协助关闭不健康的中介机构,以保障金融体系的整体稳定。此外,监管机构应负责或协助有问题的金融中介机构有序退出(与任何适用的存款保险机构或其他负责保护消费者的机构协调)。

三、金融当局之间的协调

在拥有不止一个金融机构的系统中,监管机构需要与其他机构协调行动,如政府、中央银行、支付和结算系统运营商、存款保险公司和其他国内监管机构以及外国对应机构。[1] 在国内层面,应当有与其他机构交流信息的法律依据。在国际层面,监管机构应能够接收并与外国对口机构交流信息。理想情况下,此类谅解条款应在监管机构之间的互惠制度安排中规定,如以谅解备忘录或信件交换的形式。在综合监管原则下,信息往往从东道国监管机构流向本国内监管机构,而不是相反。然而,东道国监管机构也有权随时获悉影响东道国领土设有办事处的特定中间人的事项,并希望本国监管机构将影响母公司或总公司的重大事项通知东道国监管机构。如果国内监管机构打算采取行动保护客户利益,这种行动应尽可能使东道国监管机构与金融中介机构所在地的外国监管机构保持协调。[2]

四、获取可靠的最新信息

金融报告是金融监管者的致命弱点。如果没有关于金融中介机构不遵守审慎标准的充分信息,监管机构将无法在需要时下令采取矫正行动。此外,市场纪律取决于对金融中介机构的金融状况作出准确和充分的报告。

---

〔1〕 See Basel Committee, *Supervisory Guidance for Dealing with Weak Banks*, Mar. 2002, p. 100-101.

〔2〕 See Basel Committee, *Information Flows between Banking Supervisory Authorities*, Apr. 1990, p. 102.

监督机构的主要作用是不断从受其监督的实体中获取准确和最新的信息。一旦金融中介机构的问题引起监管机构的注意，首要问题就是确定有关中介机构金融状况的事实。为此，金融监管机构必须掌握必要的金融报告信息，以便就处理手头问题的适当战略作出明智的决定。审计要求，包括金融中间人及其审计师的各种报告义务，应确保监管机构在任何时候都有充分的信息。此外，监督员必须有权获取所有信息，并有权进行计划外的现场检查或调查，或让第三方（如审计公司）进行现场检查。监管机构应能不受限制地查阅内部控制和审计职能部门发布的报告和所有其他文件。监管人员应具有法律权力，要求金融中介机构报告所有相关数据，并规定制裁措施，以惩罚报税表提交不足、不正确或迟交的情况。除金融信息外，监管人员还必须能够快速获取有关金融中介机构的各种相关的非金融信息，包括组织结构和法律结构以及有关参与支付系统的信息。监督员可能与中介机构保持某种程度上的谅解，即经常更改的信息应保存在中介机构处，但监督员可以随时访问这些信息。

第四篇

变革金融体系与金融监管方式

第九章　变革国际金融结构

在经济发展过程中如何防止金融危机，并支持金融发展和经济增长？当下国际社会的反应是：建立维持金融稳定的国际标准体系，使其成为国际金融结构的重要组成部分。我们的研究侧重于法律对金融稳定和经济发展所具有的重要性。基于此，我们围绕支持经济增长的金融稳定和金融发展两个目标，力求通过最近的研究详细阐述法律与金融机构的作用，厘清世界各经济体实现金融稳定和金融发展以支持经济增长的现实路径；同时，着眼于当下世界经济仍然存在一些主要问题，并就如何在国内层面、区域层面和国际层面妥善解决金融稳定和经济发展问题提出建议。尽管现在的国际金融标准体系无疑是发展国际金融结构的重要步骤，但仍然存在有待解决的问题。第一，必须把经济发展纳入国际金融体系之中。现有体系框架侧重于金融稳定，为了更好地满足新兴经济体、转型经济体和发展经济体的需求，标准体系本身以及执行和监测体制框架必须明确纳入发展问题。第二，标准体系应当包括对国内外金融部门竞争的指南。第三，世贸组织金融服务框架已着手处理的有关外国竞争问题应当纳入现有国际体系之中。

第一节　世界标准与守则

我们简单介绍了20世纪末应对世界金融危机的主要国际对策：健全金融体系的国际标准体系。它是国际金融结构的重大发展，是对是否有必要建立“新的国际金融结构”的许多讨论所得出的结论。作为重要发展的国际金融标准，对特定经济体、区域制度安排和国际金融结构有许多影响。尽管如此，仍需采取如下措施解决现有体系的薄弱环节：一是加强金融稳定论坛的作用，提高《金融稳定论坛简编》的质量，并正式确定标准的选择和制定过程；二是健全各种金融机构和基础设施以及预防和打击腐败；三是变革中的国际标准体系应当更加关注金融发展和经济增长的关系。

一、国际标准和守则与金融稳定

从2005年开始,国际货币基金组织和世界银行就国际标准和守则实施方面的经验发布全面评估。[1] 它们评估审查的结论是:第一,这项倡议有许多优点,尤其对成员方当局而言;第二,有充分的理由修改或扩大覆盖范围,使其超出现有的12个领域,但在其他方面仍然可以作出某些修改。具体而言,世界银行和国际货币基金组织的提议是:(1)集中力量帮助成员加强机构,并利用这一主动行动为其他工作提供信息;(2)鼓励国家参与;(3)采取灵活的更新办法,基本上遵循5年一次的周期;(4)在每一份关于遵守标准和守则的报告中列入一份明确的执行摘要、一份按原则分列的遵守情况摘要和一份按优先次序排列的主要建议清单;(5)更系统地收集关于遵守标准情况的资料,以便确定各项评估的优先次序,总结在遵守标准方面所取得的进展,并进行跨国分析。此后,国际货币基金组织启动一项程序,以确定与宏观经济有关的领域,并加强机制,将各项建议反映在关于遵守标准和守则的报告的后续行动中。关于后者,世界银行将制订详细的后续行动计划,包括技术援助需求,以协调方式分配责任,并将建议纳入工作方案,帮助成员确定和安排必要的执行援助,监测执行进展情况。除联合报告外,国际货币基金组织于2006年发布独立评估办公室依据《金融部门评估方案》的评估,[2] 世界银行也发布独立评估小组的类似评估。[3]

总体而言,国际货币基金组织独立评估办公室得出结论,在国际货币基金组织的任务范围内,《金融部门评估方案》是重要且有效的,并就下列三个主题提出建议:(1)重新考虑分批参与,明确优先事项并加强与监测的联系;(2)采取措施,进一步保持和加强《金融部门评估方案》的质量和国际货币基金组织内部的组织变革;(3)加强国际货币基金组织和世界银行联合运作方式。建议包括优先重视和加强金融部门监管,包括完善《金融部门评估方案》,把金融部门评估方案和后续工作纳入国际货币基金组织常规监督活动的主程序,保持联合方式,但在金融部门发展问题占主导地位,由国际货币基金组织主导,以及存在

---

[1] See IMF, *The Standards and Codes Initiative-Is It Effective? And How Can It Be Improved: Background Paper*, Jul. 2005, p. 28.

[2] See IMF IEO, *Report on the Evaluation of the Financial Sector Assessment Program*, Jan. 2006, p. 26.

[3] See World Bank IEG, *Financial Sector Assessment Program: IEG Review of the Joint World Bank and IMF Initiative*, May 2006, p. 18.

重大国内或全球金融稳定问题的情况下，世界银行发挥主导作用，建立更明确的机制，协调世界银行和提供其他后续技术援助的组织行为。值得注意的是，这些建议在国际货币基金组织"中期战略"的范围内得到了支持。[1]

类似于国际货币基金组织独立评估办公室，世界银行独立评估小组从总体上得出下列结论：(1)评估的质量良好，但各部门的质量参差不齐；(2)各国家当局表明《金融部门评估方案》是有用的；(3)需要更好地将《金融部门评估方案》的建议纳入世界银行方案；(4)国家选择需要更好地反映监管重点和金融部门改革的可能性；(5)评估范围必须更符合国家的特定需要；(6)该方案必须更好和及时向执行当局通报情况，并与其他合作伙伴协调。尽管执行这些结论和建议是必要和合理的，但是如何把它们落实到世界银行的工作中尚不明朗。

二、发展与金融稳定相结合

金融部门对经济发展既有积极影响，也有消极影响。首先，全球金融危机对发达经济体、新兴经济体、转型经济体和发展经济体的经济增长都会产生巨大影响。健全金融体系之国际标准体系正是应对金融危机破坏性的直接回应。其次，金融部门通过促进财政资源的分配支持经济增长，而金融则为技术和人力资本的开发提供支持。因此，金融业可以在经济增长和促进经济发展方面发挥重要的积极作用。然而，目前的国际金融标准体系虽然已经开始这样做，但尚未充分考虑发展需要的机会。[2]

在看待发展问题时，协商一致的观点是通过千年发展目标来表述。[3] 所有国际机构在执行各自任务时都在某种程度上考虑到了这些目标。这些目标已经渗透到国际金融标准体系之中。具体而言，国际货币基金组织已采取步骤，将许多指标纳入《特殊数据发布标准》和《一般数据发布标准》。由于世界银行和亚洲开发银行把重心放在减贫方面，因此它们在其各种活动中包括金融部门都考虑到这些问题。世界银行已经启用《金融部门评估方案/关于遵守标准和守则的报告》程序来强调发展需求，并支持其在金融业的整体性应用。这类活动仍然需要增强。此外，除金融稳定问题之外，这些标准及其评价过程需要进一步纳入发展问题，因为目前无论是标准体系还是评价过程都没有考虑到

---

〔1〕 See IMF, *Standards and Codes-Implementing the Fund's Mediu-Term Strategy and the Recommendations of the 2005 Review of the Initiative*, Jun. 2006, p. 29.

〔2〕 See IMF and World Bank, *Development Issues in the FSAP*, Feb. 2003, p. 12.

〔3〕 See United Nations, *United Nations Millennium Declaration*, General Assembly Resolution 55/2 8 Sep. 2000. , p. 38.

发展问题。随着标准体系的修订,在制定过程中应更多地考虑这些标准的实际运用。此外,评估过程应从评估金融稳定扩展到评估金融稳定和发展。这种评估应当由世界银行主导,各区域开发银行和双边援助机构协助。如果这些建议得到实现,金融部门发展评估就可以发挥重要作用,并指导特定经济体以及多边和双边援助提供者努力提高金融部门的效力。

第二节 改善国际金融结构

传统国际金融结构是布雷顿森林体系框架所设计实际运作的基本组成部分,自1994年国际货币基金组织和世界银行成立五十多年以来已发生很大的变化。尽管其中一些变化是重大的(尤其是国际金融稳定标准体系),但是关于是否需要设计新的国际金融结构处理现有国际金融和经济体系性质变化的讨论并未产生任何实际性结果(除制定有关金融稳定的国际标准和1994年世贸组织成立外,世贸组织基本是独立发展,起源于国际贸易组织的布雷顿森林体系构想)。

尽管支持金融稳定所必需的体制组成部分已基本完成,但是非体制部分并非连贯结构,其意向是以布雷顿森林体系或欧洲联盟单一市场计划的方式实现明确的压倒一切的目标。因此,它既不能解决《世界贸易组织协定》和《服务贸易总协定》在金融服务自由化进程中所固有的风险,也不能有效解决全球金融危机。

一、国际机构、金融稳定和金融发展

在政治层面(以七国集团、十国集团、二十国集团等为代表),最明显的是通过引入主要的新兴经济体,提高具有影响力的代表性。在此,合乎逻辑地增加一些成员,如中国、巴西、印度和南非等发展中国家。值得注意的是,二十国集团的成立在很大程度上反映了这一目标。重要的是,二十国集团在金融部门的主要问题上发挥着更为积极的主导作用(反映其以金融为重点的构成)。幸运的是,二十国集团未来将继续维持这一发展趋势,由此二十国集团在国际金融事务中发展为取代七国集团和十国集团的最终结果。此外,二十国集团与"金融稳定论坛"依赖于更为广泛的技术官僚成员的平行运作,在政治上自然与"金融稳定论坛"的技术官僚发挥相同的作用,同时占国际货币基金组织和世界银行投票额的多数,从而确保二十国集团从技术官僚层面制定多边国际执行标准,并使各种监测标准在各层面都能得到严格执行。

国际金融机构(国际货币基金组织、世界银行和区域开发银行)以及相关国际机构(如世贸组织和联合国机构)提出有关金融管理结构建议的方针,并以许多方式改进协调和重点,明确目标和责任。在此,我们专门讨论国际标准体系的其他组成部分,包括国际货币基金组织、世界银行和多边开发银行等重要组成部分,并就如何发挥它们各自的作用提出建议。

(一)国际货币基金组织

2005年,国际货币基金组织发表"中期战略",这份文件考虑了国际货币基金组织在经济全球化背景下的未来发展方向。[1] 国际货币基金组织的结论是,由于出现新的经济强国(尤其是中国)、一体化的金融市场、前所未有的资本流动以及促进经济发展的新想法,需要对国际货币基金组织作为国际金融合作和稳定的管理者的任务作出最新解释。在此基础上,国际货币基金组织的战略方向主要包括下列四个方面:(1)使监测更加有效,重点放在全球化、区域方面,以及以"宏观临界性"为重点的标准和守则评估;(2)适应不同成员的新挑战和新需求,在较发达和较不发达成员中发挥不同的作用;(3)改进国际货币基金组织的内部体制,如能力建设、组织和预算编制;(4)解决国际货币基金组织的治理问题,尤其是与配额有关的问题。由于各成员发展水平不同,有几个方面值得注意:在新兴经济体,重点是预防危机、解决危机和筹资安排。在发展经济体,国际货币基金组织基金将侧重于宏观经济稳定,强调千年发展目标,并把重点放在融资指导上,将协调和统一留给其他机构。此外,国际货币基金组织扩大管理资本账户自由化工作,重点放在排序以及能力建设和体制改革方面。

2006年,国际货币基金组织发布罗德里戈·拉托的一份报告,阐述国际货币基金组织的中期发展计划和与"中期战略"各个领域相关的具体建议。[2] 此外,国际货币基金组织已着手解决如何通过改变配额和相关的投票结构提高世界各经济实体的代表性。总体上,国际货币基金组织把重点放在金融稳定(以及货币稳定)上,将金融发展问题留给世界银行和区域开发银行处理。

(二)世界银行

2006年,世界银行"独立评估小组"发布一份关于1993~2005年世界银行

---

〔1〕 See IMF, *The Managing Director's Report on the Fund's Medium-Term Strategy*, Sep. 2005, p. 30.

〔2〕 See IMF, *The Managing Director's Report on Implementing the the Fund's Medium-Term Strategy*, Apr. 2006, p. 28.

金融部门工作评估的基本综合报告。[1] 该报告综合了关于贷款[2]、技术援助[3]和《金融部门评估方案》等三项基本评价标准。此外,还酌情列入一份关于养恤金类似报告的调查结果。总体而言,独立评估小组的结论是:[4]

> 评估发现,世界银行在贷款和非贷款方面对金融部门的援助有助于客户国家金融部门的发展。《金融部门评估方案》促进了与客户政府的对话,并提供有益的咨询意见和建议。贷款有助于在治理、监管框架、市场结构和效率等方面带来积极变化。总体而言,除世界银行对信贷额度的支持外,世界银行的存在帮助促进了金融系统在深入和获得信贷方面的正确方向发生变化。然而,金融部门的活动仍然不够充分,许多世界银行客户国家获得信贷的机会有限,世界银行援助的质量和影响还有改进的余地。

关于改进方面,报告提出一些有用的建议:(1)世界银行应更多地侧重于非银行部门(将银行部门留给国际货币基金组织),并通过一系列活动,包括贷款和评估工作,如投资环境调查、减贫评估和其他经济工作,查明获得信贷的制约因素,这些工作包括评估获得各类资金的机会。换言之,世界银行把重点放在金融部门的发展上。(2)为处理全球金融危机制定银行内部准则,并规定采取行动的触发点和明确的责任分工。鉴于世界银行组织和工作的权力下放性质,这将确保它更好地以更有效的方式处理紧急情况。(3)改善银行在金融部门工作的总体一致性,并组建金融部门的网络系统(一个跨部门的内部虚拟小组),从而确保如下方面:①国家战略酌情纳入金融部门的协调一致战略,利用"金融和经济政策框架"或其他相关评估工作;②部门战略贯穿贷款和非贷款之中;③对向金融部门提供的贷款和非贷款援助实行质量监管。换言之,世界银行应在《金融部门评估方案/关于遵守标准和守则》的报告框架基础上,对金融发展工作采取更有条理的做法。

---

〔1〕 See World Bank IEG, *World Bank Assistance to the Financial Sector: A Synthesis of IEG Evaluations*, May 2006, p. 19.

〔2〕 See World Bank IEG, *World Bank Lending for Lines of Credit: An IEG Evaluation*, May 2006, p. 20.

〔3〕 See World Bank IEG, *IEG Review of World Bank Assistance for Financial Sector Reform*, Mar. 2006, p. 31.

〔4〕 World Bank IEG, *Pension Reform and the Development of Pension Systems: An Evaluatuion of World Bank Assistance*, Feb. 2006, p. 29.

总之,这些结论是完全合理的:世界银行应在金融发展方面发挥主导作用,在《金融部门评估方案/关于遵守标准和守则》的报告框架基础上与国际货币基金组织密切合作,应发挥扩大的、以发展为重点的作用。与此同时,世界银行目前仍然普遍缺乏方向,尤其是在金融部门的工作方面。然而,随着国际金融公司(世界银行的私营部门和发展部门)越来越多地承担金融部门的援助工作,且世界银行也承担一部分研究,使其作用在一定程度上得到了削减。

(三)区域开发银行和联合国机构

区域开发银行以及联合国贸易和发展委员会和联合国计划开发署等机构较少参与《金融部门评估方案/关于遵守标准和守则》的报告进程,但在支持金融发展和经济增长方面发挥了重要作用。在此,它们的努力应与世界银行的努力更密切地协调,尤其应当关注以《金融部门评估方案/关于遵守标准和守则》的报告框架为基础的金融发展情况。

二、整合国际金融架构

我们认为,拟议的金融自由化框架(通过世贸组织在国际层面提供)应更明确地与金融稳定框架挂钩。尽管这些问题没有与国际层面明确地联系起来,但实际上它们是通过欧盟单一金融市场计划而联系在一起,该计划反过来可能为其他区域的尝试提供模式,或许也为国际金融结构提供模式。当下的国际金融结构并不能满足国际金融体系变革的需要。这在世贸组织、国际货币基金组织和世界银行之间的关系中表现得最为明显。在此,设立一个联合委员会来处理共同关心的问题将获益于这三种机构的联合运作(仿照布雷顿森林会议最初的设计,目前以国际货币基金组织—世界银行国际金融和货币委员会和发展委员会的联合形式运作)。关于国际货币基金组织和世界银行的关系还有一些悬而未决的问题。也许今天这一点最明显的领域是金融自由化和一体化。

今天我们可以清晰地看到,法律改革不能仅仅从任何特定国家的现实状况和需要出发,无论是发达经济体还是新兴经济体、转型经济体和发展经济体。因为投资以惊人的速度进出于世界各地,有时还会带来系统性风险的后果。[1] 为了获得发展所需要的资本,各国必须着眼于被称之为国际金融市场或全球金融市场。作为加入世贸组织和执行《服务贸易总协定》及其有关金融服务附件的一个方面,各成员就金融服务自由化作出了许多承诺。此外,它还涉及银行、证

---

〔1〕 See D. Arner, *The Mexican Peso Crisis of* 1994-1995: *Implications for the Regulation of Financial Markets*, 2 L. & Bus. Rev. Americas 28(1996), p. 28.

券和保险活动及中介机构。值得注意的是,金融自由化并未适当考虑先后顺序和充分的审慎保障措施,这是过去一个多世纪以来世界各国(发达经济体、新兴经济体、发展经济体和转型经济体)出现金融危机的重要前兆,也是过去25年的主导因素。从最近金融危机的分析中我们得出另一个核心结论,各机构包括法律、金融监管和法律基础设施在减少金融自由化固有风险方面发挥着基础作用。因此,国际金融结构的目标应侧重于促进发展经济体、新兴经济体和转型经济体融入国际金融体系。然而,融入国际金融体系并不是没有风险,必须以自由化的连贯顺序为基础,然后在每个国家发展有效运作的金融体系,这是发展必不可少的第一阶段。

第三节　债务和流动性危机及其解决办法

国际金融结构需要进一步调整另一方面是,应对当下正在发生或即将发生的系统性危机。关于国际金融结构变革的第一个问题侧重于预防危机,而关于国际金融结构变革的第二个问题侧重于解决危机。不幸的是,虽然在支持金融稳定的国内改革方面,以国际标准体系为中心的协商一致的意见已基本形成,但在处理已确定发生的系统性危机的制度安排方面还没有达成类似的协商一致的意见。

一、危机解决方法:一场持续性争论

虽然债务危机深刻地影响遇到问题的国家的国内金融秩序和国内经济,但它只不过是债务人和债权人双方之间合同关系的破裂。如果一个债务国存在流动性问题,不能履行债务义务,那么债务人有若干选择,包括违约、印刷钞票(如果债务是以本国货币计价的),或重组,或重新确定所涉债务的主条款。此外,主权债务人通常需要借款,以维持债务偿付和正在进行中的金融业务,即使在重新安排债务期限的情况下也是如此。[1] 此外,与私人当事人的情形不同,在主权情形下不存在破产程序。其结果是,主权债务问题与仅涉及非主权缔约方的问题有很大的不同。

---

〔1〕 See R. Macmillan, *Towards A Sovereign Debt Work-out System*, 16 NW. J. Int'l L. & Bus. (1995), p. 57.

债务危机并不是新现象：在18世纪和19世纪，这种危机比较常见。[1] 债务危机以不同的方式发生：在1994年的墨西哥危机中，当地货币突然对美元大幅贬值，而1982年发展中国家的债务危机是由于利率上升导致外债负担更加昂贵，而商品价格下跌则减少了出口收入的外汇储备。债务危机可能是流动性危机的结果，也可能是国家无法控制的其他因素的结果，如20世纪70年代和80年代的各种石油冲击。[2]

在墨西哥危机、亚洲金融危机和次贷危机等情况下，金融市场在准入方面基本上停止运作，不能依赖市场提供必要的流动资金。因此，国际和国内金融体系的稳定可能需要国际反应。在墨西哥、亚洲金融危机和次贷危机期间，由于许多相互交织的因素，一些国家面临着暂时性的流动性危机，有些国家处于有关国家的控制之下，另一些国家则不受这些因素的控制。由于这些危机以及人们认为有必要保护国际金融体系，自那时以来国家已作出一些努力，以解决未来的流动性危机，并试图防止这些危机造成长期的消极后果。一个经济体可以通过多种方式应对经常的账户赤字，包括：吸引更多的外国资本；允许本国货币贬值，从而使进口更加昂贵，出口更加廉价；收紧货币或财政政策，以减少对包括进口在内的所有商品的需求；利用外汇储备弥补赤字。如果一个经济体无法矫正其经常账户赤字问题，就会出现流动性危机，从而导致国家储备不足，无法进行必要的对外支付。有流动性问题的国家需要新的资金，才能度过问题时期，避免从暂时的流动性危机过渡到更严重的债务危机。它们有两个清晰的新资金来源：第一，官方来源（如其他政府和国际货币基金组织）；第二，私人来源，如投资者和银行。在墨西哥、亚洲金融危机和次贷危机期间，一些国家利用官方来源，包括美国和国际货币基金组织；但是，使用这些来源作为流动性的主要来源是不可持续的，且费用高昂。在金融危机的语境下，不太可能出现新的债务问题。事实上，墨西哥直到危机爆发后6个月才获得这些来源，只是因为它已经拥有美国和国际货币基金组织的官方银行业务。然而，如果拖延6个月将流动性危机转化为债务危机，那么它会使更多问题变得比以往更可能发生。最后，有迹象表明，由于危机局势的性质，商业银行实际上成为有风险的债务人时，它们才提供贷款。然而，如果新货币优先于旧货币，商业银行实际上可能会被诱导放贷。因此，问题是让债权人同意将他们的未偿还债务置于必要的新资

---

[1] See F. dawson, *The First Latin American Debt Crisis: the City of Londong and the* 1822-1825 *Loan Bubble*, Yale University Press, 1990, p. 197.

[2] See W. Cline, *International Debt Reexamined*, Institute for International Economics, 1995, p. 218.

金下,以提供流动性,使未偿还债务的偿付流动更加顺畅。因此,如果债务重新安排的基本问题得到解决,提供新资金就必然要求到位,从而利用解决潜在债务危机的办法来避免未来的流动性危机;或者推广重新安排偿还期的协议,因为贷款人应该“等待贷款”。

金融环境的三个基本变化对未来可能发生的主权流动性危机的性质有一定影响。第一,国内和国际金融市场之间更广泛和更牢固的联系意味着,危机在今天的市场中爆发的速度可能比过去要快得多,而且范围可能比过去要大得多。第二,多年来,以购买证券的形式流入新兴经济体、转型经济体甚至发展经济体的资本规模大幅增加,尤其是自20世纪90年代以来取代了传统的银行贷款。与此同时,外国直接投资在过去30年中的重要性急剧增加,并将为未来的金融危机增添新的特点。第三,当危机发生时,至少在短期内提供原始贷款的人不大可能提供新的资金,尽管私营部门的资本流动很可能在信心恢复方面发挥作用。同时,鉴于私人资本流动的重要性,从官方来源获得资金不大可能使经历危机的主权债务人充分履行外部融资义务。当然,提供官方资金以限制私人损失也会带来严重的道德风险,可能干扰市场纪律。然而,以有效方式提供的官方资金足以使私营部门恢复信心。〔1〕

(一)国际货币基金组织的回应:流动性与披露

国际货币基金组织的第一个回应是,为了应对突如其来和势不可当的全球金融危机,世界各国领导人同意增加国际货币基金组织的紧急资金,〔2〕增加国际货币基金组织的官方贷款权力,加强国际货币基金组织作为最后贷款人的能力,但也提出了对道德风险的关切。第二个回应是,国际货币基金组织发布《特殊数据公布标准》和《一般数据公布标准》,以便成员方,尤其是那些参与国际资本市场或希望参与国际资本市场的国家,包括工业经济体和新兴经济体,向公众提供经济和金融统计数据。〔3〕

(二)国际回应

应七国集团1995年6月在哈利法克斯向十国集团所发出的邀请,十国集团的代表设立了工作组,审议在有序解决主权流动资金危机方面出现的问题。

〔1〕 See G-10, Group of Ten Working Party, *The Resolution of Sovereign Liquidity Crises*, May 1996, p. 1.

〔2〕 See R. Choate, G. Graham and J. Gapper, *IMF Set to Get More Crisis Cash*, *Financial Times*, 9 Oct. 1995, p. 138.

〔3〕 See IMF, *IMF Executive Board Approves the Special Data Dissemination Standrad*, IMF Press Release No. 96/18, 16 Apr. 19960, p. 38.

1996年4月22日,十国集团在工作组报告的基础上发表一份关于国际金融紧急情况的公报。[1]

(三)十国集团公报

十国集团公报指出,十国集团国家与其他国家进行讨论,以期制定新的筹资安排,使国际货币基金组织在借款总协定下可用于应付国际金融紧急情况的补充资源增加一倍。十国集团还申明,鉴于需要遏制道德风险和公平分担责任的可取性,首先,债务国及其私人债权人都不应指望在发生危机时通过提供大规模官方融资而免受其财务决策的任何不利金融后果的影响,不应假定,在未来的任何主权流动性危机中,任何类型的债务都将免于支付、暂停或重组。十国集团指出,多年来制定灵活的个案做法和程序是考虑如何应对未来主权流动性危机的适当起点,私营部门团体应在制定任何新的合同安排方面带头做出改进。他们还申明,官方团体在解决严重流动性危机的主要作用应仍然集中在"促进债务国在国际货币基金组织资助的方案范围内进行有力和有效调整",从而表明国际货币基金组织的有条件性和结构调整方案的持续重要性。

(四)工作小组报告

在开展工作时,工作组力求将有助于防止危机发生的措施列为最高优先事项,并力求赞同其他论坛已作出的努力,以改善市场纪律并加强对主权借款国经济绩效的监督。它尤其重视,如果情况发生变化,可能导致资本流入减少,主权借款国必须对其经济政策作出及时调整。在审议处理未来主权流动性危机的手段时,工作组的结论是,任何预先设定的程序都不可能适用于所有情况。但是,工作组确实确定了一套广泛且可取的原则和特点,这些原则和特点为制定灵活的、逐案处理主权流动性危机的程序提供了框架。任何此类程序都应具有下列11个功能:(1)促进所有债务人制定健全的经济政策;(2)尽量减少债权人和债务人的道德风险;(3)依靠市场力量,不干扰有关债务工具二级市场的有效运作;(4)限制债务人的问题向其他国家蔓延;(5)支持可信的和可持续的行动,不将过高的社会、政治或经济成本强加于债务人;(6)设法确保与提供特殊融资有关的负担在不同类别的债权人之间进行公平分担;(7)加强政府抵御压力,承担私营部门对外债务的能力;(8)适合在各种不同情况下迅速和灵活地使用;(9)合作和非对抗性,促进债务人和债权人采用便利解决流动性危机的制度安排;(10)利用现有有助于解决危机的合同安排或其他安排;(11)利用现有的

---

[1] See G-10, *Communiqué of Ministers and Governors of the Group of Ten Nations on International Fiancial Emergencies*, 22 Apr. 1996, p. 18.

做法和体制。在政策方面,官方团体在控制系统性风险方面的利益及其作为主权借款人和贷款人的作用意味着,官方团体在鼓励债务人和债权人合作解决意外付款问题方面具有利害关系,因此可以发挥作用。[1]

工作组在其报告中得出七个具有广泛性的结论。第一,作为一项基本原则,必须维持所有充分履行债务合同的条款和条件,并保持市场纪律。然而,在特殊情况下,作为解决危机进程的一部分,并作为争取时间实施可信调整方案的一种方式,债务人暂时停止偿还债务可能是不可避免的。第二,债务国及其债权人都不应指望在发生危机时通过提供大规模的官方融资来避免任何类型的债务危机带来的财务后果,因为市场有能力评估向主权借款者提供贷款所涉及的风险,并据此确定贷款工具的价格和其他条件,任何类型的债务都不会免于今后的问题和解决办法。第三,目前的做法和程序强调债务国的调整努力具有重要性,并将解决办法的主要责任放在私人参与者身上,这是适当的起点,改进应是循序渐进的。这些做法的基础是执行国际货币基金组织支持的可持续调整方案,作为合作解决任何危机的主要先决条件。第四,无论是目前还是在可预见的将来,国际破产程序都没有提供一种"可行的或适当的方式"来处理主权流动性危机。第五,应在"适当论坛"中进一步考虑如何完善新兴市场经济体的金融体系,以减少它们在发生主权流动性危机时可能带来的风险。[2] 工作组意识到,债务国银行系统的结构性弱点可能严重加剧流动性危机,并可能给贷款国的金融系统造成困难。第六,一个以市场为主导的进程,为在发生危机时促进债务人与其私人债权人之间以及债权内部的协商与合作,制定有利于纳入主权债务工具的合同条款,这不是可有可无的。第七,国际货币基金组织最好在全面和最后解决拖欠私人债权人的主权借款人之前审查有关贷款资助的现行政策,并考虑是否将其适用范围扩大到目前尚未涵盖的其他形式的债务,同时明确需要审慎行事并维持严格的条件。工作组认为,这种贷款既可以表明对债务国的政策和长期前景的信心,也可以向未付债务的债权人表明,迅速与债务人达成协议是最有利于他们的利益。由此,工作组得出的总体结论是,没有必要改变官方双边信贷和银行长期债权的现行程序。但是,它确实认识到,处理主权流动资金危机的原则和程序必须考虑以证券形式的债务所具有

[1] See G-10, *Communiqué of Ministers and Governors of the Group of Ten Nations on International Fiancial Emergencies*, 22 Apr. 1996, p. 5.

[2] See G-10, *Communiqué of Ministers and Governors of the Group of Ten Nations on International Fiancial Emergencies*, 22 Apr. 1996, p. 2.

的重要性以及今后可能不得不重新谈判某些这类债务的可能性越来越大。至于官方团体，虽然它可能促进对话和协助数据收集，但工作小组的结论是，市场参与者应就合同条款的任何创新作出决定：[1]

> 官方团体在解决主权流动资金危机方面的主要作用仍应集中在促进债务国在国际货币基金组织资助的方案范围内进行有力和有效的调整，且必须考虑任何暂时暂停付款的做法。

这些安排在很大程度上指导了随后主权流动性和债务危机的解决。然而，在俄罗斯、巴西、土耳其和阿根廷的经验之后，这些问题一度被重新审视，尽管现在仍然没有明确的解决办法。

二、现代国际借贷

今天跨境融资的环境与30多年前的跨境金融活动有很大不同。其后果之一是，未来主权金融问题的解决将与解决20世纪80年代债务危机的方法大相径庭，阿根廷、俄罗斯和土耳其的经济危机以及2008年次贷危机清楚地说明了这一点。过去30年全球金融体系的一体化，可能是跨境金融领域最重要的一次变化，资金以惊人的速度流入和流出经济体，过去20年的一系列金融危机就是明证。投资者信心的任何下降都可能反映在资本的大规模和即时转移上，从而损害特定经济体的利益。在这个资本快速流动的时代，人们期望借款者和贷款人将这些教训内部化，至少在理论上是如此；然而，在实践中两者的记忆往往都很短暂。[2]

跨境金融的历史周期并非完全相同。若干因素说明了目前的跨境资本流动与20世纪80年代发生的资本流动之间具有差异。这些因素包括投资者、工具、借款人、利率基础、收益使用、经济改革、可获得信息、补救措施和披露等方面的差异。20世纪80年代期间向发展中国家提供的大多数资金采取的是商业银行银团贷款的形式，银行在欧洲市场储户和最终主权借款者之间成为石油美元和外逃资本的中介，其中许多银行首先是为石油美元的流动提供资金。相比之下，20世纪90年代的跨境金融以国际债券市场的主导作用为特征。近年

---

〔1〕 G-10, *Communiqué of Ministers and Governors of the Group of Ten Nations on International Financial Emergencies*, 22 Apr. 1996, p. 20.

〔2〕 See L. Buchheit, *Cross-Border Lending: What's Different This Time?*, 16 NW. J. Int'l L. & Busi. (1995), p. 44.

来，外国直接投资变得越来越重要，通过私有化促进股权投资也是如此。与20世纪80年代商业银行债务主权违约的系统性后果形成鲜明对比的是，在当代市场，当借款人无法履行债务时，问题的全部责任不会落到银行、监管机构和政府支持的存款保险机构身上。

直到20世纪中叶，向外国主权提供信贷的贷款人的做法并非意味着由于普遍存在的一般主权豁免理论，就可以通过法律手段强制偿还债务。当下，大多数债权国承认一种有限制的主权豁免理论，根据这一理论，在国外从事商业活动的主权国家可以在其他国家的国家法院受到保护。此外，主权借款人和国有企业的信贷协议和债券契约的起草人通常包括明确放弃借款人有权享有的任何豁免。虽然贷款人可以试图通过诉讼摆脱20世纪80年代的债务危机，但这并不是可选择的解决办法。2002年阿根廷危机后诉诸法院的做法并不像预期的那样成功。很明显，当主权金融问题再次出现时，如果不受到债权人骚扰诉讼的威胁，就不可能寻求谈判解决办法。[1]

三、拟议的解决方法

在阿根廷、俄罗斯危机和次贷危机等情况下，有三个因素使国际金融结构调整更加困难。首先，尽管国际银行业所经历的系统性风险一再出现，但并非给信贷者造成足够压力。其次，债券持有人至少在最初看到了希望，即官方来源将提供必要的流动性，使他们的债券能够在不进行重组的情况下获得全额偿付。最后，特立独行的债券持有人在法庭上寻求补救造成了问题。然而，在未来的主权金融危机中，重组是不可避免的，因为别无选择。虽然在特定情形下，官方消息来源可能组织一项成功的"一揽子"救援计划来解决流动性问题，如在墨西哥和韩国；但在另一些情况下，这些问题可能更多地与偿付能力有关，如2002年在俄罗斯和阿根廷。在国际援助弥合流动性危机的情况下，私人融资可能很快就会恢复。同时，在涉及主权偿付能力问题的情况下，在有关经济出现可信的经济改善（恢复信心）之前，国际金融不大可能恢复。然而，在特定情况下，信心不会很快恢复，私人融资也不会持续得到。鉴于现实情况，目前处理主权金融危机的法律和体制框架被描述为"令人尴尬地没有准备好的"处

---

〔1〕 See *Latin American Debt Obligations in the* 1990*s*: *Risk Stragtegies*, *Remedies and Judicial Dnforcement*, 5 NW. J. Int'1 L. & Bus. (1995), p. 7-8.

理“在一个由不同类型投资者组成的庞大国际市场上的巨额债券”。[1]

当下，为解决未来的主权金融危机也提出了一些可行性建议。[2] 杰弗里·萨克斯提出一项建议：各国政府为债务国政府建立某种国际破产制度。[3] 这一做法也得到国际货币基金组织的支持，但持续的讨论似乎暂时停止了（可能一直到下一次重大金融危机）。[4] 根据萨克斯的提议，这样一种制度将赋予国际货币基金组织类似于破产法官破产程序中所规定的法律权力。国际货币基金组织将有法定权力宣布暂停偿还债务，停止法律诉讼，并组织债务解决方案。这一制度将把损失重新分配给市场，为各国政府提供比由公共资金资助的国际货币基金组织援助费用更低的解决办法，并解决主要问题，协调和团结都可以由国际货币基金组织解决和加强。正如十国集团所指出的，国际货币基金组织提案的问题在于，它们将国际机构视为一种解决方案：尽管这种解决方案似乎是明显的起点，但这种解决方案通过赋予国际货币基金组织决定何时暂停一国债务的权力，对各国的主权施加压力。此外，赋予国际货币基金组织这种法律权力也使国际金融发生革命性变化，由纽约或英国法律管辖的债务工具受到国际政治秩序的影响，因为国际货币基金组织可能受到其成员方政府不可预测的政治影响。

第二项建议认为，领导和协调问题并不重要，因为公司债务解决办法在很大程度上是“自动执行，依据债权人与债务人一道集体决定企业重组所依据的经济条件”，而破产法官实际上在重组中起次要作用。[5] 他争辩说，债务解决制度不一定要求国际机构发挥核心作用，因为这些问题并非一定需要政府以监管的方式介入，事实上，债务人和债权人可以在不受官方干预的情况下成功达成重组协议。因此，真正的问题是合作一致——特立独行的债券持有人通过起诉破坏谈判——赫洛克建议，可以通过修改主权豁免法，让法院对此类投资者关闭法庭，使主权债务人在谈判解决的最早阶段免于法律诉讼，从而解决这个问题。当然，这种做法备受批评有两个原因：第一，鉴于当今主权债务危机的复杂性，主导和协调问题可能比赫洛克所说的要严重得多；第二，以这种方式修订

---

〔1〕 See D. Dombey, *Mexico to Restructur Debt Through $500m Bond Issue*, Financial Times, 26 Jul. 1995, p. 4.

〔2〕 See S. Schwarcz, *Idiot's Guide to Sovereign Debt Restructuring*, 76 Emory L,. J. (2004), p. 1189.

〔3〕 See IMF, *A New Approach to Sovereign Debt Restructuring*, Apr. 2002, p. 28.

〔4〕 See B. Cohen, *A Blobal Chapter II*, 75 For. Pol'y (1989), p. 109.

〔5〕 See J. Hurlock, *The Way Ahead for Sovereign Debt*, Euromoney, Aug. 1995, p. 78-79.

主权豁免法可能造成严重的道德风险问题，因为可以预见，它将导致恢复 19 世纪和 20 世纪初的违约模式。

巴里·艾森格林和理查德·波特斯提出第三项方案，该方案得到十国集团和美国的赞同。巴里·艾肯格林和理查德·波特斯建议，建立一个三管齐下的破解方法体系。[1] 首先，为了解决协调问题，设立一个或多个债券持有人理事会，这些理事会将在调停或调解服务的帮助下，代表债券持有人谈判重新安排债务偿还期。其次，可通过事先解决办法解决缺乏合作的问题：如果未来债券的法律规定许可大多数债券持有人谈判修改债券的基本条款，如到期日、息票付款日期、本金和利息数额等，那么债券持有人理事会就可以与主权债务人进行有效的谈判。最后，加强国际货币基金组织提供紧急融资的能力，并鼓励它为希望重新谈判其债务的国家发挥合法作用。

根据 19 世纪和 20 世纪初债券持有人委员会的经验，美国和英国立法提出一项有关主导和协调的建议：许可契约受托人处理主权问题，从而在 20 世纪 80 年代的债务危机期间获得牵头银行提供的利益。此外，为了处理协调问题，在主要法域管辖区，即美国和联合王国，设立国家债券持有人理事会，由发行债券和重新安排偿还期的费用供资。为了处理合作问题，给予债务人完全豁免，立法可能被用来将债券持有人的权利集体地和专门地赋予债券持有人理事会，但只能在纳入国际货币基金组织的国家正式宣布的债务危机期间这样做。总体而言，提议是经过深思熟虑的，但似乎仍需要主要债权国立法者采取明智和协调一致的行动——这也许是可能的，也许是不可能的；然而，这似乎在很大程度上与十国集团的想法一致。

四、私人借贷与投资

自 20 世纪 90 年代初以来，投资者一直偏爱私营部门借款者和投资，以 20 世纪 70 年代末为特征的外国借款者的国际收支融资不再受到青睐。然而，私营部门借款者很可能遇到他们的主权债务经历所遇到的任何问题，而获取国外资产可能并不像最初看到的那么容易。一个私营部门实体，尤其是有自己可靠外汇收入来源的私营部门实体，如果孤立地看待，可能是完全值得信赖的；然而，该公司可能会因其所处国家的外汇流入总额不足以支付该国必要的进口和外债还本付息而陷入困境。因此，即使是最有偿付能力的私营部门公司，也可

---

[1] See B. Eichengreen and R. Portes (eds.), *Crisis, What Crisis? Orderly Workouts for Sovereign Debtors*, *Centre for Economic Policy Research*, Sep. 1995, p. 89.

能发现自己陷入政府的外部财政困难之中,尽管它自己做出最大的努力。

与20世纪70年代末主要面向主权企业、国有企业或担保企业的银团贷款不同,过去三十年来,私营企业是私人资本流动的主要受益者。因此,私营部门借款者的外债状况是当今所有严重的金融问题中最令人关切的一个核心问题。[1] 在这种情况下,私营部门借款者的命运并不明朗。[2] 原因在于:第一,今天私营部门的债务存量要大得多,无论是名义上,还是作为大多数国家总体信贷敞口的一部分。第二,20世纪80年代促使债务国政府承担或担保私营部门债务的特殊情况今后可能不会再发生。第三,今天的贷款人(债券持有人)和投资者(包括有价证券持有人和直接投资者)对其对应方的金融问题的反应将不同于20世纪70年代和80年代的贷款人(主要是商业银行)。

虽然重组私营部门债务的问题在实际层面上不像面临主权债务的问题那么困难,但这些问题仍然很严重。它包括与其债券持有人达成一致的庭外重组或当地破产程序。然而,其影响更多地涉及预防和解决流动性危机的必要性、加强国内银行系统的必要性、寻找对冲机会的必要性以及维持和增强投资者对国内金融系统信心的必要性,以鼓励提供所需的资本,防止对国内私营部门造成不好的长期影响,并可能损害大量持有公司债券的债权人利益。

五、国际金融结构与危机解决方法

在分析危机解决方式和国际金融结构时,我们的分析重点应当是国际货币基金组织的作用。在此,一个有用的框架是制定金融安全网:应急规划、最后贷款人、金融监管和监督、解决金融清算和破产问题的制度以及存款和消费者保护机制。综合来看,国际金融结构(尤其是国际货币基金组织)制定了指导方针。制订应急计划是在国际层面评估如何处理可能影响国际和国内金融稳定的潜在危机的必要步骤。国际货币基金组织(通过各种金融稳定报告)、其他国际组织(如巴塞尔委员会、国际清算银行和经合组织)和国内或区域当局(如英格兰银行和欧洲中央银行)对这一领域给予极大的关注。关于最后贷款人职能,一个中心问题是重建信心,以防止流动性问题演变为债务偿付能力问题。当然,恢复信心在国际金融体系和特定经济体中的重要性并不亚于国内金融中

---

〔1〕 See L. Buchheit and R. Reisner, *Latin Amercian Debt in the 1990s: A New Scenario for Creditors and Debtors*, 16 NW. J. Int'l L. & Bus. (1995), p. 1.

〔2〕 See L. Buchheit and R. Reisner, *Latin Amercian Debt in the 1990s: A New Scenario for Creditors and Debtors*, 16 NW. J. Int'l L. & Bus. p. 3.

介的重要性。因此,即使国际货币基金组织没有提供最终流动性的潜力,但它确实有潜力提供足够的流动性来解决眼前的问题,从而防止流动性危机演变为债务偿付能力危机。同时,国际货币基金组织有能力加入其紧急流动资金供给,条件是能够加强和重建对特定经济或金融体系的信心。显然,这种机制必须符合最后贷款人支助的一般要求,尤其是那些只在缺乏流动资金而不是无力偿债的情况下与速度和贷款有关的要求。只有在国内出现流动性(而不是偿付能力)危机的情况下,才要求提供最后贷款人资助,这就提出了银行监管和监督的必要性。同样,在国际层面,也出现了类似问题的解决办法:已实施的国际标准体系以及国际货币基金组织和世界银行《金融部门评估方案/关于遵守标准和守则》的报告框架有关执行和监测框架制订了"一揽子"计划。国际货币基金组织应在《金融部门评估方案/关于遵守标准和守则》的报告框架下工作,并在国际金融稳定方面发挥主导作用,将这些工作纳入定期监督进程,世界银行应在发展方面发挥领导作用。投资者保护基本上通过透明度程序处理,并通过国际货币基金组织的《特殊数据公布标准》和《通用数据公布标准》得到加强。然而,它留下了最难以处理的情况:处理金融结构调整和破产的机制。经济体(与公司不同)不能置于破产管理之下(至少自 19 世纪枪船外交结束以来就不能这样做)。同时,解决机制组合应解决最重要的两个方面:危机预防和流动性危机解决。在我看来,如果这些措施有效,那么国际货币基金组织应及时识别破产情况,并向投资者明确指出(投资者也知道,此类情况确实值得国际货币基金组织采取一揽子救助措施,从而通过透明度程序将道德风险降至最低),并为有关经济体所知晓。因此,在此情况下应由有关各方协商解决,类似于解决阿根廷的危机以及今天继续存在的重组和解决有关义务的情况。

总之,值得我们进一步关注的仍然是法治视野下的金融稳定与经济发展问题。第一,我们建议扩大和修改国际标准体系框架,除金融稳定目标外,还应明确纳入经济和金融发展目标。尽管金融稳定是中心目标之一,但经济和金融发展也应受到同样的关注。第二,我们在研究国际标准体系框架时,还应重视竞争和金融自由化问题及其在金融稳定和发展中的作用。第三,除了完善国际标准倡议外,全面审慎国际金融结构也值得进一步关注,至少必须考虑世贸组织及其相关金融服务框架,并以更加协调一致的方式解决金融危机。

第十章　改革金融体系

如果法律和体制对稳定和有效的金融体系很重要，那么世界各国应当如何利用本国经济的研究和最佳做法，使专业人员可以做些什么来提供协助呢？我们的主题是，如何设计金融部门才能使世界各国在整体和协调一致的基础上解决金融和经济体系的法律和体制框架，以达到金融稳定和经济发展的预期效果。历次金融危机的经验教训可以为我们提供一套建议，供世界各经济体在金融稳定的背景下通过金融部门发展支持经济增长。具体而言，我们建议世界各国自身积极解决这些问题，也许国际标准体系的进程就是非常有用的起点。此外，世界各国必须认真考虑其金融和经济结构与发展水平，并在此基础上作出适当的法律和体制选择。我们将讨论范围扩大到区域金融制度安排，重点是全球金融危机后欧盟的经验和教训和其他区域金融发展倡议的经验和教训。

世界各国可以考虑各种国内金融发展模式。为了正确地处理这一问题，我们应当了解五个相互关联的基本问题：(1)法律和其他机构对经济发展的重要性；(2)金融部门的重要性；(3)自由化及其与世贸组织金融服务承诺的相互作用和固有风险；(4)监管在减少自由化风险与实现发展和稳定目标方面的作用；(5)设计适当的法律和金融体制的重要性。当下的世界语境为全面分析金融监管并寻求实现下列目标提供了最适当的方法：(1)加强金融体系的法律和监管框架；(2)确定明晰的与金融部门的发展相一致的立法；(3)制定与金融稳定和经济发展相一致的立法。在此，金融部门的战略应当是：(1)建立渐进的政策和体制框架；(2)改善法律和监管环境；(3)使金融部门能够在支持经济发展方面发挥重要作用；(4)促进世界各国金融制度融入全球金融体系。这些方法的应用旨在协助世界各国制定适当的法律和监管体制框架，实现金融部门在维护金融稳定和支持经济增长和发展背景下的发展目标。各国在寻求发展金融体系时是否有可遵循的模式？从总体上看，现在发展经济体、新兴经济体和转型经济体（以及发达经济体）的法律改革努力必须从大量相互关联因素的视角加以考虑,我们把这些因素简单地划分为国际因素、国内因素和区域因素。[1]

在国际层面,制定、颁布、执行和监测国际标准体系是重要的发展事态。这些努力虽然在法律技术上体现为软法,但在发达国家和发展中国家、转型经济体和新兴经济体的国内和区域金融市场法律改革努力中却已根深蒂固。虽然这些标准不一定代表关于金融市场法律改革国际最佳做法的最终建议,但在鼓励发展和实施国际最佳做法以及在把国内和区域金融体系纳入国际金融体系的整个过程中,这些标准无疑是非常重要的。遗憾的是,国际金融标准的框架并未明确涉及发展问题。尽管国际金融标准在特定领域很有用,但它们并没有被真正构建成为各国可以借鉴的且协调一致的国内结构或计划,除以某种零碎的方式呈现外。基于金融一体化和经济全球化语境,国际金融标准架构的某些局限性仍然可以通过区域制度安排加以解决。

第一节　国内金融模式

根据最近一波有关法律和发展的相互作用理论,我们可以把法律、经济和发展之间描述为一种复杂的相互作用过程。

一、受监管的市场经济

在20世纪末,建立在中央计划与国家所有权和控制基础上的经济体系和基于自由放任主义的经济体系之间的思想之争,世界经济出现了介于两者之间的某些新事物:受监管的市场经济,一种主要通过市场机制配置资源的社会组织形式。然而,这些市场机制是在一个复杂的监管框架内运作,以法律和体制框架为基础,它可以针对政府,也可以针对个人和企业。因此,目前的经济组织模式似乎就是受规制的市场经济。[2] 在受规制的市场经济中,有许多令人关注的问题。其一,政府在社会和经济中的作用:政府在多大程度上控制、影响,或参与是适当的和或在文化上可预见的?其二,政府的作用往往随着社会预期的变化而变化,具体事例包括社会福利和政治民主。其三,监管国家趋于复杂化:在它开始变得无效之前,有多少复杂因素可能存在?其四,监管国家采取一系列形式:各种相互竞争的受规制的市场经济模式。其五,如何支付全部费用的问题:它涉及财政政策,尤其是税收政策。受规制的市场经济模式表

---

[1] See J. Norton, *Devising International Bank Supervisory Standards*, Martinus Nijhoff, 1995, p. 137.

[2] See E. Glaeser and A. Shleifer, *The Rise of the Regulatory State*, J. Econ. Lit. (2003), p. 139.

明,政府应当从经济中退一步,转而专注于提供“公共产品”或“公共服务”。典型的公共产品包括国防、政治稳定和经济政策,还有许多其他作用也被称为公共产品,包括公用事业、教育、司法/争端解决、社会福利和环境问题。围绕世界上的许多问题,人们仍在继续进行激烈的争论。此外,金融稳定也是一种公益,公共财产权也是一种最基本公益。

一般而言,在现代经济中,法律法规涉及经济和商业的各个方面,包括企业的建立、管理和经营、财务和关闭。在机构方面,公司和商业集团都需要采取法律行动才能有效。在管理和经营方面,必须制定广泛的法规和条例,包括竞争法(尤其是在参与和行为方面)、消费者保护法(包括信息要求和标准/规则)、雇员保护法、公司治理法和会计/审计法。在金融方面,法律在确立基本财产权、一般经济条件、复杂金融市场运作所必需的基础设施、市场基本游戏规则和审慎标准方面发挥着根本性作用。法律和制度在金融体系中起着各自不同的重要作用:第一,它们为市场提供基本的“游戏规则”;第二,它们支持信息的可获得性;第三,它们支持市场的公平性;第四,它们协助货币政策的运作;第五,它们的作用是减少和管理系统性风险。总体而言,法律和机构在支持对金融体系及其组成部分的信心方面发挥着核心作用。另外,法律在退出机制、清算和破产制度的运作以及向利益攸关方分配剩余价值方面也发挥着重要作用。

二、金融结构

我们必须考虑的一个主要设计问题是经济的金融结构,其重点是分配模式和政府模式。公司治理可以从两方面来看待:企业层面的微观经济和宏观经济层面。近年来就公司治理问题进行辩论的原因之一是这样一个简单事实:在成功的发达经济体中,历史上没有单一的主导结构。今天的公司治理世界细分为相互竞争的系统:分散的治理结构和集中的治理结构,且每一种结构都有其自身的特点。[1] 世界上主要的宏观模型包括:(1)政府主导的金融体系(大多数前中央计划经济国家和中国传统模式,苏联的解体暴露了这种模式的局限性)。(2)银行主导的金融体系(德国的传统模式——通过20世纪90年代德国经济停滞暴露了这种模式的局限性)。(3)政府/银行主导的金融体系(日本、韩国和法国的传统模式,其局限性因东亚金融危机而显露出来)。(4)以家庭为主导的金融体系(盛行于亚洲和欧洲大陆的大部分地区)。(5)以证券为基础的金

---

〔1〕 See B. Cheffins, *Does Law Matter? The Separation of Ownership and Control in the United Kingdom*, 30 J. Legal Stud. (2001), p. 459.

融系统，拥有广泛分散的所有权（盎格鲁—美国或贝利和米恩斯公司模式，它在安然公司破产后一直在接受重新的审慎检视）。

促进效率和有效的联营公司治理应主导与金融结构有关的政策选择。然而，效率和公司治理虽然出于不同的原因却很有价值，但实际上可能指向不同的解决办法：一方面，在流动性强的市场中，控制权趋于分散，从而削弱股票市场的治理功能；另一方面，当控制权集中时，有利于大股东的公司治理，不同类型的股东之间可能产生最不稳定的冲突，流动性往往不足。〔1〕然而，在特定程度上，随着养恤金和共同基金等机构投资者作为公司的主要股东和证券市场的使用者出现，且在全球范围内日益重要，这种传统的二分法市场形式逐渐失去其某些重要性，因为这些机构投资者不但希望获得流动性，而且希望在某种程度上控制管理，并对企业决策产生影响。〔2〕尽管如此，从决策者的视角而言，选择一种公司治理模式及其与某一国家的公司融资的关系是极其重要的。

虽然具体的市场和公司治理结构由于特定的历史经验而在每个经济体中根深蒂固，但发展中国家、新兴经济体和转型经济体能够影响其发展道路，并从以往的经验和错误中吸取教训。20 世纪 80 年代和 90 年代初，由于私有化和金融市场自由化、苏联解体、德国和日本经济停滞、20 世纪 90 年代一系列金融危机以及 21 世纪初期的次贷危机，争论的焦点集中在哪一种宏观结构最为有效，现在人们普遍同意（最初由贝利和米恩斯公司提出），由广泛分散的所有权和占主导地位的证券市场组成的盎格鲁—美国结构可能是较为有效的和高效的结构（但是在次贷危机和安然公司破产后，这一结构至今仍然受到各种质疑）。在此种语境下，在第二次世界大战后近 20 年的快速增长和现代化进程中，两个成功的资本主义国家——法国和日本——依赖的是成功的金融体系，这些体系没有在公开市场上简单地，甚至根本性地按价格配置资本。〔3〕这可能表明，通过开放的金融市场进行估值和资源分配的制度可能不是发展的必要条件。

尽管如此，由于在发展证券市场的价值和广泛分散的所有权方面达成了普遍的共识，近年来人们的注意力集中在实现这一目标的机制上。最近许多争论都集中在这种观点上，即特定经济体的法律体系和结构是支撑盎格鲁—美国结

〔1〕 See B. Steil, *The European Equity Markets: the State of the Union and An Agenda for the Millennium*, Royal Institute of International Affairs, 1996, p. 1-58.

〔2〕 See B. Steil, *The European Equity Markets: the State of the Union and an Agenda for the Millennium*, Royal Institute of International Affairs, 1996, p. 147-184.

〔3〕 See J. Zysman, *Governments, Markets and Growth*, Cornell University Press, 1983, p. 315.

构发展的重要因素。研究表明,一国法律制度为外部投资者提供的保护程度对其公司治理制度有着重大的影响,对上市公司数量较多的少数股东的法律保护越强,股票市场价值越高,控制权的私人收益越低,股份所有权越分散。[1] 换言之,国家的法律制度可以影响贝利和米恩斯公司模式的发展,在这种模式未被一种新模式取代之前,目前仍然被广泛地认为是最有效的模式。

然而,盎格鲁—美国模式要求具有所有可替代性的制度中最复杂的制度环境才能正常运作。根据雷筒和安格勒斯的观点,"关系属性系统(以银行为基础的)与以市场为基础(可调利率抵押幅度)的系统在两个重要属性上有所不同:透明度和准入"[2]——这两者都与基本的体制框架密切相关。因此,体制发展水平较低的国家应寻求其他模式来满足自己的需要。在此,埃里克弗里德曼、西蒙约翰逊和托德米顿认为,企业可以发行更多的债券抵消弱国和公司层面投资者保护的影响,它有助于解释为什么制度薄弱的发展中国家和新兴经济体有时会迅速增长以及它们为什么经常受到经济和金融危机的影响。[3] 这一观点得到托尔斯腾·贝克、艾斯利·德瑞克-昆特和沃伊斯拉夫·马克西莫维奇的支持,他们研究发现:[4]

> 在较不发达系统的公司以替代形式的外部融资取代发达国家较为普遍使用的形式:因此,它们取代了股权和银行贷款,取代了贸易信贷和我们所称的"其他"或剩余资金来源,即来自政府、发展部门和非正式来源等各项来源的资金。金融和法律机构确实对公司获得的外部融资类型产生了显著影响……英美法系国家的公司有更多的机会获得银行融资和股权融资……银行体系较发达的国家的公司使用股权融资的可能性较小。发达的法律制度增加了银行融资的比例,降低了融资组合中来自其他来源的剩余融资比例。我们还看到,这些其他来源和贸易信贷在为欠发达国家的投资筹资方面发挥了更大的作用——我们的研究结果还表明,较不发达的金融系统和大陆法系国家的公司以效率较低的外部融资、贸易信贷和其他资金来源代替了银行贷款和股本。

---

[1] See R. La Porta et al., *Investor Protection and Corporate Governance*, 58 J. Fin. Econ. (2000), p. 3.

[2] R. Rajan and L. Zingales, *Saving Capitalism from the Capitalists: Unleashing the Power of Financial Markets to Create Wealth and Spead Opportunity*, Crown Business, 2003, p. 249.

[3] See E. Friedman, S. Johnson and T. Mitton, *Propping and Tunneling*, 15 Aug. 2002, p. 89.

[4] T. Beck, A. Demirguc-Kunt and V. Masksimovic, *Financing Patterns around the World: the Role of Institutions*, World Bank Policy Research Working Paper 2905, Oct. 2002, p. 3-4.

因此,银行在金融发展过程中发挥着重要作用,尤其是在较弱的制度环境中。此外,麦克罗·达林和托马斯·海尔曼的研究已表明,银行可以作为工业化的催化剂,只要它们足够大,能够动员足够数量的公司,并拥有足够的市场力量从协调中获利,而全能银行能够更好地发挥这一作用,但可能以工业部门的集中为代价。[1] 他们的研究遵循了约瑟夫·熊彼特[2]和亚历山大·格申克伦[3]所提出的理论框架,对寻求支持经济发展的政府具有重要意义。

三、国内金融发展

在国内,各国必须从其他地方的大量政策选择和经验中吸取教训,找到最适合其具体国情和自身需要的道路。各国往往首先考虑发达国家的经验,它们总是在任何特定时间内侧重于主要经济体。因此,在特定时期,英国和法国充当了榜样(尤其是在前殖民地时期);在另一些时期,重点是德国和日本。目前,焦点集中在美国。不幸的是,经验表明,没有一种模式或立法适合于每一种情况或每一个国家。美国的经历可能尤其如此——由于美国政治制度的性质,这种经历往往是繁复的。因此,如果各国能够吸取国际相互认同的教训和经验,将是有益的。

在美国的竞争中,马克·诺分析了法律和法律结构对金融体系结构影响的重要性,[4]并对德国和日本采用类似的分析框架。[5] 此外,最近的研究工作在法律结构和公司治理结构之间建立了联系。[6] 虽然关于法律的实际作用的辩论仍在继续,但人们普遍认为,现有的法律结构对国内金融体系的结构有影响。此外,虽然其他人的经验可以提供指导,但这些经验未必适用于每一种情况——从性质上来说它是自成一类的。按照诺斯的说法:[7]

---

[1] See M. Da Rin and T. Hellman, *Banks as Catalysts for Industrialization*, Oct. 2001, p. 76.

[2] See J. Schumpeter, *The Theory of Economic Development*, Harvard University Press, 1934.

[3] See A. Gerschenkron, *Economic Backwardness in Historical Perspective*, Harvard University Press, 1960, p. 312.

[4] See M. Roe, *A Political Theory of Amercian Corporate Finance*, 91 Colum. L. Rev. (1991), p. 10.

[5] See M. Roe, *Some Differences in Corporate Structure in Germany, Japan, and the United States*, 102 Yale L. J. (1993), p. 1927.

[6] See J. Coffee, *The Future as History: the Propects for Global Convergence in Corporate Governance and its Imlications*, NW. U. L. Rev. (1999), p. 136.

[7] D. Norton, *Institutions, Institutional Change and Economic Performance*, Cambridge University Press, 1990, p. 100.

路径依赖意味着历史很重要。如果不追踪制度的渐进式演进,我们就无法理解今天的选择(并在经济绩效的模型中界定这些选择)。

在当下的世界,大多数发展经济体、新兴经济体和转型经济体在为市场经济运作建立基本法律框架方面取得了重大进展(尽管速度不同)。但是要达到下一个发展水平必须注意两个重点目标:第一,有效地发展既能实现金融稳定,又能支持经济增长的框架和体系;第二,金融稳定论坛和世界各金融组织的持续工作必须被视为具有重大价值。然而,尽管作出了这些努力,各国仍有责任采取主动行动,建立必要的法律基础设施,以支持金融部门的发展。为实现这些目标,世界各国相继采取了下列措施:首先,建立一个协调整体工作方案的中心(通常是中央银行、财政部或政府的专门金融政策部门,如我国金融稳定发展委员会),它负责协调工作方案、调动资金、使用顾问,并审查执行情况。其次,制订着眼于整个金融部门的计划,它需要解决如下问题:金融部门目前的状况如何?它的优势和弱势是什么?是否有任何重大失败?未来几年的需要是什么?其基本理念是,不应把各金融部门视为零散纷乱的金融部门,而应把它们视为协调计划整体的组成部分,为参与者和监管机构制定具有连贯性和有意义的规则提供条件,以确保未来经济发展。其总体目标在于,使调整市场的游戏规则规范化,以便在金融稳定背景下实现经济增长和经济发展,并推动国家建立开放和有效运作的金融体系。最后,必须参照国际标准和国际最佳做法以及以协调一致和有效的方式处理任何差微,对有关市场及其参与者的立法和条例进行有针对性的分析。特别重要的是,要确保各金融组织之间的相互协调,确立独立和明确的目标,同时要具有前瞻性和可预见性。我们必须把这些视为一项重要任务,可能需要若干年时间,但它将在今后的金融和总体经济增长和发展中产生极其重要的效用。

总体而言,金融自由化为金融和经济发展提供了重要支持。同时,金融服务自由化是金融危机的先导指标。一个健全的金融体系可以降低危机发生的可能性和确定发生危机的严重性。健全的金融体系是以适当而有效的法律和监管框架实施健全金融体系关键性国际标准为基础。在通过法律和监管框架执行国际标准方面所作出的选择,反过来又是金融结构的决定因素。此外,今天的金融系统在相互作用方面又增加了复杂性。因此,除了国内设计之外,各国还必须考虑与全球和区域金融市场互动有关的问题。令人遗憾的是,目前的金融标准体系没有处理全球层面的金融自由化与金融稳定之间的关系这一重要问题。欧盟更为正式的结构在区域层面处理了这种关系,这可能为国际安排和其他区域安排提供了可资借鉴的范式。不幸的是,即使是连贯一致的设计也面临评估问题,尤其应当考虑有关金融市场最佳制度设计的许多问题至今仍然没有答案。

第二节 区域性制度安排之作用

在区域层面,欧盟、北美自由贸易协定、南方共同市场和东南亚国家联盟的努力对那些希望参与各种区域努力的国家来说具有重要意义。特别是对有意加入区域组织的国家而言,其区域模式因其加入进程的性质而具有重大意义。[1] 由于其成功,欧盟正日益成为其他区域一体化工作的模式。在国内法改革进程中,这些区域性因素是不容忽视的。此外,欧洲金融市场规则为国际金融标准提供了极好的二手详细资料,因为欧洲指令和类似文书是通过立法审慎制定的,以便处理各种体制结构的问题。

一、欧洲经验

欧洲联盟的经验表明,自由化和管制在特定情形下是如何正式联系在一起的。区域一体化可以发挥作用,促进各经济体采纳合理的原则和做法,并支持这些原则和做法的实施。相互承认的基本原则和单一许可证制度为确保这些指令提供了最低限度的规范,也避免了金融机构之间的频繁竞争所造成的不必要障碍。

(一)建构金融服务的内部市场和单一市场

欧洲共同体 1966 年对资本市场一项研究表明,国家市场的有效运作和外国借款者获得这些市场的机会受到阻碍。塞格里报告发现,[2]欧洲的国内市场与外国市场相比,主要是通过监管储蓄银行和保险公司资金的投资条例,实行对国内借款者尤其是本国政府有利的歧视政策。此外,很少有欧洲证券在发行公司所在地以外的交易所上市。由于政府的实际需要(加之市场自由化进程中所固有的协调性、放宽管制和审慎的重新监管需求,促成了资本自由流动的

---

[1] “英国脱欧”是基于某种政治因素,但是从长远来看不利于英国的金融发展和经济增长,尤其可能对国内经济模式和金融发展模式产生不利影响。在未来的金融发展和经济增长过程中,经济全球化仍然是主流趋势,不会因为英国脱欧而产生任何阻碍作用。

[2] See European Economic Comminity, *The Development of a European Capital Market*, 1996. See C. Kindleberger, *A Financial History of Weatern Europe*, Oxford University Press, 1993, p. 438-439.

《马斯特里赫特条约》目标),欧洲的国家金融管制近年来有了显著的发展。然而,在20世纪90年代之前,西欧的金融监管在联合王国以外几乎不存在,尤其是在证券领域。[1]

欧盟金融服务框架为银行和其他金融机构、证券监管、会计和审计、公司法和机构投资者监管提供了最低标准,所有这些都是以普遍的银行业务和开放的内部市场为前提。但是,这一框架并不完整,因为它的目的是确保成员国的法律符合共同体的最低标准,只是实现单一市场所必需的,并填补与跨界活动有关的空白,因此,它以现有的国家法律体系为基础,而并非试图用一个完整的新系统来取代它们。我们的目的不是评价欧盟框架的具体规定;但是,要了解欧洲金融市场监管的发展以及如何把自由化和监管结合起来,就必须对欧盟框架的关键性要素进行全面解释。

欧盟关于金融市场的立法框架基于这样一种概念,这一概念可以被认为是在不同的监管和法律制度之间寻求对等,同时考虑在欧盟任何总体举措基础上,无论是独立和分散的国家法律,还是各自的监管制度都必须具有持续的现实性。起初,努力的重点是统一各会员国规则,但在许多领域,这是不可能的,20世纪80年代努力转向在共同最低标准的基础上发展相互承认。主要原则载于欧洲委员会1985年白皮书[2]和1986年《单一欧洲法》,在相互承认的基础上实施共同内部市场,以通过欧洲指令适用于所有成员国的共同最低标准为基础,并通过国内立法加以实施。根据这一方法,所有会员国都同意承认彼此的法律、条例和标准有效,从而促进货物和服务的自由贸易,而无须事先同意,同时要求会员国遵守基本的最低欧洲要求,从而限制规则之间的竞争范围。因此,欧盟的金融服务监管力求避免竞争中放松监管和监管套利的问题,因为它可能破坏金融市场的合法性和效率。

单一市场理论植根于《罗马条约》关于资本、建设和服务自由流动的基本原则,并体现在各种单一的“过境许可证”指令中。根据“单一”过境许可证概念,在一个成员国授权的欧盟公司(其“母国”)和希望在其他成员国(“东道国”)开展业务的欧盟公司通常能够选择通过分支机构提供服务或在跨界基础上提供服务,而不必在东道国长期存在实体。[3] 过境许可证的预期好处是,它

---

[1] See M. Warren, *Global Harmonization of Securities Laws: the Achievements of the European Communities*, 31 Harv. Int'l L. J. (1990), p. 185.

[2] See European Commission, *Completing The Internal Markets: White Paper from the European Commission to the European Council*, 1985 (85), p. 310.

[3] See *The EC Single Market in Financial Services*, Bank of Eng. Q. 92, Feb. 1993, p. 89.

应该向更广泛的参与者开放市场，并许可公司选择以最有成本效益的方式向特定市场提供服务，从而增加竞争。金融服务领域的过境许可证指令有许多共同方面；每一项指令都根据中介的类型和将开展的活动界定其范围（但可能涉及特定工具）；每一项指令都要求公司获得授权，并规定公司必须满足的初始和持续授权条件；每一项指令都规定了母国和东道国在各个领域的责任分工；每一项指令都涉及与非欧盟成员国的关系问题。

（二）欧盟金融服务加入程序

虽然国际金融论坛的工作形成了全球公认的核心原则，但欧盟有关金融服务的要求对那些希望加入欧盟的国家来说更为直接。鉴于许多负责促进有效监管和监督金融市场的国际机构形成，欧盟有关金融服务的要求影响新国际标准的内容并反映这些标准的内容就不足为奇。尽管如此，欧盟标准对该地区寻求加入欧盟的国家来说更具有现实意义。[1] 加入进程涉及欧洲与欧盟的协定，其中规定申请者必须接受共同体的法律。加入国的一项主要义务是使金融服务部门的现有和未来国家立法与欧盟的立法大致接近。此外，根据现有欧洲协定，欧盟金融公司在加入前有权在各自加入国的领土上开展业务。因此，加入国必须在加入之前建立与欧盟完全兼容的金融服务监管体系。

为了协助这一加入法律程序，欧洲委员会于 1995 年 4 月发表一份白皮书，确定国内市场各部门所需要采取的关键性措施。白皮书提出加入国应设法使其国内立法接近欧盟立法的顺序，其中包括欧洲在金融服务领域的规则应分两阶段通过：第一阶段涉及引入建立金融中介机构的基本原则以及加强对金融机构的审慎监管（虽然有些因素对第一阶段很重要），以便使它们达到国际标准。加入委员会框架的第二阶段侧重于欧洲关于资本和服务在金融领域自由流动的各种规定。因此，加入欧盟的进程为安排金融改革和自由化程序以及把自由化与监管结合起来提供了一种可能模式。

（三）经济与欧洲货币联盟

1999 年 1 月 1 日，符合有关标准并结束 11 个欧盟成员国的特定货币是《马斯特里赫特条约》的相关义务国（奥地利、比利时、丹麦、法国、德国、爱尔兰、意大利、卢森堡、荷兰、葡萄牙和西班牙），其汇率永久固定，从而形成单一的欧洲

---

〔1〕 See C. Hadjiemmanuil, *Central Bankers "Club" Law and Transitional Economies: Banking Reform and the Reception of the Basel Standards of Prudential Supervision in Eastern Europe and the Former Soviet Union*, in J. Norton and M. Andenas eds., Emerging Financial Markets and the Role of International Financial Organizations, Kluwer, 1996, p. 361.

货币，即“欧元”，并成立欧洲经济和货币联盟。从2001年1月1日起，12类不同的纸币和硬币迅速被单一的实物货币所取代。尽管欧洲金融市场仍存在重大差异，但随着欧元的引入，信息已开始具有可比性。这一转变与欧洲曾经发展的金融监管框架相结合，是形成统一的欧洲金融市场的第一次发展。

在1992年签署《马斯特里赫特条约》之前，成员方几乎没有动力积极执行各种金融服务指令。然而，随着该条约于1994年生效及其通过和执行支持欧洲货币联盟所必需的资本流动自由的框架要求，欧洲大陆成员方通过并执行了与其国内金融市场体系完全不同的立法，其结果是提高了对利用金融市场的认识。把立法改革与单一货币的推动相结合，已经改变了整个欧盟的金融性质，尤其在欧元区十三国。虽然最终结果还有待观察，但随着欧盟国内金融市场的持续发展，已经发生了重大变化。此外，新举措正在迅速出台，并寻求利用新的机会，使竞争对手在欧洲市场上处于优势地位。虽然这些发展仍有许多阻碍（尤其在税收领域），尤其是区分批发和零售金融服务的有关问题仍然存在较大的压力，但行动仍然在持续。[1] 解决持续存在的障碍和消除障碍的压力就是，设立金融系统委员会，以审查联合企业准入金融市场的各个方面，并消除妨碍建立单一欧洲金融市场的其余障碍。

二、其他区域性制度安排

正是欧盟各国对“现实世界”经验及其发展单一区域金融市场的行动，表明了在金融市场全球化中可能出现多边道路的真正优势。欧洲金融市场的发展以及其他国家对此所感到的压力为国际组织提供了动力，如证券委员会国际组织和国际会计准则理事会（以及它们以前顽固不化的成员如美国）。约旦和马吉诺尼认为，人们可以从欧洲金融一体化进程中吸取两个方面的教训：[2]

> 第一，最低限度的协调原则和实质承认原则强调，一旦国家法律和监管框架具有共同的最低标准，就有可能将一体化留给市场力量；第二，在金融一体化的世界中，受监管实体和监管机构的规模都很重要，同一套规则可能对大小行为者都不是有效的和公平的。

---

〔1〕 See C. Jordan and G. Majnoni, *Financial Regulatory Harmonization and The Globalization of Finance*, World Bank Policy Research Working Paper 2919, Oct. 2002, p. 9.

〔2〕 C. Jordan and G. Majnoni, *Financial Regulatory Harmonization and The Globalization of Finance*, World Bank Policy Research Working Paper 2919, p. 9-10.

尽管欧盟的异质性对国际金融架构和其他区域制度安排都有一定的指导意义,但现实情况是,由于欧盟进程对主权的影响,在大多数其他环境中,欧盟进程在政治上仍然是不可接受的。

总之,我们通过对20世纪90年代以来所发生的一系列金融危机的分析,力求从这些经验中吸取某些教训,不仅是为了有关的经济体和所处环境中的国家,还是为了国际机构和行为者,并为国际金融结构的争论提供可资借鉴的素材。由此,我们得出下列结论:第一,为了充分参与国际金融体系,同时维持国内和国际金融稳定,世界各国必须审慎调整国内结构,使之成为任何金融自由化进程的一部分。在没有任何适当调整结构的金融自由化之后,金融危机就会接踵而至,这些危机往往具有国际性甚至全球性的影响。第二,布雷顿森林体系和其他国际金融组织在20世纪90年代所主张的政策和制度并未充分考虑金融部门自由化所固有的风险尤其是系统性风险,也不具备充分指导改革范围内的国内执行之必需要求。第三,在当今日益全球化的金融市场中,一个国家的发展事态不再仅仅局限于自身边界,因此迫切需要改变布雷顿森林体系,重新设计适当的国际金融结构,其方式与1994年最初在布雷顿森林体系所采用的方式略有不同,首先应当考虑新兴经济体、发展经济体和转型经济体的参与。第四,所有这些制度,无论是国内制度还是国际制度,都必须以透明规则为基础,即以法治为基础。由此,我们得出的教训是,如果上述缺陷不能得到妥善处理,与过去三十多年(事实上19世纪也是如此)类似的金融危机尤其是系统性风险将在21世纪持续出现。总体而言,新兴经济体、发展经济体和转型经济体的金融体系发展应满足两项压倒性的要求:(1)需要扩大资金规模,增加资金深度和可获得性;(2)融入国际金融体系。更重要的是,立法和执行必须确保稳定和信心,因为它们是每个金融体系成功的主要因素。

过去25年来的金融危机突出了法律和法律改革对金融和经济发展的重要性,对这些事件所进行的许多分析得出的普遍认同的结论是:危机的根本原因,或至少是加剧因素,是国内金融部门薄弱和国际资本流动自由化排序不当。在发展经济体、新兴经济体和转型经济体中,这一点尤为重要,因为在这些经济体中,发展有效的金融部门一直是(并将继续是)最大的挑战之一。在此,关注法律改革对金融稳定至关重要,因为它不但是发展金融体系的基础,而且是加强金融体系,减少潜在的金融危机所引起的脆弱性的基础。此外,法律改革可以帮助世界各国抵御其他地方金融危机可能引起的国际经济蔓延(不利于投资者的"羊群"行为所造成的压力),这种传染效应可能对金融体系的发展产生极大的风险。

一个经济体的金融稳定和生存能力以及由此而来的发展,取决于两个基本因素:第一个基本因素是实体经济中的宏观经济和结构条件,它影响金融决策,并形成金融系统运作的环境。第二个因素是金融系统本身的稳健性,包括金融市场、中介机构和从事交易的制度安排。就其性质而言,建成强有力的金融体系的构成要素取决于法律结构和体系。法律结构和制度是现代金融系统运作的基本框架,也是支持其发展的重要因素。今天,法律结构和体制被认为是建立和维持金融部门参与者必须遵守规则和建立对金融环境的信心的基础,是鼓励金融和投资所必需的。此外,有效的法律制度使金融承诺得以产生和实现,并管理发生相关交易的市场行为。充满活力的金融体系不但要求存在适当的法律规则,而且要求它们在有效的环境中运作。尽管过去金融部门的发展被视为经济学家的领域,而法律的作用在很大程度上被认为是无关紧要的,然而20世纪90年代和21世纪20年代的困难和挫折使人们将注意力在某种程度上转向法治和相关体制的建设。[1] 制定适当的金融法规和有效的金融立法,可以从以下两个方面促进金融发展和稳定。第一,审慎监管保障储户和投资者,加强他们对整个金融体系的信心,从而鼓励储蓄、投资和发展有效的金融中介机构。当下,发展正常运作的金融部门已成为发展有效运作的市场经济所必需的关键性目标。第二,明确和有效的法律基础设施促进对作为金融交易基础的合同的依赖和尊重。虽然法治常常被认为是不确定的目标,但现在各国大力强调发展正常运作的法律制度,因为人们已认识到法律在鼓励商业活动和减少腐败和其他治理问题的危险方面所起的作用。因此,必须重视法律在建立和促进权力下放、廉洁金融系统发展方面的积极作用。此外,一个国家的银行系统、资本市场或保险部门(或其组合)的弱点可能通过市场信心的传染性失灵威胁特定国家和国际金融稳定和发展。因此,国际上越来越重视加强金融体系的立法,各种国际机构也越来越多地采取行动,制定规则,作为改革努力的基础。为了使其更具有意义,必须通过法律改革落实这些国际原则,包括广泛立法、制度性和文化性变革。由此,我们通过分析金融部门的法治需求,可以从基本原则不断发展的共识中提炼出最低限度的金融法律内容和使这些法律有效的法律制度的必要要素以及支持金融体系的必要要素。必须指出的是,这些国际原则和标准只是最低限度的国际商定准则,在执行和效力方面有很大的回旋余地。尽管这些标准日益重要,但任何特定国家仅仅采用这些标准并不能保证其金融体系的可行、稳定和发展。相反,问题是如何将这些一般原则具体落实

---

〔1〕 See European Bank for Reconstruction and Development, *Transition Report* 2008: *Ten Years of Transition*, 2021, p. 15.

到特定国家的法律和体制框架中。尽管如此,这些原则确实就一国金融体系的发展所必需的最低要求提供了指导,以使该国为参与国际金融市场做好准备。正如国际资本流动的持续波动清楚表明的,这种参与并非没有风险。因此,特定国家越来越有兴趣发展有效监管和其他法律机制,为本国金融系统提供一定程度的保护,使其免受外向型资本流动的影响,并鼓励投资流向其经济。因此,在世贸组织金融服务自由化条款的最近发展中,这些努力必须被认为具有重要性。〔1〕

更重要的是,就稳定和稳健的金融体系要素达成国际共识极其重要,不同国家根据不同学者、顾问以及国际和国内官僚机构的理论,采取不同的模式。永恒不变的主题是,必须发展以市场为基础和正常运转的金融体系。然而,在就稳定和健全的金融体系基本原则达成新的共识之前,金融部门的发展充其量只能被视为是一个随意的过程。虽然今天仍然没有成功发展金融业的单一路径图,但至少人们第一次对所欲达到的目标达成共识。它被视为向前迈出了非常重要的一步,这本来是早就应该达成的目标。归根结底,适当的法律设计是不够的。虽然法律和体制结构是债务市场发展和证券化的基础,但无论是形式上的适当法律还是有效的体制本身都不足以促进发展。〔2〕虽然金融法律和条例及其执行对于健全金融体系的发展和运转至关重要,但今后的方向仍然是,发展中国家、新兴国家和转型国家应采取哪些法律和监管制度安排。正如市场经济没有原型一样,历史上也没有一套独特的法律、规章和执行机制作为健全金融体系的基础:实际上,世界各地的市场经济在体制安排和实践做法方面有很大的差异。不过,几次经济衰退也带来一系列的经验和许多宝贵的教训,一些国际标准在日益全球化和一体化的金融体系中成为协调法律和司法制度的机制,并扩大了制度建设较强的法域的金融活动潜力,相应地减弱了制度安排较弱的国家的金融活动的能力。

当下,人们普遍认为法律对金融发展并非不重要。他们仍然强调各种以政策为基础的模式,其理论是,适当的体制结构必须作为发展和转型进程的一部分而自然发展。因此,人们越来越重视支持机构和法治的发展;不幸的是,直到最近,对于哪些因素是重要的,尤其是在金融部门发展方面,还未形成普遍的共识。我们著述的目的在于,通过我们的分析,力求使这些问题重新受到审视,并凸显出来,使之成为人们持续关注的领域,为今后的审议和发展提出方向。

---

〔1〕 See J. Norton, *International Financial Law and International Economic Law: Implications for Emerging and Transition Economies*, Law in Transition 2, Spr. 1999, p. 9.

〔2〕 See K. Pistor, R. Raiser and Gelfer, *Law and Finance in Transition Economies*, EBRD Working Paper No. 48, 2000, p. 25.

第十一章　新金融监管范式

2008年全球金融危机爆发前,货币政策和审慎监管政策之间的分工是明确的:货币政策的目标是稳定价格,审慎监管制度则是确保金融机构实现充分管理和金融稳健。金融危机前的金融监管制度缺少对整个金融体系的全面洞见,其目的和任务仅仅只是确保特定金融机构的稳健和发展。然而,在宏观审慎监管的主题下,决策者和监管者必须遵循新的监管模式。宏观审慎方法要求以一种根本不同的方式应对整体金融稳定可能遭受的威胁,尤其是通过管理信贷和资产价格周期防止系统性风险的累积,提高金融系统对系统性冲击的复原力。目前,已经形成一种新的金融监管制度,且为这种制度所设立的新机构因避免整个金融体系受到系统性风险的冲击正在发挥作用。然而,这并非能够确保成功,因为它取决于宏观审慎政策在实践中的执行方式、监管系统的体制性力量、使用工具的有效性以及数据分析的质量,这些都是取得成功的关键因素。

第一节　宏观审慎监管的理论基础

在阐述宏观审慎政策的法律—经济构成之前,我们首先概述宏观审慎政策的理论基础。尽管对宏观审慎政策的定义至今尚未形成共识,但有关宏观审慎架构的最早的法律和经济基础我们可在海曼·明斯基关于金融(不)稳定的假定中找到。因此,有关金融(不)稳定的"明斯基式"观点是世界上最早提出有关宏观审慎监管的理论基础。

一、批判的建构性理论

明斯基式的理论纳入了一种新的动态监管方法,其意图旨在挑战当时的主流经济学理论——自我监管均衡论,该理论几乎没有为未来研究系统性风险的动态发展预留多少空间。在传统的金融监管理论下,审慎监管的唯一理论基础依赖于对特定银行活动的评估(所谓的特定方法),而并未涉及与其他信贷机构和整个金融体系之间的相互依存关系。[1] 明斯基式的银行监管理论的总体框架首次出现于1974年,但直到2008年全球金融危机爆发后才盛行起来,并依据所设计的模型解释金融动荡背后的原因。(1)现代市场经济的过去、现在和未来不但与资本、资产和劳动力联结在一起,而且与金融关系联结起来。关键性金融关系是将资本资产的创造和所有权与金融关系的结构及其变化联结在一起。制度的复杂性也可能在社会财富的最终所有者与控制和运营社会财富的主体之间形成几个层面的中介体。[2] (2)所有金融组织都可以被视为在流动性和偿付能力约束下实现利润最大化的银行家。任何机构都可以视为对冲投资者、投机者或庞氏投资者,根据经济信贷和宏观经济状况从一种类型转变为另一种类型。依照明斯基的观点,对冲投资者、投机者和庞氏融资部门容易遭受资产现金流减少的影响。一方面,运营收入的减少,或者"违约",或者"对机构债务的重组",都可能把对冲融资机构转变为投机性机构。另一方面,投机者和庞氏金融机构也很容易受到利率变化的影响,因为提高利率将在不增加收入的情况下增加现金流承诺。由于它们必须不断对头寸进行再融资,极容易受到金融市场动荡的影响。因此,投机金融在整个金融结构中的权重越大,金融结构本身的脆弱性就越明显。[3] (3)现代市场经济从本质上而言是脆弱的,因为它在投资和融资过程中引入一种内生的不稳定力量。积极的经济发展趋势可能使投资者产生乐观情绪,从而增加投资额。虽然总投资推动了经济增长,但是也产生了进一步的乐观情绪,为未来积累债务做好了准备。在此,应计利润仍将持续直到临界点,痛苦的债务去杠杆化将会打击整个金融体系。当然,这种脆弱性还取决于可能放大初始干扰事物的数量。

总之,现代市场经济即使正常运转也必然导致金融风险和经济危机。稳定本身就可能滋生不稳定:金融脆弱性是金融体系的内生属性,它为金融不稳定提供了肥沃的土壤,导致债务通缩和全面危机的累积(见图11-1)。基于此,明斯基试图界定经济体系内的周期性与系统性之间的相互作用,从而为宏观审慎监管方法提供必不可少的理论基础。[4]

---

[1] See Jan Kregel, *Minsky and Dynamic Macroprudential Regulation*, PSL Quarterly Review (2014), p. 219.

[2] See Hyman P. Minsky, *The Financial Instability Hypothesis*, Levy Economics Institute of Bard College, *Working Paper*, No. 74, 1999, p. 4.

[3] See Hyman P. Minsky, *Banking and A Fragile Financial Environment*, Paper Prepared for the American Association Meetings, *Atlantic City*, 16 September 1976, p. 8-9.

[4] See Jan Kregel, *Minsky and Dynamic Macroprudential Regulation*, 67 PSL Quarterly Review (2014), p. 224.

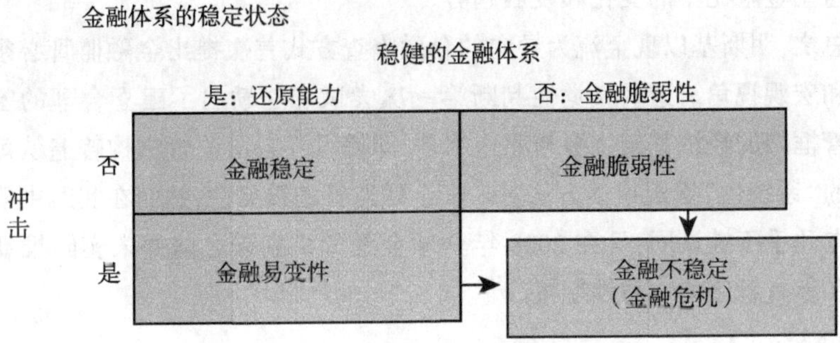

图 11-1 金融危机对金融稳定的影响

二、动态的系统性理论

明斯基不仅重新审视了现代市场经济体系的系统性互动，还根据有关金融稳定的假定理论，重新思考了适合的金融监管和审查类型。他在《灾难经济学》中明确阐述：(1)许多金融机构的资产（如当时的贷款）并未活跃于市场，监管者对金融机构审查最具有代表性的结果就是通过资产负债表给资产定价。监管者只要通过审查金融机构的资产负债表就可以衡量资本充足率和流动性指标。然而，审查资产负债表是许多武断规则的结果，它使静态估值与当前市场价格脱节。(2)基于这一弱点，明斯基提出关于金融机构审查的"现金流方法"，假定流动性是嵌入在不断变化和持续的金融体系、经济机构和与时间相关的特性中。这种方法的实际目的不但在于提供有关特定机构的流动性和偿付债务能力更准确的信息来源，而且能评估金融市场稳定可能受到威胁的概率。[1] (3)明斯基所设计的现金流审查方式将重点放在金融机构实际的和潜在的头寸建立和运作基础上，使监管机构能够充分意识到实际存在的或者潜在威胁的金融脆弱性，因为监管机构可以通过建立定期报告程序，调查可能影响金融体系整体稳定的机制性变化，从而评估金融稳定状况。其评估方法是通过评估收入相对于债务现金流是否充足、再融资可能性相对于头寸的充足程度与未受保护的金融资产和受保护的金融资产之比来衡量。因此，未来金融稳定取

---

〔1〕 See Hyman P. Minsky, *Financial Instability Revisited: the Economics of Disaster*, Paper Prepared for the Steering Committee for the Fundamental Reappraisal of the Discount Mechanism Appointed by the Board of Governors of the Federal Reserve System, Levy Economics Institute of Bard College, Hyman P. Minsky Archive(1970), p. 63-64.

决于这些金融比率的变化和发展趋势。[1]

总之,明斯基以现金流为导向的金融审查方式首次提出金融监管必须整合微观和宏观视角。这些直觉性判断第一次尝试和勾勒出了建立合理的宏观审慎监管框架的经济基础。事与愿违的是,即使世界各国监管机构普遍认可明斯基式的"系统性"宏观审慎方法对未来金融监管的重要性,然而在实践中明斯基式观点几乎不被认同,且在 2008 年全球金融危机到来之前并未实际推动金融监管和审查程序的实质性变革。

第二节　建立新的金融政策框架

作为直接应对国际金融危机的新政策框架已经形成。该框架旨在遏制银行和金融市场的系统性风险,填补货币政策与微观审慎监管政策之间的明显差距(见图 11-2)。货币政策传统上致力于解决价格稳定问题,而金融监管先前一直关注单个金融机构所面临的风险。全球金融危机之前所缺失的是确保两个政策领域密切协调的政策框架以及监管机构在宏观层面应对系统性风险的明确任务。为了维护金融体系的稳定,宏观审慎监管旨在减少金融体系的顺周期性,减轻系统性风险,确保金融体系在系统性冲击后保持其核心职能。

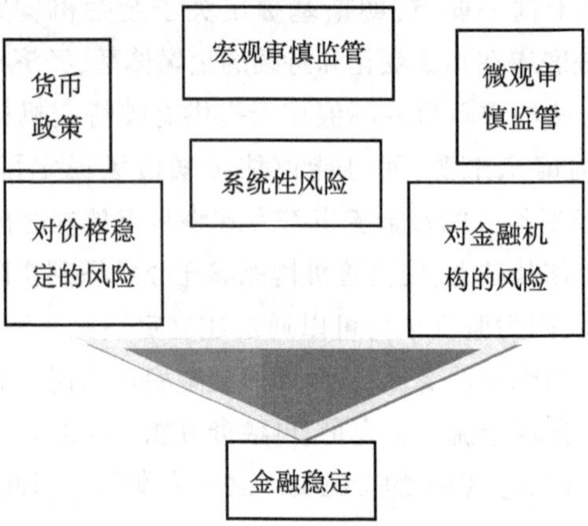

图 11-2　新政策体系之要素

[1] See Hyman P. Minsky, *Suggestions for a Cash Flow Bank Oriented Bank Examination*, Paper Prepared for the Conference on Bank Structure and Competition, Federal Reserve Bank of Chicago, 1-2 May 1975, p. 5.

一、协调宏观审慎政策和货币政策

尽管在货币政策是否应以金融稳定为目标这一问题上,目前尚无定论,但经验表明,货币政策对银行和其他市场参与者的风险承担具有影响。在较长的一段时间内将利率维持在低水平可能创造一个不再被充分确定价格风险的市场环境。因此,宏观审慎政策框架不能消除货币政策对金融稳定的影响。

不过,货币工具在积极防范金融风险方面的效用有限。利率对风险承担和金融杠杆的影响似乎是不对称的:一方面,持续的低利率水平可以适应杠杆和系统风险的累积。事实上,资产价格和信贷引发的危机往往先于过度宽松的货币环境。另一方面,提高利率可能不会在可预期的程度上抑制信贷需求,尤其是在资产价格强劲上涨以及市场参与者的风险偏好仍然很高的情况下。然而,如果利率上升,风险认知可能突然发生变化,极有可能涉及资产价格崩盘和信贷质量恶化。此外,宏观审慎工具是必要的,它更直接针对金融稳定所面临的风险,同时控制价格稳定和金融稳定。如果运用货币政策确保价格稳定——在某些情况下也是为了促进经济增长——就不可能完全专注于应对系统性风险。相较而言,两套政策工具可以使决策者在处理两个不同目标时具有灵活性。同时,政府管理通货膨胀和预防金融稳定风险必须对可能面临的风险进行无偏见的评估,并使各项政策协调一致。在许多情况下,货币政策和宏观审慎政策目标实际上是相同的,宏观审慎政策工具只是通过微调信贷周期补充货币政策。在其他情况下,货币政策和审慎政策之间可能存在相互冲突的目标,例如,中央银行试图通过提高利率抑制通货膨胀,但又希望避免把金融部门置于危险之中。在后一种情况下,较高的利率对银行部门稳定的负面影响可以减轻,如放宽资本标准。根据机构设置的不同,监管制度内部可能产生利益冲突。如果宏观审慎监管机构在制度上与中央银行关系密切,就可能没有充分表达对货币政策效果的担忧。由此,审慎监管机构可能使中央银行陷入不得不为金融机构提供额外支持以确保系统稳定的困局。欧盟宏观审慎政策的实践提供了很好的事例,说明宏观审慎监管如何介于货币政策目标和审慎政策目标之间。

二、固定汇率制度下宏观审慎监管的特殊作用

如果一个国家已经将其货币与另一种货币的价值挂钩,那么使用宏观审慎政策工具的理由就更充分了。如果政策利率是由另一个国家的央行决定,那么宏观审慎政策可以在一定程度上弥补缺乏有针对性的货币干预的不足。在此

情况下,宏观审慎政策工具仍在国家或地方当局的控制下。一段时间以来,一些国家将汇率与美国美元挂钩,一直使用宏观审慎工具控制信贷周期。同样,宏观审慎政策在大而杂的货币领域如欧洲货币联盟或美国也发挥特殊的作用。在此情况下,货币政策不能满足各区域的具体经济条件。如果金融周期的演变不同步,繁荣地区可能进口比出口更多的资本,并累积经常账户赤字。货币条件在此起重要作用:由于整个地区的货币标准都是平等的,因此,一些地区的货币条件可能过于宽松,而另一些地区的货币条件过于紧缩。在货币条件过于宽松的地区,繁荣得到推动,加剧外部失衡。

尽管宏观审慎监管不能弥补不健全的金融和经济政策,但它可以帮助防止信贷周期在货币区偏离太远,防止外部失衡变得不可持续。在货币条件被认为过于宽松的地区,通过提高信贷的可获得性和成本,宏观审慎监管有助于避免过度信贷,但宏观审慎监管也可以在泡沫破裂阶段发挥重要作用,可以用来伴随去杠杆化进程维护整个金融体系的稳定。在一定程度上,宏观审慎工具和利率工具甚至可以相互替代。[1] 货币政策通过银行系统发挥作用,即影响创造信贷和存款条件。宏观审慎政策工具可以用来影响这些条件,因此,如果没有利率工具,就有可能适用目标价格稳定。关于欧元区目前的国际收支危机,需要对内部相对价格进行再平衡,可以采用宏观审慎政策避免核心国家的价格过度上涨。

三、微观审慎监管与宏观审慎监管相结合

宏观审慎监管方法为微观视角增添了新视野:监管者关注的不是特定机构的生存能力,而是整个体系的稳定性。反周期资本缓冲、贷款估价比率、系统性风险附加费或其他措施等政策工具都植根于微观审慎政策框架。这些工具已在宏观审慎框架内加以适用,以防止系统性风险的累积或避免信贷供给急剧收缩,而不是以确保某一特定机构的生存能力为主要目标。微观审慎工具主要用于控制整个周期和各机构的信贷成本和可获得性,以期维持金融稳定。监督行动是根据预先确定的规则,[2] 而作出解散决定取决于政策框架和所使用的工具。

---

[1] See Cecchetti et al., *On the Stance of Macroprudential Policy*, Report of the Advisory Scientific Committee 11, European Systemic Risk Board, 2021, p. 418.

[2] 基于自由裁量与基于规则的政策:在设计宏观审慎政策框架时,决策者面临两种取舍:(1)把自动稳定性硬连接到立法中;(2)为离散的决策留出更多的空间。这两种方法有其风险和优点,尤其是在决策者不得不做出不受欢迎的决定时,基于规则的方法为政治干预留出更少的空间。

微观审慎监管机构和宏观审慎监管机构之间的合作是双向的：通常，微观审慎监管机构负责收集数据和保持与金融机构的联系。微观审慎监管人员查明特定机构的风险，并确保有关机构执行审慎政策。宏观审慎监管机构还要收集和分析数据，尽管是从全系统的角度出发。宏观审慎监管主要有两种沟通手段，即政策建议和风险预警。宏观审慎监管机构通过发布政策建议，对微观审慎工具进行间接控制，因为在大多数法域，宏观审慎监管机构对这些工具没有直接控制。然而，增加一层监管机构，加上其不同的目标职能，有可能产生冲突。例如，如果宏观审慎监管机构希望放宽贷款条件作为反周期措施，而微观审慎监管机构关注受影响机构信贷组合的质量，则可能产生利益冲突。微观审慎监管机构可能希望提高资本标准，以确保个别机构在压力下生存，而宏观审慎监管机构则可能关注信贷紧缩的风险。在大多数司法管辖区，最终决定权仍掌握在微观审慎监管机构手中，它可能限制宏观审慎监管的有效性。

四、建立有效的制度框架

宏观审慎监管能否成功地把监管体系的政策和行动结合起来，取决于制度框架的力量。新的框架会不会只是为本已复杂的监管体系增添更多的参与者，还是许可新的机构发展成为强有力的、类似中央银行的机构？

在大多数法域没有直接干预权的情况下，成功与否取决于所做分析的质量和所提建议的说服力。新的机构依靠政治技巧发挥协调作用。根据机构设置的不同，一些利益冲突必须在内部解决，因为决策机构是以委员会的形式组织起来，而中央银行和微观审慎监管机构都有自己的发言权。由于宏观审慎政策有时需要有争议的政策行动，因此阻力也可能来自外部。如果宏观审慎监管机构无权直接干预，并面临政策制定者、市场参与者或其他利益集团的抵制，那么在市场繁荣时提高审慎标准，同时鼓励金融体系在危机局势中减少缓冲可能更加困难。

随着宏观审慎监管机构的引入，市场参与者面临新的代理人，这些代理人的潜在影响力可能很大，它们的政策可能影响市场情绪，或导致对金融中介机构业务的具体干预。因此，私营部门机构有强烈的动机密切关注政策行动。与此同时，宏观审慎监管机构也面临与市场参与者进行有效沟通以管理预期的挑战，类似于货币政策。

五、建立新的监管机构

新的监管体系已经形成，美国和欧洲的政策制定者已把核心职能分配给新成立的宏观审慎监管机构。表 11-1 分别概述美国、英国和欧盟的新体制框架。

表 11-1 宏观审慎监管之比较

新机构	欧洲系统风险委员会	美国金融稳定监督委员会	英国金融政策委员会
指令	·防止或减轻欧盟金融体系的系统性风险 ·促进内部市场的顺利运作,并确保金融部门的可持续增长	·识别并应对美国金融稳定面临的新威胁 ·促进市场纪律,消除救助预期	·识别和评估英国金融系统的系统性风险 ·选择应对系统性风险最合适的政策工具
工具	·对欧盟成员国的系统性风险提出警告和不具约束力的建议 ·没有正式的指导权,但建议可以在"遵守或解释"的基础上公开。	·就提高审慎标准向监督当局提出的建议 ·就提高审慎标准向监督当局提出建议 ·就监管漏洞向国会提交报告	·向金融服务管理局和金融机构提出关于系统性风险的建议 ·要求微观审慎当局实施具体工具的指令性权力
治理结构	·主席:欧洲央行行长 ·加上 37 名有表决权的成员,包括各中央银行行长和来自监督机构的 28 名无表决权成员	·主席:美国财政部部长 ·加上来自各监管机构的 9 名有表决权和 5 名无表决权的成员	·主席:英格兰银行行长 ·加上 11 名有表决权成员(6 名来自英国央行),1 名来自财政部无表决权成员
信息收集和分析	·欧洲央行,欧洲银行当局,国家中央银行,技术咨询委员会,科学咨询委员会	·金融研究室,美国联邦储备系统和其他金融监管机构	·英格兰银行
优势	·填补欧盟系统性风险监测和宏观审慎监管的制度空白	·在单一监督方式下的所有监管机构;可将机构置于联邦监督范围内	·可以实施具体的宏观审慎工具(如最低资本要求)
挑战	·监督继续以国家为基础 ·复杂治理结构	·监管形势依然复杂,领导能力与危机前相比实际上没有变化	·没有对金融公司和市场的直接监督

(一)欧洲系统性风险委员会

在欧盟,欧洲系统性风险委员会是对其他三个监管机构的补充,这些机构负责处理证券市场、银行、保险公司和职业养老基金。虽然监督权力仍掌握在国家当局手中,但欧洲系统性风险委员会的作用是向国家决策者发出警告和建议。系统性风险委员会在体制上与欧洲央行关系密切,委员会主席由欧洲央行行长担任,分析工作部分由各央行工作人员提供。由于缺乏直接干预权,欧洲系统性风险委员会的成功在很大程度上取决于所做分析的质量和所提建议的说服力。〔1〕

(二)美国金融监督委员会

在美国,《多德—弗兰克法案》将监测系统性风险的任务赋予金融稳定监督委员会。金融业务中心关注系统性风险的识别,尤其注重对具有系统重要性的金融机构的监测。它的主要任务之一是指定被认为太大而不能倒的非银行业金融公司和金融市场公用事业公司,并应对其进行更严格的监督审查。与欧洲系统性风险委员会不同的是,金融稳定监督委员会在体制上相当独立于央行,但更接近于美国财政部,由财政部部长担任主席,金融研究办公室,即金融稳定监督委员会的分析主体机构,设在财政部内。〔2〕

(三)英国金融政策委员会

英国的宏观审慎监管机构,即金融政策委员会,是仿效货币政策委员会。与决定货币政策立场的货币政策委员会类似,金融政策委员会的任务是确定宏观审慎政策立场,分析英国金融体系中的过度信贷增长和系统性风险。根据金融政策委员会的决定,审慎监管机构随后启动监管行动。

第三节 宏观审慎政策框架及其运行机制

我们社会的政治、经济、法律按照各自不同的内在逻辑运行,不易与其他制度运行逻辑相协调。每个子系统都有其独特的运行模式、合理标准和组织模式。当下,无论是政府还是法律都不能完成经济、法律与政治理性和谐统一的任务。正是这些相互影响的局限性导致了"金融监管的三难困境",即任何干预性监管要么无关紧要,要么对社会产生负作用,要么使法律本身无效。自2008年金融危机以来,世界各国把金融监管体制的改革主要集中在如何使货币政策、宏观审慎、微观审慎和行为监管与合理的制度安排结合起来。

---

〔1〕 See Nedelchev, Miroslav, *Coordination of Banking Regulation in the EU*, Avangard Print, Sofia, 2015, p. 94.

〔2〕 See Khader Shaik, *Managing Derivatives Contracts: A Guide to Derivatives Market Structure, Contract Life Cycle, Operations, and Systems*, Apress, Berkeley, CA., 2014, p. 178.

一、金融体系内的相互作用:宏观审慎视角

2008 年全球金融危机后,中国人民银行进一步增强了关注我国金融体系稳定的能力。宏观审慎政策是对微观审慎监管缺陷的补救,因为它不是关注特定领域,而是关注实体经济、金融市场和金融机构之间的整体性互动(见图 11-3)。

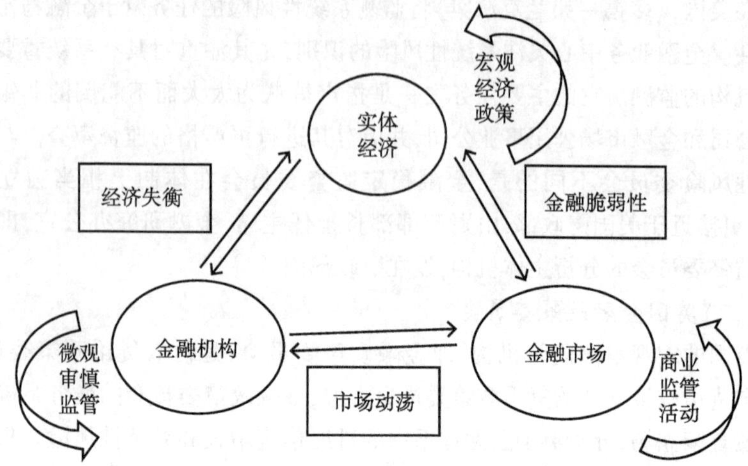

图 11-3 实体经济、金融市场和金融机构之间的整体性互动

(一)经济失衡

实体经济的发展与金融机构的稳健有着重要而直接的关系。经济失衡可能破坏金融机构的稳定性,因为它们会导致令人难以预料的损失,导致企业和家庭更难满足赎回和支付利息的能力。与此同时,金融部门内部的轻率或非生产性放贷可能导致次优投资和错配。这样的互动也可能产生动态效应。如果一家银行的资本状况恶化,可能进一步减少对经济的放贷,以修复其资产负债表。此外,信贷供应量的下降也会导致经济增长的进一步放缓,经济周期的进一步恶化,放大最初的风险效果。

(二)金融脆弱性

实体经济和金融市场之间的互动也可能给金融体系带来系统性风险。金融脆弱性和不可持续的政策组合最终可能引发金融危机。因此,稳健的金融和货币政策是金融稳定的重要前提。例如,如果一个国家无法履行义务,宽松的货币政策和金融政策可能产生主权债务危机,从而导致资本外逃和收益率上升。同样,不相容的货币政策组合也可能导致高通胀和汇率压力,从而演变为货币危机。相反,金融市场的状况也会影响实体经济的发展。最近十多年的典

型事例表明,在低利率环境下,金融市场存在流动性过剩,由此所产生的对收益率的追求导致金融市场定价扭曲,并增加资产价格上涨风险。当金融泡沫破裂时,经济成本可能会非常高。

（三）市场动荡

金融市场本身的脆弱性可能是金融不稳定的内在性根源。金融发展往往由一系列机制和情绪所驱动,这种驱动方式很容易在意外事件发生后产生变化。市场动态也可能导致金融动荡和羊群行为。这种金融冲击破坏了金融机构的充分运转。市场波动或流动性压力增加了风险溢价,减少了经济可用的融资。由于直接或间接的风险传染,金融机构的问题可能会蔓延至其他机构,至于其程度如何取决于市场结构。此外,金融部门内部的结构性发展或金融中介的转型也可能导致金融体系内的其他领域出现风险。

总之,经济失衡和市场动荡因金融脆弱性必然导致金融体系的系统性风险。鉴于传统金融监管模式难以有效应对这类风险,因此必须将宏观审慎层面纳入我国当前的金融监管框架,这就意味着我国当前的金融监管政策框架需要重组。尤其必须明确审慎监管政策与宏观经济政策的政策边界,通过相互协调和配合,确保金融稳定目标的实现。当然,在新的宏观审慎框架下,各种政策工具在确保实现主要目标的同时,在金融稳定方面也必须发挥新作用。

二、宏观审慎政策工具选择:“周期性维度”与“结构性维度”

微观审慎监管工具旨在通过内在化个别机构的风险、忽视其“外部性”来保护消费者和投资者。然而,在高度关联的金融体系中,单个机构处于紧密而复杂的社会网络系统中,表现出极为明显的外部性。在这种情形下,单个机构不可能将其他机构所产生的压力成本完全“内部化”,从而需要宏观审慎政策工具为金融机构提供额外的激励机制。具体而言,就是要通过增强金融体系的稳健、减缓金融体系的顺周期性、抑制金融机构之间的相互作用,迫使个别机构将其“外部性”“内在化”。因此,与传统风险定义不同,系统性风险的定义更加强调金融失衡的程度、金融体系的顺周期性和关联性、风险的内生性等因素(见表11-2)。

表 11-2 概括我国金融系统性风险的不同维度

系统性风险的维度	系统性风险的来源	描述
周期性维度	顺周期性	在繁荣时期,金融机构资产负债表增长速度总是快于资本基础

续表

系统性风险的维度	系统性风险的来源	描述
结构性维度	互联互通	金融机构通过货币市场和支付系统相互联系;当危机冲击(具有关联性且良好的)机构时,这就使传染变得更加严重
	资产的公共性	金融机构面临相同的资产或资产类别;因此,资产价格的剧烈或大幅度波动会同时影响多个金融机构
	具有系统重要性的机构	大而不能倒:风险偏向大型金融机构,给金融监管者带来道德风险问题

一般而言,宏观审慎政策工具可以分为两种类型:反周期政策工具(周期性维度)和侧重于金融体系集中度和相关性的政策工具(结构性维度)。无论是周期性维度还是结构性维度,金融监管工具都具有共同特点:第一,无论是具有宏观审慎功能的微观审慎监管工具,还是具有典型性的宏观审慎监管工具,都必须以遏制系统性风险为主要目标,维护金融稳定为终极目标。第二,为了确保宏观审慎政策的有效性,我国宏观审慎监管工具应当由一个具有宏观审慎监管权威的、负责任且具有操作独立性的机构实施和运行,如作为我国中央银行的中国人民银行。由此,我国金融监管机构在实施宏观审慎监管工具时不仅可以依法减弱其他政策的有效性,还可以有效补足现有政策。第三,我国宏观审慎监管工具主要用于预防金融的不稳定性,而不是用于治理,因为后者属于危机管理。第四,宏观审慎工具必须根据各种机构对可能产生系统性风险的影响程度量身定制,任何具有系统重要性的机构(无论其类型如何)都应当纳入宏观审慎监管范围内。

就周期性维度而言,我国宏观审慎政策工具主要通过在经济繁荣时期建立充足的资本缓冲来实现政策功能。一方面,由于资本积累过程相对容易,在经济景气时期成本不高,充足的资本缓冲可以起到抑制金融市场主体过度冒险的"刹车"作用。另一方面,在经济衰退期间,通过积累资本缓冲可以吸收损失,缓解可能扩大机制的内生危机。目前,"周期性维度"政策工具主要包括逆周期资本缓冲、留存资本缓冲、动态拨备制度、流动性要求、杠杆率、贷款率、压力测试等。

就结构性维度而言,主要表现为下列三个方面:一是金融系统内的各行为者相互关联,其中一家机构的资产是其他机构的负债,而一家机构的问题可能会影响其他机构的业绩;二是存在具有系统性影响或大而不能倒的机构,如果倒闭的源头是具有系统重要性的机构或银行，则金融体系风险溢出的影响将更加严重；三是金融系统各要素之间存在共同的风险因素。如果金融系统的各个要素都有类似的风险因素，那么该行业受到的冲击可能对金融系统的稳定性产生影响。由于宏观审慎政策工具使用采取自上而下的方法，我国金融监管机构基于单个机构对系统性风险的影响程度必须衡量整个系统的尾部风险，计算单个机构面临风险的影响程度，并相应地调整宏观审慎政策工具（如资本金要求、保险费率等）。这就意味着，产生系统性风险的影响力和贡献度较大的机构必须实施更高的监管标准。目前，"结构性维度"的政策工具主要包括"大而不能倒"的解决方案和基于不同机构的风险贡献值所设计的目标政策工具。（见表11-3）

表 11-3　宏观审慎监管工具和中介目标

系统性风险	宏观审慎中介目标	宏观审慎监管工具
周期性维度	通过资本限制顺周期性	反周期资本要求/缓冲、时变/动态拨备、压力测试
	限制资产增长	贷款与价值比率的上限，债务与收入比率的上限，信贷或信贷增长的上限
结构性维度	缩小流动性危机的范围	净未平仓货币头寸/货币错配限制、期限错配限制和准备金要求
	限制对波动资本流动性的风险敞口	对净未平仓货币头寸/货币错配的限制
	风险分布的极限偏度（系统重要性金融机构）	对系统重要性金融机构的资本附加费，对（双边）金融风险敞口的特定机构限制

总之，系统性风险是全球金融行业在危机后感受到最大"监管压力"的领域。由此，中国人民银行已确定政策改革的几个基本方向：一是通过鼓励银行去多元化和缩减规模，解决大型金融公司存在所带来的道德风险问题（所谓"大而不能倒"的问题）；二是通过强制将投资银行和零售银行的活动分离开来，解决共同追求投资银行和零售银行活动所带来的传染性风险；三是通过收紧资本和流动性要求（尤其对大型的和"具有系统重要性银行"），降低银行的特定风险敞口和脆弱性。此外，系统性风险已经打破了我国金融监管领域政策理念的路径依赖，宏观审慎监管已经成为一种特殊的政策范式嵌入到跨国政策共同体之中。

三、宏观审慎监管机构的特定工具及其运行机制

2020年10月，《中国人民银行法》修改案提出"建立宏观审慎政策框架，明

确宏观审慎政策目标,以加强反周期调节和穿透式监管为重点,健全金融机构反周期资本缓冲、风险准备金、压力测试等宏观审慎政策工具箱”。[1] 我国宏观审慎框架是凭借多样化的监管工具来实现的。宏观审慎措施的范围包括软工具与硬工具。在采取软措施的情形下,我国政策制定者表达的意见或建议并非总是能够有效地与遵守规则或解释机制有机结合起来,如我国宏观审慎监管机构警告称,某些细分市场(如商业房地产)过热。在采取硬措施的情形下,我国政策制定者对宏观审慎工具的校准拥有直接的控制权,如我国宏观审慎监管机构设置一定水平的反周期资本缓冲。而介于软工具与硬工具之间的措施则通常包括正式建议、遵守规则或可解释的其他机制。[2]

(一)宏观审慎监管的核心工具

全球金融危机的严重性和影响程度促使各国中央银行探索创新工具和发现新功能——无论在其法定权限之内还是在之外——能够恢复金融周期的平稳运行。中国人民银行将一些宏观审慎政策工具纳入金融监管机构在全球部署的整体监管工具包,以维持整个金融体系的某些结构性特征。目前我国金融监管机构已确定了促进金融体系稳定发挥作用的宏观审慎核心工具:反周期资本缓冲、调整最低核心融资比率、部门资本要求与限制高贷款和价值比的住宅按揭贷款。

1. 反周期资本缓冲:通过应对系统脆弱性的累积解决系统性风险,它是一种资产负债表措施,主要通过要求为某些风险敞口提供额外资本缓冲影响银行的资产负债表,解决系统性风险的时间维度。缓冲水平随时间的推移而变化,取决于我国宏观审慎监管机构及时评估的状况。在《巴塞尔协议Ⅲ》框架下,资本缓冲上限为2.5%;在限制措施生效前,银行有一年时间调整自身的资本运行状况,所设定的限制主要影响银行支付股息和奖金的能力。当下世界许多国家引入了反周期资本缓冲,包括欧元区的所有国家。我国宏观审慎监管机构应当每季度计算适用我国管辖区内的信用风险敞口所需要的反周期资本缓冲。

2. 系统重要性金融机构的资本附加费:通过要求破产可能威胁系统稳定的银行具有更高的损失吸收能力,它是解决系统性风险的横向维度。巴塞尔委员会和金融稳定委员会2014年制定了一套衡量全球和国内系统相关机构的方法。特定银行的资本附加费取决于阈值,它是根据成员方单位换位后的方法计

---

[1] 《央行修改中国人民银行法:建立宏观审慎政策框架,明确宏观审慎政策目标》,载 http://finance.eastmoney.com/a/202010231674837674.html。

[2] See *IMF*, *The interaction of Monetary and Macroprudential Policies*, 29 January 2013, p. 16.

算，其中系统相关性依据规模、互联性、可替代性、复杂性和跨司法管辖区活动等五项标准确定。按照欧盟《单一规则手册》，资本附加费分为全球系统重要性银行缓冲和其他系统重要性银行缓冲。二十国集团财长和央行行长支持从2016年起分段向大型放贷机构征收最高2.5%的强制性资本附加费。欧盟从2016年1月起分段实施全球系统重要性银行缓冲，适用于德意志银行或法国巴黎银行等一线银行。大多数欧元区国家已宣布为选定的二线银行提供全球系统重要性银行缓冲，并列出各自银行申请全球系统重要性银行缓冲的具体时间表。[1] 我国2018年制定《关于完善系统重要性金融机构监管的指导意见》和2020年制定《系统重要性银行评估办法》，依据银行规模（采用调整后的表内外资产余额作为定量指标）、关联度（金融机构间资产、金融机构间负债、发行证券和其他融资工具）、可替代性（通过支付系统或代理行结算的支付额、托管资产、代理代销业务、客户数量和境内营业机构数量）和复杂性（衍生产品、以公允价值计量的证券、非银行附属机构资产、理财业务、境外债权债务）等指标确定国内系统重要性银行。[2]

3. 系统性风险缓冲。主要针对我国主权管辖范围内的特定系统性风险设置的，如与跨境溢出风险相关的风险，它与全球系统重要性机构和其他系统重要性银行缓冲配合使用。就特定银行而言，这意味着在资本附加费和系统性风险缓冲之间选择较高的一个适用。

4. 与房地产相关的措施可采取多种形式。它涵盖了资产负债表的许多指标，如抵押贷款的较高风险权重以及直接影响贷款交易条款和条件的工具，后一类包括对贷款与价值比和贷存比的限制。

总之，宏观审慎政策的核心工具是审慎类型的工具，被校准和用于专门处理系统性风险，并应用于更广泛的金融体系领域。虽然其他工具也可以添加到整体工具包中，但是必须具备两个前提条件：一是它们明确和具体地针对系统性风险；二是它们由具有明确的宏观审慎授权、问责和操作独立性的金融监管机构所主导。

（二）金融监管机构特定工具之运用

任何经济政策工具都表现出许多关键属性。2023年3月17日十四届全国

---

〔1〕 See McPhilemy Samuel, *Integrating Macro-prudential Policy: Central Banks as the "Third Force" in the EU Financial Reform*, West European Politics, Vol. 39, Issue 3, 2016, p. 502-508.

〔2〕 《〈关于完善系统重要性金融机构监管的指导意见〉（银发〔2018〕301号）和〈系统重要性银行评估办法〉发布——强化监管防范“大而不能倒”风险》，载 https://finance.sina.com.cn/money/bank/bank_yhfg/2018-11-27/doc-ihmutuec4096653.shtml。

人大第一次会议通过《国务院机构改革方案》,根据国务院关于提请审议国务院机构改革方案的议案,组建国家金融监督管理总局。统一负责除证券业之外的金融业监管,强化机构监管、行为监管、功能监管、穿透式监管、持续监管,统筹负责金融消费者权益保护,加强风险管理和防范处置,依法查处违法违规行为,且作为国务院直属机构。国家金融监督管理总局在中国银行保险监督管理委员会基础上组建,将中国人民银行对金融控股公司等金融集团的日常监管职责、有关金融消费者保护职责,中国证券监督管理委员会的投资者保护职责划入国家金融监督管理总局。不再保留中国银行保险监督管理委员会。因此,我国宏观审慎监管机构制定和实施宏观审慎政策应当遵循下列基本准则:(1)所实施的宏观审慎工具是明确而具体地针对不同类型的系统性风险。(2)国家金融监管总局主导我国宏观审慎监管,当金融监管、金融稳定和货币政策的任务由结构清晰、职责明确的单一机构执行时,效果最好。(3)所实施之工具对政策目标具有重大的和足够迅速的回应和影响。(4)实施工具的传输系统是稳定的和可预测的,即宏观审慎工具的使用不会给我国整个金融系统造成不确定性。(5)执行成本—效益评估,使所使用的工具不会对社会规划者制定更广泛的社会经济发展目标产生重大和不良影响。由此,国家金融监管总局作为我国宏观审慎监管的主导机构,其实施工具可分为:专属工具和主导工具(见表 11-4)。

表 11-4 我国宏观审慎监管机构的专属工具和主导工具

维度	监管机构	宏观审慎策略	工具
时间维度	国家金融监管总局(专属工具)	升级合意贷款管理机制和差别准备金动态调整机制;聚焦资本与杠杆、资产与负债、流动性、定价行为、资产质量、外债风险、信贷政策落实等等;通过综合评价加强逆周期调节和系统性金融风险防范	宏观审慎评估体系
		信贷增长、资产价格	差别准备金动态调整机制
		规范银行业金融机构特定时间内贷款总量的节奏和规模	理想贷款管理机制
		缓解顺周期的商业行为	杠杆率要求
		微调特定投资组合的增长	特定投资组合资本要求的调整
		缓解资本计量的顺周期性	跨周期风险加权资产计量

续表

维度	监管机构	宏观审慎策略	工具
	国家金融监管总局(主导) 财政部	缓解顺周期经营行为,提高亏损吸收能力,促进信贷增长	动态拨备要求
	国家金融监管总局(主导)	房地产价格、与房地产相关的资产业务	个人住房贷款价值比要求
		缓解顺周期经营行为,提高对亏损、信贷增长的吸收能力(次要目标)	逆周期资本监管
横向维度		减轻系统重要性金融机构倒闭对金融体系的影响	加强系统重要性机构监管
		宏观流动性风险	流动性风险管理
		减少金融机构之间的传染效应	限制银行间交易
		减少中间业务和高风险业务对传统业务的传染影响	风险隔离(“围栏原则”)
		金融安全网的充分性和危机管理安排	预警系统

任何宏观审慎政策框架都有其局限性。我国宏观审慎监管机构在运用宏观审慎工具时所面临的挑战是,必须在法律和法规的授权范围内采取行动。但是,这一授权无论在法律上还是在实践上都可能受到诸多因素的限制:(1)我国实体经济或金融体系内的任何地方都可能出现潜在的脆弱性。而在可能出现系统性风险的所有相关方面,我国宏观审慎监管机构并非总是被赋予了绝对的权威。(2)目前我国宏观审慎工具箱过于有限,使宏观审慎监管机构不能全面而有效地应对未来潜在的系统性风险。(3)我国宏观审慎措施并不像货币政策那样使行为自动有效。中国人民银行在制定利率上拥有完全控制权,且直接影响通货膨胀,从而进入金融体系的所有缝隙;而宏观审慎工具的影响更为复杂和多样,它只能通过间接方式影响金融体系的某些构成部分。(4)我国宏观审慎监管机构使用宏观审慎工具的经验有限。

因此,我国宏观审慎监管机构实现有效宏观审慎监管的现实路径:(1)提高目标校准和实施工具的可接受度。由于风险成本较高,我国宏观审慎标准对潜在的系统性危机可接受概率一定低于任何单个机构可接受的困境概率。由此,我国金融体系的整体资本水平较高或较低将取决于机构的规模和风险敞口的相关性,这些因素在我国金融多元化体系中决定着实施工具的有效性。(2)以法律、法规和其他政策方式赋予我国宏观审慎监管机构采取相关措施,包括使用正式的宏观审慎工具以及以警告和建议形式的软权力。(3)适时介入。我国宏观审慎监管机构在应对系统性风险时不能太迟,如风险已经形成,实施宏观审慎工具可能适得其反;如过早采取行动,则可能阻碍金融业的动态发展和金融创新。(4)增强金融数据的可获得性和精准性,为监测、分析、评估系统性风险提供全面和即时的信息。我国金融稳定发展改委员会和国家金融监管总局应当从收集数据和良好监测的过程开始,通过季度或年度监测报告,针对系统性风险不同的来源采取重要措施,提供良好的监管基础,把握相关事态的发展过程,跟踪系统内的流动性,以此作为衡量可能形成的金融脆弱性指标。

(三)制定和执行基于中国实际的金融稳定指标

2006年国际货币基金组织研发了一项"金融稳定指标",该指标是经济统计指标,旨在支持宏观审慎分析和评估金融体系的脆弱性。[1] 2022年4月,中国人民银行发布有关金融稳定法规草案,并公开征求意见。它体现下列基本内容:其一,金融稳定法是问题导向的综合立法,以维护金融稳定为目标,针对不同领域、行业、交易中的金融风险,以风险防范、化解、处置的法律责权义为主线,呈现主体的多元性、法律关系的多层次、调整客体的多面性,体现不同部门之间、中央与地方之间的合作和协调机制。其二,明确规定金融稳定的责任分工,力促明确我国金融稳定工作的责任主体,尤其是金融机构及其主要股东和实际控制人的主体责任、地方政府的属地责任、金融监管部门的监管责任和金融风险处置的责任分工。其三,设计有关金融稳定的保障基金。明确规定金融稳定保障基金的来源和使用规则等重要问题。其四,厘定市场化、法治化作为防风险保稳定的基本原则,参考国际通行做法,新增整体转移资产负债、设立过桥银行和特殊目的载体、暂停终止净额结算等风险处置工具,使有效市场与有为政府统一起来。其五,设计符合实际的违法责任,规定与司法程序保持衔接的制度,通过法律责任制度设计,全方位、多链条地确定金融稳定主体的责任。[2]

由此,为了构建我国系统性风险的有效监测框架,2022年中国人民银行和银保监会结合我国社会经济和金融发展实际,并借鉴《巴塞尔协议》和世界各国中央银行的经验,以软法方式制定一系列金融稳定主要指标(见表11-6)。

---

[1] See Nicolas Blancher et al., *Systemic Risk Monitoring* (— *SysMo* ‖) *Toolkit—A User Guide*, IMF Working Paper, No. 168, 2013, p. 4.

[2] 2022年中国人民银行和银保监会制定《金融稳定法草案》,参见 china-cer. com. cn。

表 11-6 基于中国实际的金融稳定指标

信贷和杠杆	集中性风险	流动性和期限错配	系统重要性
信贷/国民生产总值比率；趋势信贷/国民生产总值比率；趋势偏差信贷/国民生产总值比率；家庭信贷；非家庭企业信贷；房价；商业地产价格；首次购房按揭成数；首次购房贷款收入比；长期利率；BAA-AA 风险溢价；银行杠杆率；银行资本充足率	银行集中性风险敞口	贷存比；短期市场融资比例；货币市场风险溢价；优先无担保银行债务风险溢价	银行资产负债表规模与国民生产总值之比；G_5 银行评级上调份额

虽然金融稳定指标的广泛程度反映了金融稳定具有多维性，但是要完全填补评估漏洞仍然相当困难，如我国金融总体场景通常可能提供一些混合信号。此外，金融危机的发生取决于许多复杂因素和特定情形，金融监管判断仍然需要提供对金融稳定的最终评估。就此而言，我国宏观审慎分析与其说是一门科学，还不如说是一门艺术。为了防范和化解系统性风险和维护金融稳定，我国宏观审慎监管机构可以采取三步式战略（见图 11-4）。

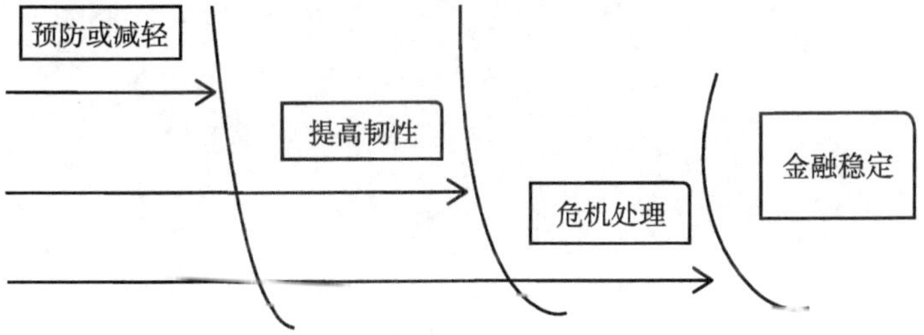

图 11-4 实施金融监管的三道防线

第一道防线是防止或缓解系统性风险的积累，要求及早识别脆弱的事态发展，及时发出警告，并采取缓解措施，以消除或减少任何失衡和潜在冲击。为此，中国人民银行必须定期（主要是每半年一次）发布我国有关金融风险发展报告，并发出警告和建议。其目的是使金融利益相关者、公众和政策制定者意识到金融体系的潜在脆弱性。然而，风险并非总是可以完全避免。

第二道防线主要包括提高我国金融部门抵御冲击的韧性的措施。它可以通过更高的资本缓冲或更具体的措施来实现，这些措施在风险出现时限制了影响。同样重要的是，要防止金融部门本身产生或放大风险。

第三道防线侧重于适当的危机管理，以防止风险升级和蔓延至其他机构。

金融体系内的典型措施是存款保险、流动性支持以及复苏和解决措施。后者意味着金融部门的关键职能得以维持,同时许可金融机构有序清盘。

总之,我国宏观审慎政策的基本目标在于:一是通过信贷快速增长和杠杆率上升或流动性充足,预防和抑制系统性风险,从而增强金融体系的韧性和抑制信贷与资产价格的过度增长,使我国金融体系更加稳定;二是限制系统性危机的风险和成本,风险限制必然影响控制危机的成本,即风险越大,产生的成本就越高;三是维持我国整个金融体系的稳定,包括加强金融体系的韧性和减少系统性风险的积累,以确保金融部门对经济增长的贡献具有可持续性。简言之,我国金融监管机构(国家金融监管总局主导,财政部协助)必须依法(包括软法和硬法)有效实施宏观审慎监管工具,降低金融顺周期可能形成的系统性风险,维护金融稳定,从而实现社会财富最大化和交易成本最小化。

结　语

就法治与金融稳定和经济发展之间的关系而言，法治强调三个重要主题：首先，它强调法治对金融稳定和经济发展具有重要性。世界各国自2015年以来将所制定的规则转化为金融政策和经济行动，并为金融稳定和经济发展提供了独特机会。其次，它突出具有特殊性的法治对金融稳定和经济发展具有重要性。法治是一个跨越国界和边界产生共鸣的概念，同时它又反映了植根于社会文化、历史、政治、制度和正义概念的一套不同的观点。最后，法治具有多面性、跨学科性且有时又具有争议性，它强调法治与金融稳定和经济发展之间特定路径的重要性。

将法治纳入2020年之后世界各国金融稳定和经济发展的分析基点，必须诠释法治的性质及其与金融稳定和经济发展的关系。我们本着对法治所持有的包容性态度，在承认国际规范的同时，纳入了许多新观点。法治作为规则和规范体系，是一系列制度的总和，是经济发展的必然结果，它具有跨越各个领域推动经济和社会发展的过程性特征。与此同时，法治的具体功能及其与金融稳定和经济发展的关系日益得到全世界的认可。在广泛借鉴实证文献和实践经验的基础上，法治对于经济发展的核心发展功能应当包含：

(1)促进经济发展，维持金融稳定；

(2)推动公民身份认同以及社会与经济正义；

(3)预防、减轻和威慑经济冲突、金融犯罪和经济暴力；

(4)强化经济权力问责和制约，减少腐败；

(5)加强服务资源的公平分配；

(6)保护生态环境和自然资源。

了解这些关系以及每种关系所暗示的法治与经济发展之间的具体路径对于世界各国制定有关金融稳定和经济发展的有效目标与指标至关重要。同时，世界各国制定金融政策和经济发展政策还必须考虑法治发展努力的历史以及千年发展目标的经验。虽然制定经济政策的行为者至少在60年以来一直在寻求促进法治,但其影响力喜忧参半。第一,他们寻求的发展程序倾向于假定为变化的线性轨迹。第二,他们未纳入足够长的时间跨度进行分析。第三,他们倾向于从其他地方移植模型或目标,而不考虑变化的语境基础。第四,他们没有充分支持国内政治联盟,以支撑法治的发展。作为对这些关切之回应,目前制定经济政策的行为者已经转向基于"证据解决问题"的方法。它侧重于研究法治系统与金融稳定和经济最终发展目标所经历的一致性问题,并审查跨越经济发展部门和金融行业成果呈现的法治挑战。鉴于法治的多层面性质,这些方法中的每一种都具有特定的权衡指数,包括在语境的特殊性和广度之间、普遍适用和语境特殊性之间、衡量的敏感性和全面性之间以及在成本、可靠性和评估等方面的考虑。

由此,将法治与金融稳定和经济发展纳入 2020 年之后世界各国的经济发展议程一般有三种方法,且这些方法并不是相互排斥,它们可以相互协调一致地加以采用:

其一,采用一系列具有灵活性的经济发展和金融稳定指标确定世界各国共同的法治目标,这些指标可以根据世界各国的基本国情量身定做。其法治目标表明法治作为与减贫和健康等其他成果并驾齐驱的发展成果所具有的重要性,尽管这需要就法治促进经济发展的特定功能达成普遍共识。

其二,将法治作为高水平的赋权目标,这将使世界各国承诺在国家之间进行经济结构和金融政策变革,以便在其他发展目标方面取得进一步的进展。这一做法本身就能意识到,法治本身不仅是目的,还能带来更广泛的经济发展成果。

其三,通过支持法治目标所要求的其他特定目标和指标,将法治纳入经济发展的总体目标。这一方法强调法治在整个社会和经济发展中的重要性,但并没有将其本身界定为理想目标。

参考文献

一、中文文献

1. 徐冬根:《高风险金融交易法律规制研究》,上海交通大学出版社 2015 年版。
2. 杨松等:《中国推动国际金融秩序变革的法律问题》,法律出版社 2017 年版。
3. 熊伟:《银行监管权边界问题研究》,法律出版社 2013 年版。
4. [美]莉莎·布鲁姆:《银行金融服务业务的管制》,李杏杏、沈晔、王宇力译,法律出版社 2006 年版。
5. 杨松等:《银行法律制度改革与完善研究》,北京大学出版社 2011 年版。
6. [英]罗杰·麦考密克:《金融市场中的法律风险》,胡滨译,社会科学文献出版社 2009 年版。
7. 张红编译:《资本市场系统性风险的法律规制》,中国政法大学出版社 2016 年版。
8. 黎四奇:《我国银行法律制度改革与完善研究》,武汉大学出版社 2013 年版。
9. 李晗:《银行法判例与制度研究》,法律出版社 2015 年版。
10. 韩龙、彭秀坤、包勇恩:《金融风险防范的法律制度研究:以我国金融业对外开放为重心》,中国政法大学出版社 2012 年版。
11. 周昌发:《金融调控法律制度论》,法律出版社 2013 年版。
12. [德]柯武刚、史漫飞:《制度经济学:社会秩序与公共政策》,韩朝华译,商务印书馆 2004 年版。
13. 魏建、黄立君、李振宇:《法经济学:基础与比较》,人民出版社 2004 年版。
14. [日]柳川隆、高桥裕、大内伸哉:《法律经济学》,吴波等译,机械工业出版社 2017 年版。
15. 张乃根:《法经济学:经济学视野里的法律现象》,上海人民出版社 2014 年版。
16. [冰岛]思拉恩·埃格特森:《经济行为与制度》,吴经邦等译,商务印书馆 2004 年版。
17. [美]尼古拉斯·麦考罗、[美]斯蒂文·曼德姆:《经济学与法律:从波斯纳到后现代主义》,吴晓露等译,法律出版社 2005 年版。

18. [美]康芒斯:《制度经济学》(上、下册),于树生译,商务印书馆 2014 年版。
19. 王先林等:《经济法学专题研究》,法律出版社 2013 年版。
20. 赵大华:《经济法中权力主体法律责任研究》,中国政法大学出版社 2016 年版。
21. 梁上上:《利益衡量论》,法律出版社 2016 年版。
22. 刘文华:《中国经济法基础理论》,法律出版社 2012 年版。
23. 李晓新:《经济制度变迁与法律规制》,法律出版社 2016 年版。
24. 刘庆飞等:《多重背景下金融监管立法的反思与改革》,上海人民出版社 2015 年版。
25. 张正钊、韩大元主编:《比较行政法》,中国人民大学出版社 1998 年版。
26. 隋平:《危机后的欧盟银行监管》,湘潭大学出版社 2011 年版。
27. [德]罗尔夫·斯特博:《德国经济行政法》,苏颖霞、陈少康译,中国政法大学出版社 1999 年版。
28. 郭金良:《系统重要性金融机构危机市场化处置法律制度研究》,法律出版社 2016 年版。
29. 李婧:《金融创新与法律变革互动机制研究:来自上海的样本溯源》,上海三联书店 2012 年版。
30. 周仲飞:《银行法研究》,上海财经大学出版社 2010 年版。
31. 李金泽:《银行业法国际比较》,中国金融出版社 2008 年版。
32. 刘真:《国际金融稳定法律机制研究》,武汉大学出版社 2013 年版。
33. 杨文云:《金融监管法律国际协调机制研究》,上海财经大学出版社 2011 年版。
34. 黎四奇:《金融企业集团法律监管研究》,武汉大学出版社 2005 年版。
35. 胡光志:《中国预防与遏制金融危机对策研究:以虚拟经济安全法律制度建设为视角》,重庆大学出版社 2012 年版。
36. [美]斯蒂文·G. 米德玛:《科斯经济学:法与经济学和新制度经济学》,罗君丽、李井奎等译,上海三联书店 2010 年版。
37. [美]盖多·卡拉布雷西:《事故的成本:法律与经济的分析》,毕竟悦等译,北京大学出版社 2008 年版。
38. 岳彩申:《论经济法的形式理性》,法律出版社 2004 年版。
39. 岳彩申:《跨国银行法律制度研究》,北京大学出版社 2002 年版。
40. 崔傅成:《金融风险传递与宏观审慎监管》,载《西南民族大学学报(人文社科版)》2018 年第 1 期。
41. 高志勇:《系统性风险与宏观审慎监管》,载《财经理论与实践》2010 年第 5 期。
42. 董琦、赵柏功:《宏观审慎政策对货币政策信贷传导途径的影响——基于中国系统重要性银行的分析》,载《金融论坛》2017 年第 1 期。

43. 莫开伟:《银保合并对银行业发展的影响》,载《杭州金融研修学院学报》2018 年第 4 期。
44. 张天顶、张宇:《宏观审慎监管、系统性风险及国内外金融监管实践及启示》,载《证券市场导报》2018 年第 4 期。
45. 张亮、周志波:《完善中国宏观审慎金融框架研究——基于德英日三国的比较分析》,载《宏观经济研究》2018 年第 2 期。
46. 畅彤:《美英金融宏观审慎监管机构及其机制比较》,载《中央财经大学学报》2015 年第 S1 期。
47. 韩复龄:《银保监合一:金融监管体制迎来重大变革》,载《大众理财顾问》2018 年第 4 期。
48. 叶康为:《宏观审慎监管视角下的中国银行业系统性风险预警研究》, 暨南大学 2017 年博士学位论文。
49. 冯超:《宏观审慎管理视角下我国银行业系统性风险监管研究》,湖南大学 2016 年博士学位论文。
50. 李妍:《宏观审慎监管与金融稳定》,载《金融研究》2009 年第 8 期。
51. 冯建秀:《宏观审慎视角的中国影子银行风险研究》,北京交通大学 2017 年博士学位论文。
52. 王大威:《系统性金融风险的传导、监管与防范研究》,中国社会科学院研究生院 2012 年博士学位论文。
53. [英]维多利亚 · 萨博塔等:《宏观审慎政策的角色》,霍成义等译,载《金融发展研究》2010 年第 5 期。
54. 项莉:《宏观审慎监管与微观审慎监管的动态平衡研究》,载《华北金融》2010 年第 6 期。
55. 邢会强:《国务院金融稳定发展委员会的目标定位与职能完善——以金融法中的“三足定理”为视角》,载《法学评论》2018 年第 3 期。
56. 尹振涛:《全球金融监管框架调整与中国路径选择》,载《中国银行业》2018 年第 5 期。
57. 席春红:《宏观审慎监管内在作用机制与外在实施条件》,载《未来与发展》2018 年第 3 期。
58. 范亚舟:《宏观审慎监管下我国金融监管机构改革及需进一步解决的问题》,载《武汉金融》2018 年第 7 期。
59. 封光裕:《宏观审慎监管与微观审慎监管的平衡》,载《中国商界(下半月)》2010 年第 1 期。
60. 王爱俭、王璟怡:《宏观审慎政策效应及其与货币政策关系研究》,载《经济研究》

2014 年第 4 期。
61. 周小川:《金融政策对金融危机的响应——宏观审慎政策框架的形成背景、内在逻辑和主要内容》,载《金融研究》2011 年第 3 期。
62. 苏玉峰:《系统性金融风险和宏观审慎监管策略》,载《人民论坛》2016 年第 14 期。
63. 青彤:《中央银行宏观审慎监管职能协调机制研究》,西南政法大学 2019 年硕士学位论文。
64. 青彤、岳彩申:《域外宏观审慎监管协调模式及其对中国的启示》,载《社会科学家》2019 年第 11 期。
65. 岳彩申、青彤:《基于大数据与开放关联数据设计政府透明度模式》,载《浙江学刊》2023 年第 1 期。
66. 青彤:《美国实质性正当程序之历史传统理论:生成与评价》,载《西华师范大学学报(哲学社会科学版)》2019 年第 1 期。

二、英文文献

1. N. Alexader ed. , *Global Trends in Mediation*, Otto Schmidt, 2003.
2. S. Ali, *Resolving Disputes in the Asia Pacific Region: International Arbitration and Mediatin in East Asia and the West*, Routledge, 2010.
3. J. Braithwaite & p. Drahos, *Global Business Regulation*, Cambridge University Press, 2000.
4. D. Caron & L. Caplan, *The 2010 UNCITRAL Arbitration Rules: A Commentary*, Oxford University Press, 2010.
5. A. V. Dicey, *Introduction to the Study of the Law of the Constitution*, 8th edn. Macmillan, 1905.
6. J. Drolshammer & M. Pfeifer, *The Internationalization of the Practice of Law*, Kluwer Law Internationa, 2001.
7. Harry Eckstein, *Regarding Politic: Essays on Political Theory, Stability, and Change*, University of California Press,1992.
8. R. Ellicksonn, *Order Without Law:How Neighbors Settle Disputes*, Harvard University Press, 1991.
9. Malcom M. Feeley, *Court Reform om Trial: Why Simple Solution Fail*, Basic Books, 1989.
10. R. Fisher, W. Ury, & B. Patton, *Getting to YES: Negotiating Agreement Without Giving In*, Penguin Books,2nd edn. ,1991.

11. L. Fuller, *Morality of Law*, rev. edn, Yale University Press, 1969.

12. H. Genn, *Judging Civil Justice*, The Hameline Lectures 2008, Cambridge University Press, 2009.

13. T. Halliday & B. Carruthers, *Bankrupt: Global Lawmaking and Systemic Financial Crisis*, Stanford University Press, 2009.

14. F. A. Hayek, *The Road to Serfdom*, University of Chicago Press, 1994.

15. Robert A. Kagan, *Adversarial Legalism and Anerican Government: The American Way of Life*, Harvard University Press, 2003.

16. M. Karlberg, *Beyond the Culture of Contest: from Adversarialism to Mutualism in an Age of Interdependence*, George Ronald, 2004.

17. M. Moffit & A. K. Schneider, *Dispute Resolution: Examples and Explanations*, Aspen, 2008.

18. D. North, *Institutions, Institutional Change and Economic Growth*, Cambridgee University Press, 1990.

19. C. Platto, *Economic Consequences of Litigation Worldwide*, Kluwer Law Interna-tional, 1999.

20. J. Raz, *Authority of Law*, Clarendon Press, 1979.

21. A. Riles, *Collateral Knowledgr*, University of Chicago Press, 2011.

22. F. E. A. Sander, S. B. Goldberg, N. H. Rogers, S. R. Cole, *Dispute Resolution Casebook*, Aspen 5th edn, 2007.

23. A. M. Slaughter, *A New World Order*, Princeton University Press, 2004.

24. B. Tamanaha, *On Rule of Law: History, Politics, Theory*, Cambridge University Press, 2004.

25. G. Turner, *The Credit Crunch: Housing Bubbles, Globalization and the Worldwide Economic Crisis*, Pluto Press, 2008.

26. William L. Ury, Jeanne M. Brett, Stephen B. Goldberg, *Gettig Disputes Resolved Designing Systems of Cut the Cost of Conflict*, Jossey-Bass, 1998.

27. M. Weber, *On Charisma and Institution Building*, S. N. Eisenstadt ed., University of Chicago Press, 1968.

28. D. North, *Institutional Change and Economic Performance*, Cambridge University Press, 1990.

29. G. Meier & J. Stiglitz Eds., *Frontiers of Development Economics: the Future in Perspective*, World Bank and New York: Oxford University Press, 2001.

30. D. Acemoglu & J. Robinson, *Economic Origins of Dictatorship and Democracy*,

Cambridge University Press, 2006.

31. R. Lastra, *Legal Foundations of International Monetary Stability*, Oxford University Press, 2006.

32. M. Steinberg & D. Arner, *International Securities Law*, 2nd ed. , Kluwer, 2007.

33. F. Mishkin, *The Next Great Globalization: How Disadvantaged Nations Can Harness Their Financial Systems to Get Rich*, Princeton, Princeton University Press, 2006.

34. E. Tymoigne, *Securitization, Deregulation, Economic Stability, and Financial Crisis*, The Levy Economic Institute of Bard College, California State University, 2009.

35. M. Haentjens & de Gioia – Carabellese Pierre, *European Banking and Financial Law*, Routledge Taylor & Francis Group, 2015.

36. Seven Schelo, *Bank Recovery and Resolution*, Wolters Kluwer, 2015.

37. Gail Pearson, *Financial Services Law and Compliance in Australia*, Cambridge University Press, 2009.

38. F. Ali Shahla, *Consumer Financial Dispute Resolution in A Comparative Context: Principles, Systems and Practice*, Cambridge University Press, 2013.

39. Jeffrey Haas, *Corporate Finance in A Nutshell*, A Thomson Reuters Business, 2011.

40. Kern Alexander, Rahaul Dhumale, John Eatwell, *Global Governance of Financial System*, Oxford University Press, 2006.

41. Donato Masciandaro & Alessio Volpicella, *Macro Prudential Governance and Central Banks: Facts and Drivers*, 3 Journal of International Money and Finance (2016).

42. Peter Balogh, *Macro Prudential Supervision Tools in the European Banking System*, 3 Procedia Economics and Finance(2012).

43. Olivier Butzbach, *Systemic Risk, Macro-prudential Regulation and Organizational Diversity in Banking*, 3 Policy and Society(2016).

44. Claudio Borio, *Towards A Macro-prudential Framework for Financial Supervision and Regulation*, 1 Journal of Financial Stability(2004).

45. G. Galati & R. Moessner, *Macroprudential Policy-a Literature Review*, 5 Journal of Economic Surveys(2013).

46. A. S. Blinder, *How Central Should the Central Bank Be?*, 2 American Economic Review(2001).

47. Tobias Adrian & Nellie Liang, *Monetary Policy, Financial Conditions, and Financial*

Stability, 1 International Journal of Central Banking(2018).

48. B. Bernanke, *Financial Reform to Address Systemic Risk*, 3 the Council of Foreign Relation(2009).
49. A. Tobias & H. Shin, *The Changing Nature of Financial Intermediation and the Financial Crisis of* 2007–2009, 2 Annual Review of Economics(2010).
50. M. Angelini, S. Neri, F. Panetta, *Grafting Macroprudential Policies in A Macro Economic Framework: Choice of Optimal Instruments*, Banca d'Italia, 2010.
51. B. Bernanke, M. Gertler, S. Gilchrist, *The Financial Accelerator in A Quantitive Business Cycle Framework*, in J. Taylor and M. Woodford eds., Handbook of Macroeconomics, Elsevier, 1999.
52. C. Borio & M. Drehmann, *Assessing the Risk of Banking Crisis–revisited*, BIS Quarterly Review(2009).
53. P. N. Diaye, *Countercyclical Macroprudential Policies in A Supporting Role to Monetary Policy*, IMF Working Paper, 30 November, 2009.
54. Y. Altunbas, L. Gambacorta, D. Marques–Ibanes, *Does Monetary Policy Affect Bank Risk–Taking*, BIS Working Paper No. 298, March 2010.
55. M. Angelini & L. Scialom, *A Systematic Approach to Financial Regulation: A European Perspective*, Economic Working Paper 29, 2009.
56. A. A. Weber, *Lessons for Monetary Policy from the Financial Crisis*, Keynote Speech at the XII Annual Inflation Targeting Seminar of Banco Central do Brasil, 14 May 2010.
57. Stephen G. Cecchetti & Marion Kohler, *When Capital Adequacy and Interest Rate Policy are Substitutes (and When They are not)*, 5 BIS Working Papers(2012).
58. G. Schinasi, *Safeguarding Financial Stability: Theory and Practice*, Washington, International Monetary Fund, 2006.
59. FOMC, *Statement on Longer–Run Goals and Monetary Policy Strategy*, Adopted effective January 24, 2012, amended effective January 30, 2018, www. federa level Reserve. gov.
60. BIS, *Annual Report* 86th, Bank for International Settlements, 2016, www. bis. org.
61. Ben S. Bernanke, *Should Monetary Policy Take into Account Risks to Financial Stability?* Blog Post, April 7, 2015, www. brookings. edu.
62. BIS, *Marrying the Macro–and Micro–prudential Dimensions of Financial Stability*, BIS Paper No 1, March, 2001.
63. N. Bhattacharyay, *Towards A Macro–prudential Leading Indicators Framework for*

Monitoring Financial Vulnerability, CESIFO Working Paper, No. 1015, August 2003.

64. A. Crockett, *Market Discipline and Financial Stability*, 10 Bank of England's Financial Stability Review(2003).
65. P. Kamgna, *Macro-prudential Monitoring Indicators for CEMAC Banking System*, 17095 MPRA Paper(2009).
66. D. Kohn, *Implementing Macroprudential and Monetary Policies: the Case for Two Committees*, a Presentation at FRB Boston Conference, 2 October(2015).
67. Claudio Borio & I. Shim, *The Macroprudential Approach to Regulation and Supervisions: Where do We Stand?*, Paper Prepared for the Special volume celebrating the 20th anniversary of Kredittilsynet, 2006.
68. G. Becker, *Nobel Lecture: the Economic Way of Looking at Behavior Journal of Political Economy*, 1993b.
69. G. Calabresi, *The Future of Law and Economics: Essays in Reform and Recollection*, Yale University Press, 2016.
70. G. Calabresi, *The Cost of Accidents: A Legal and Economic Analysis*, Yale University Press, 1970.
71. R. Coase, *The Problem of Social Cost*, 3 Journal of Law and Economics(1960).
72. J. Coleman & J. Lange, *Law and Economics*, New York University Press, 1993.
73. J. Conti, *The Good Case: Decisions to Litigate at the World Trade Organization*, In The Law and Society Reader II, Edited by Erik Larson & Patrick Schmidt, New York University Press, 2014.
74. L. Edelman & R. Stryker, *A Sociological Approach to Law and the Economy*, in The Handbook of Econimic Sociology, Edited by Neil Smelser & Richard Swedberg, Princeton University Press, 2005.
75. M. Fourcade, *Economists and Societies: Discipline and Profession in the United States, Britain, and France*, 1870 *to* 1990, Princeton University Press, 2009.
76. C. I. Harris, *Whiteness as Property*, 106 Harvard Law Review(1993).
77. J. Harrison, *Law and Economics*, Thomson West, 2003.
78. D. Kennedy, *Law and Economics from the Perspective of Critical Legal Studies*, in The New Palgrave Dictionary of Economics and the Law, Edited by Peter Newman, Palgrave Macmillan, 1998.
79. L. Kornhauser, *The Economic Analysis of Law*, Stanford University Press, 2008.
80. S. Macaulay, *Law and Behavioral Science: Is There any There?*, 6 Law and Policy

(1984).

81. D. McClosekey, *The Rhetoric of Law and Economics*, 4 Michigan Law Review (1988).

82. F. Olsen, *The Family and the Market: A Study of Ideology and Legal Refoem*, 96 Harvard Law Review(1983).

83. E. Ostrom, *Governing the Commons: the Evolution of Institutions for Collective Action*, Cambridge University Press, 1990.

84. R. Posner, *An Economic Approach to Law*, 53 Texas Law Review(1975).

85. T. Pogge, *World Poverty and Human Rights*, Cambridge University Press, 2008.

86. R. Posner, *The Economic Analysis of Law*, Little, Brown and Co, 1977.

87. R. Posner, *Economic Analysis of Law*, Aspen, 2014.

88. S. Rose-Ackerman, *Progressive Law and Economics-And the New Administrative Law*, 98 The Yale Law Journal(1988).

89. S. Shavell, *Foundations of Economic Analysis of Law*, Harvard University Press, 2004.

90. I. F. I. Shihata, *Judicial Reform in Developing Countries and the Role of the World Bank*, in Judicial Reform in Latin American and the Caribbean, edited by Malcolm Rowat & Waleed Haider Malik, World Bank, 1995.

91. C. Sunstein ed., *Behavioral Law and Economics*, Cambridge University Press, 2000.

92. M. Taylor, *Rationality and Revolution*, Cambridge University Press, 1988.

93. D. Trubek & J. Mosher, *New Governance, Employment Policy, and the European Social Model*, in Governing Work and Welfare in A New Economy, edited by David Trubek & Jonathan Zeitlin, Oxford University Press, 2003.

94. D. Trubek & A. Santos, *The New Law and Economic Development: A Critical Appraisal*, Cambridge University Press, 2006.

95. M. Weber, *Economy and Society*, University of California Press, 1978.

96. M. Weber, *Economía y sociedad*, Fondo de Cultura Econóomica, 1992.

97. L. White, *Subordination, Rhetorical Survival Skills, and Sunday shoes: Notes on the Hearing of Mrs. G.*, 1 Buffalo Law Review(1990).

98. K. Yoshino, *Covering*, 111 Yale Law Journal(2002).

99. John G. Fernald & Jones I. Charles, *The Future of US Economic Growth*, American Economic Review, Vol. 104:5, 2014.

100. David H. Autor, Lawrence F. Katz & Melissa S. Kearney, *The Polarization of the U. S. Labor Market*, American Economic Review, Vol. 96:2, 2006.

